Harald Nowak
Christine Vacha

MIT DEM WOHNMOBIL NACH ÖSTERREICH

Teil 2: Der Westen

Oberösterreich, Salzburg, Steiermark,
Kärnten, Tirol und Vorarlberg

Die Anleitung für einen Erlebnisurlaub

DER WOHNMOBIL-VERLAG
D-98634 Mittelsdorf/Rhön

Die Deutsche Bibliothek – CIP-Einheitsaufnahme

Bibliografische Information der Deutschen Bibliothek

Die Deutsche Bibliothek verzeichnet diese Publikation in der Deutschen Nationalbibliografie.
Detaillierte bibliografische Daten sind im Internet über <http://dnb.ddb.de> abrufbar.

Titelbild:
Grundlsee im Salzkammergut, Steiermark

1. Auflage 2008

Druck:
Fuldaer Verlagsanstalt, 36037 Fulda

Vertrieb:
GeoCenter, 70565 Stuttgart

Herausgeber:
WOMO-Verlag, 98634 Mittelsdorf/Rhön
Position: N 50° 36.696'; E 10° 08.010' (WGS 84)

Fon: 0049 (0) 36946-20691
Fax: 0049 (0) 36946-20692
eMail: verlag@womo.de
Internet: www.womo.de

Autoren-eMail: Nowak@womo.de

ISBN 978-3-939789-60-4

EINLADUNG

Der Vorhang geht auf, die Sonne hat ihn weggeschoben und schneebedeckte Gipfel treten vor die Bühne der Natur. Ein junges Murmeltier spielt jetzt die Hauptrolle und blinzelt verschlafen aus seiner Erdhöhle. Die Kulisse bildet ein leise rauschender Gletscherbach. Alles nur geträumt?

Von wegen! Wir sind am Großglockner aufgewacht und hinters Womo zur morgendlichen Theatervorstellung geschlichen. Der Drehort heißt Nationalpark Hohe Tauern und der Regisseur scheint ein Göttlicher zu sein.

Wir laden Sie als Womo-Fahrer(in) herzlich ein, an diesem Lustspiel teilzunehmen und solche und viele andere wunderbare Eindrücke mit nach Hause zu nehmen.

Unzählige fleißige Menschen haben unter härtesten Bedingungen sichere und bequeme Straßen gebaut um uns die Möglichkeit zu bieten, bis ins Herz der Bergwelt vorzudringen. Nützen wir sie doch!

Begleiten Sie uns über die gigantische Großglockner Hochalpenstraße, die wildromantische Maltatalstraße zur Kölnbreinsperre oder die engen Schlingen hinauf zur Silvretta nach Vorarlberg.

Jeder Euro an Mautgebühr verwandelt sich in Begeisterung und in tolle, unbezahlbare Eindrücke, die Sie nie wieder vergessen werden. Nehmen Sie sich fairerweise auch ein bisschen Zeit, über den Bau der Bergstraßen auf den beschriebenen Routen nachzulesen, um diesen Menschen ein klein wenig Tribut zu zollen. Oder halten Sie kurz inne an den Gedenkstellen der Verunglückten.

Applaus an alle Murmeltiere, Pfiat Gott im nächsten Jahr, herzlichst euer dankbares Publikum und dem Leser einen schönen Urlaub.

Herzlichst Ihre

Christine Vacha

Sehr geehrter Leser, lieber WOMO-Freund!

Reiseführer sind für einen gelungenen Urlaub unverzichtbar – das beweisen Sie mit dem Kauf dieses Büchleins. Aber aktuelle Informationen altern schnell und ein veralteter Reiseführer macht wenig Freude.
Sie können helfen, Aktualität und Qualität dieses Buches zu verbessern, indem Sie uns nach Ihrer Reise mitteilen, welchen unserer Empfehlungen Sie gefolgt sind (freie Stellplätze, Campingplätze, Wanderungen, Gaststätten usw.) und uns darüber berichten (auch wenn sich gegenüber unseren Beschreibungen nichts geändert hat).
Bitte füllen Sie schon während Ihrer Reise das Info-Blatt am Buchende aus!

Als Dank für Ihre Mühe wird Sie unser Verlag stets über alle Neuerscheinungen informieren.
Außerdem gewähren wir Ihnen bei Bestellungen direkt beim Verlag (mit beigefügtem, ausgefülltem Info-Blatt) ein Info-Honorar von 10%.

Zur Beachtung:
Um die freien Übernachtungs- und Campingplätze auf einen Blick schnell erfassen zu können, haben wir diese im Text nochmals farbig hervorgehoben und, wie auf den Karten, fortlaufend durchnummeriert. Wir nennen dabei wichtige Ausstattungsmerkmale und geben Ihnen eine kurze Zufahrtsbeschreibung.
"Max. WOMOs" soll andeuten, wie viele WOMOs dieser Platz maximal verträgt und nicht, wie viele auf ihn passen würden (schließlich gibt es auch noch andere Urlauber)!
Übernachtungsplätze mit **B**ademöglichkeit sind mit hellblauer Farbe unterlegt. **W**anderparkplätze sind grün gekennzeichnet. **P**icknickplätze erkennen sie an der violetten Farbe. Auf Schlafplätzchen, denen die gerade genannten Merkmale fehlen - also einfache **S**tellplätze - weist die Farbe gelb hin. Empfehlenswerte **C**ampingplätze haben olivgrüne Kästchen.
Unsere Wanderungen, die wir Ihnen besonders ans Herz legen möchten, haben wir ebenfalls grün unterlegt.

Jede Tour, jeder Stellplatz ist von uns bereits mehrfach überprüft worden. Wir müssen jedoch betonen, dass inhaltliche Fehler nie ganz auszuschließen sind. Deshalb erfolgen alle Angaben (speziell über freie Übernachtungsmöglichkeiten) ohne jegliche Verpflichtung oder Garantie von Autor oder Verlag. Beide übernehmen keinerlei Verantwortung bzw. Haftung für mögliche Unstimmigkeiten.

INHALTSVERZEICHNIS

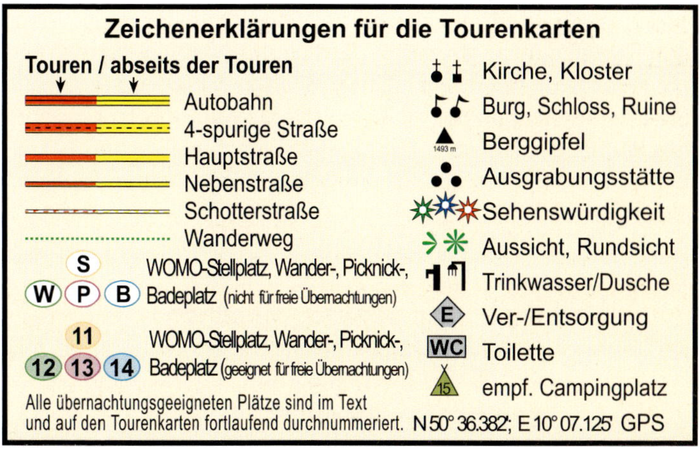

Gebrauchsanleitung

Dieses Buch führt Sie in Form von **14 Touren** durch den westlichen Teil von Österreich. **14 detaillierte Karten** zeigen den Straßenverlauf, sowie Sehenswürdigkeiten und schaffen einen Überblick zur folgend beschriebenen Tour. Die Ovalen weisen auf **Stell-, Wander-, Picknick- und Badeplätze** hin. Sind diese **bunt** und mit **Nummern** versehen, dann haben wir diese Plätze als **nächtigungsgeeignet** eingestuft. Sie finden im Text, gleich nummerierte, bunt hinterlegte Kästen mit näheren Informationen. Alle Kästen sind mit präzisen GPS-Koordinaten versehen, somit ist das Auffinden für Navigationsgerätanwender ein Kinderspiel. Sollten Sie nicht dazugehören, dann gibt es im Text oder Kasten Hinweise zur Zufahrt. Die **Übersichtskarte** auf der vorletzten Seite hilft Ihnen bei der Orientierung und der Routenwahl.

Wir weisen darauf hin, dass es sich bei den meisten beschriebenen Nächtigungsmöglichkeiten um **„normale Parkplätze"** handelt. Weder der Verlag noch die Autoren können gewährleisten, dass das Nächtigen auf den Plätzen dauerhaft akzeptiert wird.

Darum haben wir bei allen Plätzen eine maximale WOMO-Anzahl definiert. Vermeiden Sie bitte Massenansammlungen oder exzessives Campingleben, das in Folge – verständlicherweise – Anrainer stören könnte. Auch mangelnde Sauberkeit bei Verlassen des Platzes führt meist zu Nachtparkverboten oder anderen Einschränkungen. Sollte ein Platz überfüllt sein, so ist es meist nicht schwierig einen nahe liegenden Anderen zu finden. Wir wollen doch alle noch länger die Flexibilität und Freiheit des WOMO-Reisens genießen. Oder?

Selbstverständlich ist es für uns von hohem Interesse, dass der Reiseführer - speziell in Bezug auf Nächtigungsplätze - aktuelle Daten beinhaltet. Darum würden wir uns freuen, wenn Sie uns Abweichungen mitteilen, die Sie persönlich herausgefunden haben. Nehmen Sie sich ein bisschen Zeit und schreiben Sie uns doch. Wir freuen uns über Ihren Beitrag für einen guten Reiseführer. Vielen Dank im Voraus!

Ing. Harald Nowak / Christine Vacha
Robert Blumstr. 16
A-2232 Deutsch Wagram
E-mail: nowak@womo.de

Ideale Reisezeit

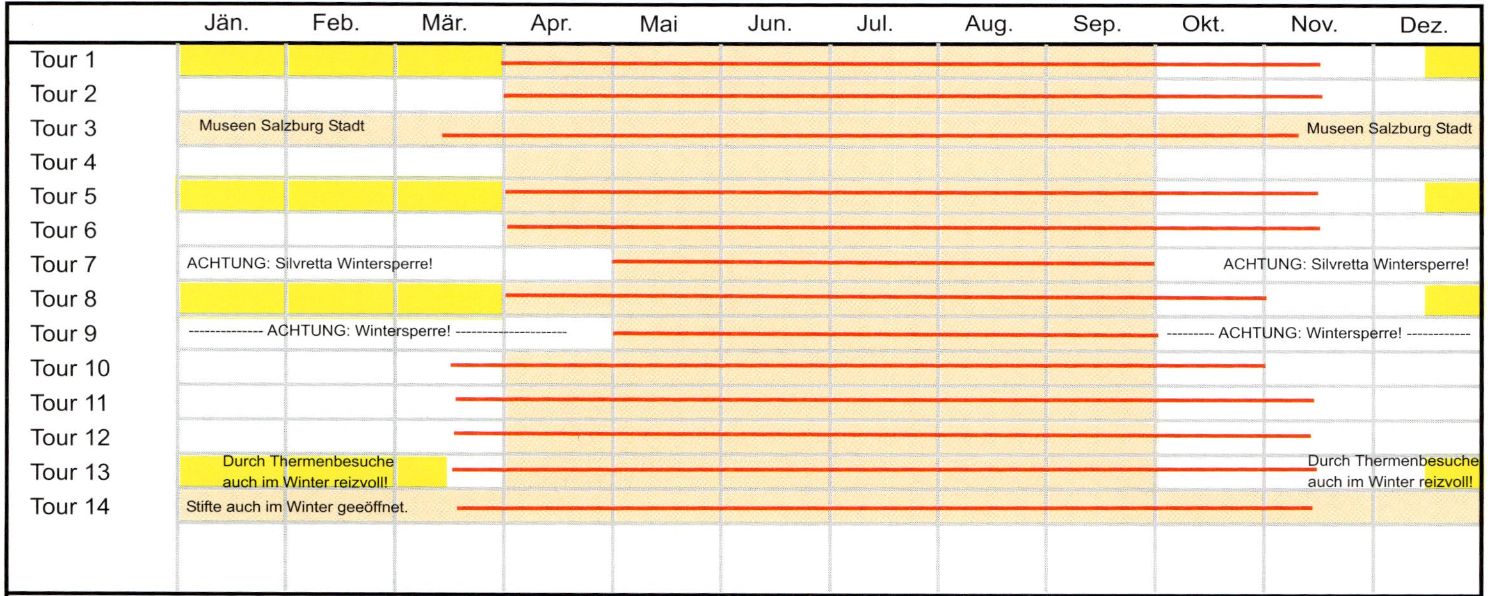

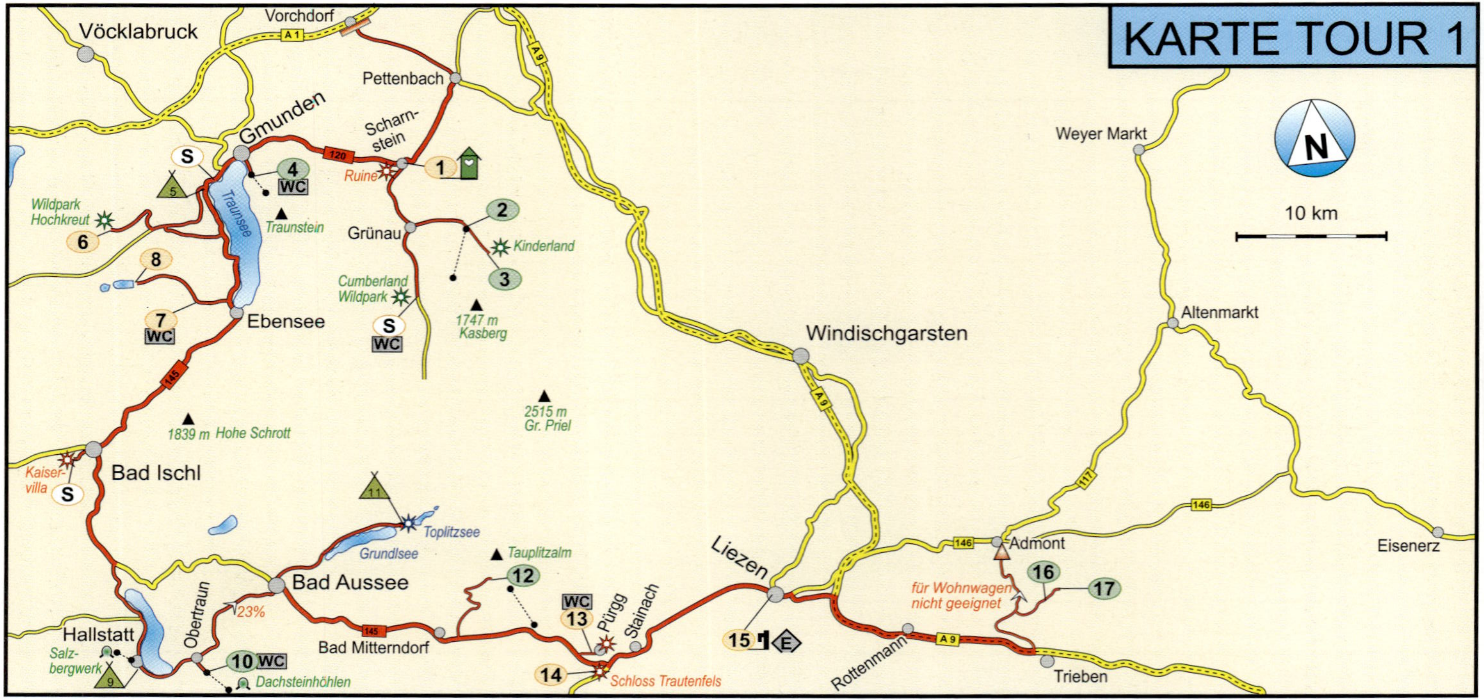
KARTE TOUR 1
10 km
N
Vöcklabruck
Vorchdorf
A 1
Pettenbach
Gmunden
Scharn-
stein
120
Ruine
1
S
4
WC
5
Traunsee
Traunstein
Wildpark
Hochkreut
6
8
7
WC
Ebensee
Grünau
2
Kinderland
3
Cumberland
Wildpark
S
WC
1747 m
Kasberg
A 9
145
1839 m Hohe Schrott
2515 m
Gr. Priel
Bad Ischl
Kaiser-
villa
S
11
Toplitzsee
Grundlsee
Tauplitzalm
12
Bad Aussee
Obertraun
23%
Hallstatt
Salz-
bergwerk
9
10 WC
Dachsteinhöhlen
Bad Mitterndorf
145
WC
13
Pürgg
Stainach
14
Schloss Trautenfels
Liezen
15
E
Windischgarsten
A 9
Weyer Markt
Altenmarkt
117
146
Admont
146
Eisenerz
16
17
für Wohnwagen
nicht geeignet
Rottenmann
A 9
Trieben

TOUR 1 (ca. 290 km / 6-8 Tage)

Vorchdorf - Scharnstein - Gmunden - Bad Ischl - Bad Aussee - Pürgg - Liezen

Freie Übernachtung:	Scharnstein, Kasberg, Kinderland, Gmunden Grünbergseilbahn, Hochkreut, Feuerkogel, Langbathsee, Krippensteinbahn, Tauplitzalm, Pürgg, Trautenfels, Liezen, Kaiserau
Campingplätze:	Schweizerhof (Traunsee), Hallstatt, Grundlsee,
Ver-/Entsorgung:	Feuerkogel WC, Langbathsee WC, Krippensteinbahn WC, Pürgg WC, Rastplatz Stainach, Liezen
Besichtigen:	Schloss Scharnstein (Reptilien), Ruine Scharnstein, Cumberland Wildpark, Gmunden, Wildpark Hochkreut, Kaiservilla Bad Ischl, Salzbergwerk Hallstatt, Eis- und Mammuthöhle, Grundlseebootfahrt, Pürgg, Schloss Trautenfels
Baden:	Langbathsee
Wandern:	Kinderland (Scharnstein), Langbathsee, Tauplitzalm, Kaiserau
Schifahren:	Kasberg, Grünberg (Gmunden), Feuerkogel, Krippenstein, Kaiserau

Die Tour beginnt bei der Autobahnausfahrt (A1) Vorchdorf und führt über Pettenbach nach Scharnstein.

(1) WOMO-Stellplatz: Schloss Scharnstein

GPS: N 47°54.388‘ E 13°57.877‘; Museumsstraße.
max. WOMOs: 2-3. **Ausstattung/Lage:** direkt hinter Schloss P2, Mobil WC / rel. nahe der Straße.
Zufahrt: Beschilderung Schloss Scharnstein P2

Direkt beim Parkplatz 2 befindet sich der Eingang zum **„Haus der Gifte“**, einem Reptilienzoo. Im Keller des Schlosses sind viele Terrarien mit verschiedenen Schlangen wie Ringel-, Äskulap- oder Glattnattern sowie andere Schlangen und unzählige Spinnentiere zu bestaunen. Natürlich darf die Dornfingerspinne, die in letzter Zeit für Aufsehen gesorgt hat, nicht fehlen. Der Zoobetreiber zeigt uns in einer geöffneten Schale die Dornfingerspinne und meint, dass sie bis zu einen Meter weit springen kann. Automatisch vergrößern wird unseren Sicherheitsabstand. Öffnungszeiten: Mai-Okt. täglich außer Mo., Erwachsene 5€ (2006)

Auf der anderen Seite des Schlosses, also beim Haupteingang, befindet sich der Eingang zum **Österreichischen Kriminal Museum** sowie Museum der Österreichischen Zeitgeschichte. Auf mehr als 800m² Schaufläche des Renaissanceschlosses kann die Geschichte Österreichs in Form vieler Objekte und Bilder nachvollzogen werden. Öffnungszeiten: Mai-Okt. 9-17 Uhr, Montag geschlossen, 5€/Person.

Jetzt wollen wir die **Ruine** besuchen. Wir lassen unser Womo am Schlossparkplatz und marschieren die Straße hinunter. Vor der Autobrücke über den Fluss führt ein Weg auf der rechten Seite zu einem Fußgängersteg über den Fluss. Dann an der Mühle vorbei bis zum Parkplatz 3 (dort könnte ebenfalls das Womo geparkt werden). Noch einige Höhenmeter und dann weist ein Schild – Kapelle + Ruine – nach rechts auf einen Wanderweg. Als Erstes erreichen wir die kleine Kapelle. Sie verbirgt sich hinter einem schmalen Felseinschnitt und schmiegt sich seitlich an den schroffen Fels. Etwas keuchend erreichen wir den Rest von der stolzen Pracht der ehemaligen Burg Scharnstein. Heute ist die Ruine jederzeit kostenlos zu besichtigen. 1538 brannte die Burg nieder und war in Folge dem Verfall durch Gesteinsabtragung für den Bau umliegender Häuser preisgegeben. Klettern Sie anschließend noch höher die Treppen empor, damit Sie nicht die Weitsicht über die Ruine versäumen. Für die gesamte Wanderung bis zum

Schlossparkplatz retour benötigen wir etwa 2 Stunden.

Unsere Fahrt geht weiter in Richtung Grünau Almtal auf der L549 bis die ersten Schilder zum Schigebiet und Kinderland auftauchen.

(2) WOMO-Wanderparkplatz: Schigebiet Kasberg

GPS: N 47°50.885‘ E14°0.447‘; Tannenweg. **max. WOMOs:** 2-3.
Ausstattung/Lage: keine Ausstattung.
Zufahrt: laut Beschreibung.

Das **Schigebiet Kasberg** bietet eine 8er Gondelbahn, eine Gruppenumlaufbahn, einen 4er Sessellift und 8 Schlepplifte als Aufstiegshilfe für ein tolles Schivergnügen an.

Wir fahren aber ein Stückchen weiter an diesem Parkplatz vorbei bis zum **Kinderland Schindelbach**. In zauberhafter Natur gibt es bei nachgestellten **Märchenszenen Volksmärchen** zu hören. Beim Gasthaus Schindelbachgut können sich kleine Kinder gegen Münzeinwurf an Elektrobooten und Autos sowie anderen Spielzeugen erfreuen. Geöffnet ist vom Anfang Juli bis Mitte September durchgehende von 10-18 Uhr. April, Mai, Juni, Oktober nur an Wochenenden.

(3) WOMO-Wanderparkplatz: Kinderland

GPS: N 47°49.743‘ E 14°1.539‘. **max. WOMOs:** 2-3.
Ausstattung/Lage: keine Ausstattung / ruhige Lage.
Zufahrt: laut Beschreibung bis Straße endet.
Sonstiges: Gaststätte und Kinderland.

Nach einer herrlichen Nachtruhe suchen wir den **Cumberland Natur Wildpark** [N 47°48.501‘ E 13°57.076‘] auf. Also ein Stück retour bis Grünau und dann in Richtung Almsee. Der Gästeparkplatz mit WC liegt auf der rechten Straßenseite. Leider finden wir **Nachtparkverbotschilder für Womos** vor. Auf 60 Hektar Fläche erwarten den Besucher von April bis Oktober täglich von 9-18 Uhr (November bis März kürzere Öffnungszeiten) heimische Tiere wie Rothirsche, Rehe und Wildschweine. Eintritt 7€/Person (2007).

Auf der Bundesstraße 120 erreichen wir **Gmunden am Traunsee**. Jetzt gibt es zwei Möglichkeiten. Den nächtigungsgeeigneten Liftparkplatz aufzusuchen oder nur zu parken. Der Parkplatz bietet sich für eine Gondelfahrt und einen Stadtbesuch an.

(4) WOMO-Wanderparkplatz: Grünbergseilbahn

GPS: N 47°54.790‘ E 13°48.499‘; im Gsperr. **max. WOMOs:** 2-3.
Ausstattung/Lage: Stadtrand.
Zufahrt: in **Gmunden** vor der Brücke über die Traun, am Klosterplatz nach links in die Traunsteinstraße einbiegen und der Beschilderung zum Seilbahnparkplatz folgen.
Sonstiges: Schigebiet und Wandermöglichkeit.

Im Zentrum selbst gibt es kaum Parkplätze, darum fahren wir durch die Stadt bis auf der rechten Seite ein kostenfreier Parkplatz auf Höhe des Schlosses [N 47°54.825‘ E 13°47.302‘] kommt. Es folgt ein zweiter großer Parkplatz auf der rechten Seite mit Infostand.

Von dort aus erkunden wir die Stadt. Gmunden – das „Tor zum Salzkammergut“ – war im 11. Jahrhundert ein bedeutender Umschlagplatz für den Salzhandel. Hier legten die Salzschiffe an. Von Gmunden aus wurde die gesamte Salzwirtschaft gesteuert und kontrolliert. Im Zentrum stehen prachtvolle Bürgerhäuser und der großzügig angelegte Rathausplatz mit dem Renaissancebau des Rathauses zeugt von dieser vergangenen Epoche. Vom Seeufer aus erblicken wir das malerische Seeschloss Ort. Es erlangte mit der Fernsehsendung Schlosshotel Ort Berühmtheit und dient heute noch als beliebtes Fotomotiv. Bereits seit dem 12. Jahrhundert ist hier eine künstliche Insel mit Wehrbau urkundlich belegt. Das Schloss selbst geht auf das 14. Jahrhundert zurück. Im Innenhof sind anhand der zweigeschossigen Arkadengänge Umbauten in der Renaissance erkennbar. Das **Schloss** ist über den Steg frei zugängig und im Hof wird für das leibliche Wohl gesorgt.

Im Hafen warten mehrere Linienschiffe auf ihre Passagiere. Es werden verschiedene Rundfahrten angeboten.

Jetzt wollen wir aber einmal Überblick im wahrsten Sinne bekommen. Also benutzen wir die **Gondelbahn** aus dem Jahre 1957 für die Fahrt auf den Grünberg. Das kleine Schigebiet mit der Gondelbahn und einem Schlepper erreicht nur knapp über 1000m Seehöhe. Oben gibt es markierte Wege und Schaukästen mit Pilzen sowie ein Gasthaus.

Auf der B145 fahren wir weiter nach Altmünster.

(5) WOMO-Campingplatz-Tipp: Schweizerhof

GPS: N 47°54.155‘ E 13°46.178‘; Hauptstraße 14.
offen: Mai - Sep.
Ausstattung/Lage: Freibad, Gaststätte, Hunde erlaubt / terrassenförmig zwischen See und Straße angelegt
Zufahrt: laut Beschreibung.

Etwa 200m nach dem CP führt die **Grossalm** Landesstraße L544 nach rechts hinauf. Wir folgen den Schildern zum **Wildpark Hochkreut**. Die letzten Höhenmeter müssen auf einer etwas engen und schmalen Straße überwunden werden.

(6) WOMO-Stellplatz: Wildpark Hochkreut

GPS: N 47°52.461' E 13°40.902'; Aurachberg. **max. WOMOs:** 2-3.
Ausstattung/Lage: Plumpsklo/ruhige Lage, sehr schräger Asphaltparkplatz (Auffahrkeile!)
Zufahrt: laut Beschreibung (925m Seehöhe).

Der Park ist im Frühling, Sommer und Herbst täglich von 9 bis 18 Uhr geöffnet. Wir gehen den Rundweg, gesäumt von Diarahmen und Vogelstimmen vorbei an Rot- und Damwild, Hirschen, Steinböcken und anderen großteils einheimischen Tierarten. Die Streicheltiere warten nur darauf, dass sie von unserem Kind gefüttert werden und wir Großen genießen das beeindruckende Bergpanorama.

Am nächsten Morgen düsen wir wieder den Berg hinunter bis zum Traunseeufer zur Bundesstraße B145. Entlang der Straße kommen einige Picknickplätze mit **WC** und Nächtigungsverbottafeln. Nach dem Tunnel, noch vor der Ortschaft Ebensee zweigt die Straße nach rechts ab. Wir folgen der Beschilderung zur **Feuerkogelbahn**.

(7) WOMO-Stellplatz: Feuerkogelbahn

GPS: N 47°48.793' E 13°45.487'; Langbathstraße.
max. WOMOs: 2-3.**Ausstattung/Lage:** WC bei Seilbahnbetrieb/Schigebietparkplatz nahe der Straße.
Zufahrt: laut Beschreibung.

Das Schigebiet führt bis auf den 1680m hohen Heumahgupf. Eine Gondel, ein Sessellift und fünf Schlepplifte stehen dazu zur Verfügung. Sommer Berg-Talfahrt Seilbahn 16€, Winter Tageskarte 25€ (2007). Die Langbathseestraße endet dann beim großen Wanderparkplatz am **Vorderen Langbathsee**.

(8) WOMO-Wanderparkplatz: Vorderer Langbathsee

GPS: N 47°50.066' E 13°41.338'; Tannenweg. **max. WOMOs:** 3-4.
Ausstattung/Lage: WC-Haus, Bademöglichkeit, Wanderweg/außerorts in Seenähe.
Zufahrt: Langbathseen sind beschildert.
Sonstiges: Gaststätte Hauptsaison (677m Seehöhe).

Vom Parkplatz aus wandern wir am rechten Seeufer entlang. Das klare Wasser schimmert durch die schräg einfallende Vormittagssonne im schönsten Türkisgrün. Die Wege um die Seen sind bestens geschottert. Der **hintere Langbathsee** ist etwas kleiner, liegt aber in einem ebenso idyllischen Umfeld. Steile, schroffe Felswände erheben sich im hinteren Bereich. Von dort aus zeigt ein gelber Wanderwegweiser – **Schafluckensteig**, nur für Geübte – zur Felswand. Nach etwa einer halben Stunde auf diesem Weg brechen wir ab und drehen um, denn der Wanderweg führt dann an einer ungesicherten Felswand in Form eines Trampelsteiges weiter. Also, wieder zurück zum Parkplatz am anderen Seeufer des Rundwanderweges. In Summe haben wir dazu 3 Stunden benötigt. Den restlichen Tag genießen wir dann beim Badebereich. Abends radeln wir dann nochmals die gesamte Strecke um die bezaubernden Seen ab.

Bad Ischl zeigt sich uns Besuchern nicht gerade von der Sonnenseite. Dichte Regenwolken hängen über der Stadt und bunte Regenschirme drängen durch die Gassen. Wenn schon kein Kaiserwetter, dann soll wenigstens eine Kaiservilla unser Herz erfreuen. Die Parkplatzsuche erweist sich als äußerst schwierig. Wir geben uns nach mehreren Runden geschlagen und stellen das Womo auf den gebührenpflichtigen Parkplatz Götzstraße. So finden Sie ihn am schnellsten.

Von der B145 direkt in das Zentrum von Bad Ischl. Beim Kreisverkehr nochmals in Richtung Zentrum (Götzstraße) und gleich wieder nach rechts zum kostenpflichtigen Parkplatz um 1 Euro die Stunde [N 47°42.890‘ E 13°37.422‘]. Der Parkplatz liegt hinter einer Ladenzeile und hat direkten Zugang zum Schlosspark.

Jetzt wollen wir uns aber endlich auf den **Spuren der Habsburger** begeben. Inmitten einer Parkanlage, umgeben von uralten Bäumen steht das biedermeierliche Landhaus von Kaiser Franz Josef (1848-1916) und seiner Frau Elisabeth, besser bekannt als „Sisi“ (1837-1898). Das Haus war ein großzügiges Hochzeitsgeschenk der Kaisermutter Erzherzogin Sophie an das Brautpaar. Dicht drängen sich die Touristen zur Führung durch die kaiserlichen Räume, die gar nicht so prunkvoll sind wie wir es sonst von herrschaftlichen Häusern gewöhnt sind. 1857 ließ der Kaiser den Bau allerdings erweitern, sodass der Grundriss die Form eines liegenden „E“ (wie Elisabeth, Sie haben es sicher gleich erraten) annahm.

60 mal verbrachte der Kaiser den Sommer in Bad Ischl, besonders gerne ging er auf die Jagd. Viele seiner Jagdtrophäen hängen an den Wänden und blicken mit starren Augen auf uns. Unzählige Geschichten und Anekdoten und so manches Jägerlatein weiß die fachkundige Führerin zu erzählen. Mehr wollen wir aber davon nicht verraten. Das Arbeitszimmer des Kaisers wurde so belassen als wäre der Kaiser eben zur Tür hinausgegangen. Der Schreibtisch erinnert an die bittersten Stunden von Franz Josef. An ihm unterschrieb er 1914 die Kriegserklärung an Serbien. Der Beginn des 1. Weltkrieges war damit besiegelt. Er musste den schmerzhaften Ausgang dieser Völkerschlacht nicht mehr miterleben, denn er starb zwei Jahre vor Kriegsende.

Noch ein Wort zur Kaiserin: Sisi hasste Küchengerüche über alles. Deshalb werden Sie eine Kochgelegenheit im Hause vergeblich suchen. Wie aber kochen ohne Küche? Ganz einfach gar nicht! Ein Tunnel zum Haus ist des Rätsels Lösung. Man scheute keine Kosten und Mühen, die Kaiserin zufrieden zu stellen. Deshalb wurde eigens ein Tunnel gegraben und die fertigen Speisen auf diese Weise in fest verschlossenen Gefäßen angekarrt. Das Kuriose an der Sache – die Kaiserin hat nur wenig gegessen. Sie war stets auf 50cm Taillienumfang bedacht und hielt eisern ihr Gewicht. Die Gastronomie in Bad Ischl sollte damals große Umsätze gemacht haben, denn die Gäste verließen meist das Schloss mit leerem Magen.

Nachkommen der kaiserlichen Familie wohnen heute noch in einem Teil der Räume und stellen am Geburtstag des Kaisers jedes Jahr Edelweiß in die Vasen, die Lieblingsblumen der Majestät.

Wer noch weiter in der guten alten Zeit schwelgen möchte, der kann nach der Führung zum **Marmorschlössel** spazieren. Es hat von außen etwas Dornröschenhaftes an sich. Innen aber empfängt uns eine freundliche Dame und flugs hat sie uns riesige Filzpatschen über die Schuhe gestreift. Gleich fühlen wir uns wie zu Hause vor dem Kamin und kostbare Parkettböden werden geschont. Knarrend geben sie unserem Gewicht nach, während wir die kleine aber feine Fotosammlung betrachten. Kameras aus den Anfängen der Fotografie, riesige schwere Holzkonstruktionen bis zu heutigen handlichen Modellen gibt es da zu sehen. Man spürt deutlich, zum Fotografen zu gehen war damals ein ganz besonderes Ereignis und wie so oft nur für Betuchte leistbar. An der Qualität der Fotografien von damals gibt es nichts zu meckern. Wunderbar gestochen scharf sind sie und noch dazu Jahrhunderte haltbar. Noch tief versunken in Gedanken an das Schicksal der Kaiserfamilie verlassen wir den wahrlich majestätischen Ort.

Öffnungszeiten: Anfang Mai bis Mitte Oktober täglich 9:30 bis 16:45, Jänner bis Mai nur mittwochs Führungen, 9,5 € pro Person (2007)

Hallstatt

Unsere Tour führt weiter zum **Hallstätter See**, am westlichen Ufer entlang (L547) bis Hallstatt. Die Region um den Hallstätter See zieht uns mit ihrer einzigartigen Schönheit sofort in ihren Bann. Kein Wunder, dass sie 1998 in die Liste des

UNESCO-Weltkulturerbes Aufnahme fand.

Es gibt mehrere Parkmöglichkeiten. Eine wäre direkt bei der Schrägseilbahn, dort werden wir freundlich weitergewiesen. Die Nächste ist nach der Stroh-Tankstelle. Die Parkgebühr für einen Tag beträgt unverschämte 9 Euro (!). Eine kurze Diskussion zur Tatsache, dass unser Fahrzeug ein PKW und kein Reisebus ist, führt nicht zum gewünschten Ziel. Also steht alternativ der Campingplatz nebenan zur Verfügung.

CP in Hallstatt

(9) WOMO-Campingplatz-Tipp: Klauser Höll

GPS: N 47°33.159‘ E 13°38.837‘; Hallstätter Landesstraße.
offen: 15.April bis 15.Oktober. **Ausstattung/Lage:** 60 Stellplätze in schöner Lage / Stadt- und Salzbergwerknähe, wir haben 18,80€ in Summe für eine Nacht 2006 bezahlt.
Zufahrt: laut Beschreibung.

Bergmann Sepp

Jetzt haben wir ein gemütliches Plätzchen für die Nacht und es bleibt noch Zeit für einen spannenden Besuch im **Salzbergwerk**. Schnell warme Kleidung und festes Schuhwerk angezogen und schon sind wir in wenigen Gehminuten bei der Talstation. Gerade noch haben wir die letzte Führung erwischt und die Standseilbahn bringt uns in wenigen Minuten bei toller Fernsicht über den Hallstätter See zur Bergstation Rudolfsturm. Jetzt heißt es 10 Minuten steil bergauf gehen zum Eingang vom Christina Stollen. Natürlich bekommen alle Teilnehmer bequeme Bergwerkskleidung und im Gänsemarsch geht es in den Berg. Über eine **Holzrutsche** flitzen wir tief ins Berginnere. Anschaulich weist eine Zeitspirale den Blick in die Vergangenheit. Vor rund 250 Millionen Jahren hat sich ein von Meer abgeschnittener See gebildet. Durch Verdunstung blieben Salz, Gips, Ton und Kalk übrig. Gebirgsmassen verschoben sich und verschlossen diesen Schatz für weitere Jahrmillionen.

Vor 7000 Jahren war es dann soweit. Die ersten Bergleute fanden das weiße Gold und bis zum heutigen Tag wird in einem Teil des Stollens Salz abgebaut. Bis ins frühe Mittelalter wurden die Salzbrocken mühevoll rausgeräumt. Heute macht man sich moderne Technik zunutze. Mit Bohrlochsonden wird zuerst Wasser in bis zu 200m tiefe Löcher geleitet und Sole nach oben zur Saline in Ebensee gebracht. Dort geht es ans Reinigen und Weiterverarbeiten. Derzeit versehen noch 48 Bergleute ihren Dienst im Berg. Quietschend wie kleine Kinder rutschen jetzt alle die längste Holzrutsche Europas runter und wir jubeln, weil wir laut Radarmessung die Schnellsten waren (27,3km/h). Na gut, der Grubenführer war als Einziger noch schneller, aber der hat ja Heimvorteil!

Das persönliche Foto mit Geschwindigkeitsangabe gibt's nach der Führung um 5 Euro im Knappenhaus zur Erinnerung zu kaufen. Jetzt sind wir bei einem unterirdischen See angelangt. Die Entdeckung des Salzes in vorchristlicher Zeit erscheint als Projektion in bunten Farben und untermalt von mystischer Musik an den Wänden.

Der Bergmann Sepp, eine Sprechpuppe im Knappengewand, erzählt uns die Geschichte vom berühmten Mann in Salz. Er wurde 1734 geborgen und war sozusagen der jüngere Bruder unseres Ötzis, also ein keltischer Bergmann. Nicht nur sein Alter war erstaunlich, sondern auch sein tadellos erhaltener Zustand. Deshalb ahnte niemand wie alt der Mann wirklich war. Konservierungsmaßnahmen gab es damals noch nicht und so bestatteten die Hallstätter den Mann und heute weiß niemand mehr wo das war. Im archäologischen Teil des Stollens führen uns nur wenige Schritte zurück zu Bronze- und Eisenzeit. Unter anderem zu einem Fundstück aus dem 8. Jhdt. v. Chr.

Bergmann Sepp beklagt sich derweil über die schlechte Beleuchtung und verstummt. Im Reitersitz geht es schließlich wieder mit der Grubenbahn zurück ans Tageslicht. Öffnungszeiten: Ende April bis 26.Okt täglich 9:00-16:30/18:00, 44,10€ Familienkarte, 2 Erw.+1Kind inkl. Berg/Talfahrt.

Hektisch gestaltet sich der Souvenirkauf in der Salzkammer für die Verkäuferin, denn die letzte Talfahrt will auch sie noch erwischen. Also schnell noch einen Salzbrocken für die Oma erstanden und im Laufschritt zur Bahn. Für heute haben wir genug Eindrücke gesammelt und der Regen trommelt uns in den Schlaf.

Am nächsten Morgen haben sich die Nebelschwaden verzogen und geben den Blick frei auf die schmucke Stadt mit ihren alten Holzhäusern. Die Stadt ver-

Beinhaus

dankt dem Salz nicht nur ihren Wohlstand sondern auch ihren Namen. Hall bedeutet nämlich im altgermanischen „Salz“ - die „Stätte des Salzes“ wie es trefflich lautet. Wie ein Schwalbennest klebt Hallstatt am Felsen und ringt seinem Boden jeden Zentimeter Platz ab.

Souvenirläden für jeden Geschmack säumen die Straße. Wir steigen eine Felsentreppe hinauf zum **Friedhof**. Sogar hier spürt der Besucher die Platznot. Die Grabstellen sind winzig klein und dicht gedrängt. Das Beinhaus hinter dem Friedhof öffnet gerade seine Pforten. Alle 10-15 Jahre wurden die Gräber geöffnet, an Sonne- und Mondlicht gebleicht und samt den Röhrenknochen im **Beinhaus** aufbewahrt. 1200 Schädeln liegen vor uns, fein säuberlich nach Familie und Alter geschlichtet. Da sie alle bunt mit Laubwerk und Rosen verziert sind, schaut das Ganze gar nicht so grauslich aus. Die Tradition der symbolhaften Bemalung stammt aus dem Jahre 1720. Eichenlaub steht für Ruhm, Lorbeer für Sieg, Efeu für Leben und die Rose für die Liebe.

Abschließend besuchen wir noch das **Prähistorische Museum** im Ortskern. Geöffnet ist vom April bis Oktober täglich 10:00-16:00/18:00 Uhr, Nov. bis März Mo., Di. Ruhetag – 7,50 €/ Person (2006).

Es werden Freud und Leid der Bevölkerung – untermalt mit Animationen und Geräuschen – lebhaft dargestellt. Wir begeben uns auf eine beeindruckende Zeitreise in die Hallstattregion. Heute haben wir nur eine kurze Tagesetappe geplant. Als Erstes in Richtung Obertraun, dann die **Dachsteinhöhlenstraße** bis zum großzügig angelegten Gondelparkplatz.

Ausblick v. Krippenstein

(10) WOMO-Wanderparkplatz: Krippenstein

GPS: N 47°32.888' E 13°42.424'. **max. WOMOs:** 3-4.
Ausstattung/Lage: WC wärend Gondelbetreib / entlegen und ruhig.
Zufahrt: laut Beschreibung „Krippenbahn" hinter Talstation.
Sonstiges: Gaststätte 500 m entfernt.

Wir benutzen nur die **Krippensteinbahn 1.Teilstrecke** bis zur Schönbergalpe in 1345m Seehöhe, um zu den Höhlen zu gelangen. Es gäbe noch eine zweite Teilstrecke bis zur Bergstation auf 2100m Seehöhe. Das Schigebiet umfasst dann noch eine weitere Seilbahn, einen neuen Sessellift und den Hausberglift. (Tageskarte f. Schifahrer 2006/7 - 29,50 €/Erwachsene). In nur wenigen Minuten sind wir bei der Bergstation angelangt und machen uns auf den Weg zur **Riesen Eishöhle**, vorbei am frei zugängigen Höhlenmuseum. Die Höhleneintrittskarten muss man bereits bei der Bergstation kaufen, dann benötigen wir um die 20 Minuten bis zum Eishöhleneingang. Sie zählt zu einer der drei größten Eishöhlen der

Eistieg zur Mammuthöhle

Erde und hat im Inneren eine konstante Temperatur von 0 bis 3°C. Der erste Teil der Höhle ist eisfrei, dann folgen einige Stege, bis wir zu den Eismassen kommen, die sich jährlich im Frühjahr aufbauen. Die Eisskulpturen ändern laufend ihre Form da sie zum Teil wieder schmelzen. Etwa einen Kilometer legen wir unterirdisch zurück, bis wir am etwas höher gelegenen Ausgang wieder von der Sonne begrüßt werden.

Anschließend besuchen wir noch die **Mammuthöhle.** Also, wieder zurück zur Schönbergalpe, denn von dort aus erreicht man die zweite Höhle ebenfalls in etwa 20 Minuten. Die Mammuthöhle hat ihren Namen nicht wie man denken sollte, durch den Fund von Überresten eiszeitlicher Giganten mit Stosszähnen bekommen sondern durch die enormen Ausmaße. 52km soll die Gesamtlänge des Höhlensystems sein.

Öffnungszeiten Höhlen: Ende April bis Anfang November, je Höhle 8,80 €/Person, Kombiticket mit Seilbahn und beiden Höhlen möglich (2006). Bevor wir die Talfahrt antreten muss noch schnell ein Plüschmurmeltier aus dem Shop mit.

Wir fahren durch das herbstliche Salzkammergut und bleiben am Ortsrand von **Bad Aussee** stehen. Der Kurort wird von seinen Gästen wegen der Salzwasserquellen sehr geschätzt. Der Ort leidet sehr am starken Durchzugsverkehr und wir flüchten in den hübschen Kurpark. Hier treffen wir unvermeidlich auf den Gönner und Liebling der Ausseer, Erzherzog Johann (1782-1859). Die Statue des „Fürsten der Steiermark“ ziert den Kurpark und an der Erzherzog Johann-Brücke prangt ein Medaillon, auf dem auch seine Frau Anna zu sehen ist. Am Zusammenfluss Grundlseer und Altauseer Traun entdecken wir eine eigenartige runde Brücke, die **Mercedesbrücke**, ausnahmsweise nicht nach dem Erzherzog benannt. Hier soll sich laut Hinweistafel der geografische Mittelpunkt von Österreich befinden. Das Geburtshaus von Anna Plochl, der Frau des Erzherzogs finden Sie am Meranplatz 37, der alten Pferdepost.

Nun, der strahlend schöne Herbsttag hat erst begonnen und es drängt uns weiter zu fahren, auf den Spuren von Erzherzog Johann.

Der Grundlseer Traun entlang tuckern wir in östliche Richtung und genießen die Einmündung in den glitzernden Grundlsee auf der rechten Seite. Links ragen steil die Felswände vom Toten Gebirge in den klaren Herbsthimmel. Helle, senkrechte

Streifen von abgelagertem Kalk gebildet, durchziehen das Gestein. Wie nicht anders erwartet besteht im gesamten Gebiet um die Seen absolutes Nächtigungsverbot. Auch den See hat man mit Verbotsschildern und Parkscheinautomaten regelrecht eingezäunt. Wir sind als Österreicher Kummer dieser Art gewöhnt, denken wir nur an den Neusiedler See im Burgenland oder die von den Promis aufgekauften Kärntner Seen. Deshalb sind wir schon froh, überhaupt an das Ufer des Grundlsees zu kommen.

Der Wassermann vom Grundlsee - Waltraud Nowak - Ol auf Leinwand

Der Wassermann vom Grundlsee

In vergangenen Zeiten hausten in armseligen Hütten um den Grundlsee Fischer und Jäger. Kaum sonst jemand verirrte sich in diese Gegend. Wieder einmal nahmen die Fischer ihre Arbeit auf und fuhren auf den See hinaus. Stunden vergingen, doch kein Fischlein wollte sich fangen lassen. Als die Nacht einbrach versilberte sich die ruhige, glatte Wasseroberfläche durch den Schein des Vollmondes und die Fischer warteten noch immer vergebens auf einen Fang. Plötzlich aber schäumte in der Nähe der Fischer das Wasser auf und ein großer struppiger Kopf mit Seerosen und Schilf in den Haaren tauchte aus der Flut. Der gefürchtete Nöck schwamm auf sie zu.

Die Männer erschraken und wollten schleunigst ihre Netze einholen, um an das rettende Ufer zu kommen. Doch der Wassermann starrte sie mit großen Glotzaugen an und hinderte sie an der Weiterfahrt. Er wollte in das Boot einsteigen. Verängstigt blieb den Leuten nichts übrig als ihm in das Boot zu helfen. Sie zogen ihn an den Armen hoch, doch als sie merkten, dass sein Leib als mächtiger Fischschwanz endete, ließen sie ihn erschrocken in das Boot fallen. Der Nöck schlug sich den Kopf an einer Planke und stöhnte vor Schmerzen. Da hatten die Fischer Mitleid und kühlten seine Wunde mit klarem Wasser. Kurz darauf richtete sich der Wassermann auf und raunte den Fischern zu:

„In euren Bergen lagert Kern. Das macht das Seewasser so säuerlich, dass es sogar auf meiner Haut brennt. Salzhantig rinnt`s her und bei den zwei Seetraunen raucht`s!“ Ehe die Männer

noch wussten was geschah, sprang der Wassermann mit einem mächtigen Satz zurück in die Fluten. Die Wellen schlugen zusammen und die Seeoberfläche glättete sich wieder. Aus der Ferne war noch ein Rauschen „Salzhantig, salzhantig, ... „ zu hören. Als die Fischer an Land berichteten was vorgefallen war, zerbrachen sie sich die Köpfe, was ihnen der Nöck mitteilen wollte. Dann aber verstanden sie und begannen am Sandlingberg nach Salz zu schürfen. Sie wurden fündig und durch ihren Fleiß konnte bald ein Bergwerk entstehen, dass viele Jahrhunderte Salz lieferte und damit für bessere Lebensbedingungen sorgte. Wäre der Nöck nicht gewesen, vielleicht läge das Salz heute noch verborgen in der Tiefe der Berge versteckt.

Sie wollen hier am Grundlsee unbedingt bleiben und die Wanderschuhe schnüren? Kein Problem, zwei schöne Campingplätze in Seenähe haben wir erkundet.

(11) WOMO-Campingplatz-Tipp: Gössl

GPS: N 47°38.320‘ E 13°54.123‘; Gössl. **offen:** Ende Mai – 26.Okt.
Ausstattung/Lage: teilweise kleine Bäume, schöne Wiesenfläche / ruhige Lage.
Zufahrt: Zufahrt direkt beim Kreisverkehr (WC bei Kreisverkehr). Gleich dahinter befindet sich ein zweiter CP, ebenfalls in schöner grüner Lage.

Am Parkplatz hinter dem Gasthaus „**Rostiger Anker**“ [N 47°38.183` E 13°54.210`; 2-3 € Parkgebühr] stellen wir das Womo ab und wandern durch lichten Laubwald zum Toplitzsee.

Ein kleines Gasthaus versteckt sich am Rande des Sees und lädt zum Rasten und Erfrischen ein. Der zahme Rabe Max begrüßt uns krächzend und landet unter lauten „Oh“ und „Ah“-Rufen auf der frischen Dauerwelle einer Wandersfrau. Auch unsere glitzernden Autoschlüssel beäugelt er interessiert. Also schnell in den Rucksack damit. Direkt neben dem Gasthaus wartet schon ein einheimischer Bootsvermieter auf Kundschaft. 25 Personen passen in die Plätte und schon bald sind wir vollzählig (5€/Person – 2006). Leise tuckert der Motor und wäh-

Toplitzsee

rend wir am linken Ufer entlang fahren, erzählt uns der Bootsmann allerlei Wissenswertes über den eiszeitlichen **Toplitzsee** und andere interessante Details, die wohl in keinem Buch zu lesen sind. Obwohl sogar wir Mühe haben, seinen Dialekt zu verstehen genießen wir diese unberührte, unverbaute Natur. Rund um den Toplitzsee führt kein Wanderweg.

Der Toplitzsee ist ein eiszeitlicher Gletschersee und am Grund salzwasserhältig sowie sauerstoffarm und dadurch auch nicht

Kammersee

sehr fischreich. Der See führt pechschwarz wie ein Trichter uferlos über 100m hinunter.

Aufgrund seiner besonderen Tiefe war er schon immer ein Ziel für die wildesten Gerüchte und Legenden und leider Müllabladeplatz der Deutschen Wehrmacht. Nach dem Zusammenbruch des Dritten Reichs war dieses Kapitel um eine Episode reicher. Man vermutete Kisten voller Goldreserven im See. Tatsächlich fand man aber nur gefälschte Englische Pfundnoten, mit denen die Nazis die Wirtschaft des Feindes zu schwächen versuchten. Sogar amerikanische Spezialgeräte tauchten nach Schätzen, aber weder das legendäre Bernsteinzimmer noch andere Kostbarkeiten konnten je gefunden werden. Viele Geheimnisse wird der See für immer in seinen Tiefen verborgen halten.

Unser Ziel, der **Kammersee**, lässt sich nur mittels Boot erreichen. Von der Anlegestelle aus haben wir leider nur 20 Minuten Zeit für den Kammersee. Dann heißt es schon wieder zurückfahren. Der Kammersee verbirgt im Fels dahinter den Ursprung der Traun, wie ein zarter Schleier fällt sie vom Himmel. Schnell füllen wir unsere Trinkwasserflasche mit klarem Quellwasser und fahren zurück. Die Traun fließt also durch Kammer und Toplitzsee sowie Grundl-, Hallstätter- und Traunsee. Beim Kammersee wurde ein Kanal gegraben, um gefällte Bäume zu transportieren. Schon überwältigend, wie klein ein Bächlein entspringt und sich seinen Weg bahnt, um als breiter Fluß bei Linz in die Donau und in Folge in das Schwarze Meer zu münden.

Beim Rückweg entdecken wir einen **Gedenkstein** am Waldesrand. Die Inschrift verrät, dass **Erzherzog Johann** just an dieser Stelle seiner Anna zum ersten Mal begegnet ist. Wen wundert bei dieser romantischen Kulisse, dass er sich sofort in das blutjunge Mädl verliebte.

Erzherzog Johann war Sohn Leopolds II. und sollte eigentlich eine militärische Karriere einschlagen. Doch lieber ging Johann in der Steiermark bergsteigen und jagen. Er interessierte sich mehr für die Belange der ländlichen Bevölkerung, gründete unter anderem die Montanschule in Vordernberg und setzte sich für den Bau der Eisenbahn von Wien über den Semmering nach Graz und Triest ein. Die große Liebe zu Anna Plochl, der Ausseer Postmeisterstochter, liefert noch heute Stoff für romantische Legenden, Lieder und Gedichte.

Nach der Revolution kehrte er endgültig in die Steiermark zurück und wurde Bürgermeister von Stainz. Seine unstandesgemäße Ehe mit Anna erhöhte seinen Beliebtheitsgrad nur noch mehr und beide lebten glücklich und zufrieden bis an ihr Lebensende.

Völlig unromantisch beginnt uns der Magen zu knurren und wir beeilen uns zurück zum Parkplatz. Beim Gasthaus **„Rostige Anker“** sind noch einige sonnige Gartenplätze frei, also nichts wie hin und Speis und Trank mit Blick über den Grundlsee genießen. Jetzt geht es gestärkt auf die Suche nach einem lauschigen Übernachtungsplatz. Nach kurzem Blick in die Straßenkarte entscheiden wir uns für die **Tauplitzalm**. Also zurück in Richtung Liezen. In Bad Mitterndorf folgen wir der Beschilderung „Tauplitzalm“.

Beim Mauthäuschen erkundigen wir uns vorsichtig nach einem Nächtigungsverbot auf der Alm. Davon hat der freundliche Mann an der Kassa noch nie gehört und wir bezahlen beruhigt die 9,5 Euro (2006) für exakt 9,5km Mautstrecke. Allein schon die Fahrt hinauf lohnt sich, Meter für Meter ein immer tolleres Bild auf schneebedeckte Bergzipfeln.

Wir sind am Ziel auf **1673m Seehöhe** angelangt und parken hinter den Garagen der Pistenraupen. Obwohl hier Wintersporthotels gebaut wurden und auf fast jeden Gipfel der Alm ein Lift hinaufführt, gefällt es uns hier sofort.

Tauplitzalm

(12) WOMO-Wanderparkplatz: Tauplitzalm

GPS: N 47°35.518' E 13°59.093'; Tauplitzalmstraße.
max. WOMOs: 2-3. **Ausstattung/Lage:** keine Ausstattung / entlegen.
Zufahrt: über Mautstraße laut Beschreibung.

Eine Wanderung rund um den **Großsee** geht sich gerade noch aus. Den Rest des Tages faulenzen wir in die Abendsonne hinein. Es gäbe weit mehr Wandermöglichkeiten, zum Beispiel zum **Märchensee** oder 1,5 Stunden bis zum großen Steirersee mit Trinkwasserwasserqualität.

Stellplatz Pürgg

Dem Blumenliebhaber die Tauplitzalm anzupreisen hieße Eulen nach Athen tragen. Unser Gebiet ist weithin als riesiger Alpengarten bekannt. Angefangen von den Schneerosen, die gleich nach der Schneeschmelze blü-

Murmeltier :-)

hen, über die Enzianblüte bis zur phänomenalen Alpenrosenblüte wird jeder Blumenfreund seine Lieblinge finden.

Am nächsten Morgen verlassen wir die Tauplitzalm und tuckern auf der B145 weiter in Richtung Liezen. Rechter Hand zieht uns das von Schnee angezuckerte Massiv des Untergrimming so in den Bann, dass wir beinahe vergessen, links nach **Pürgg** abzubiegen. Noch ein Stück weiter geht es auf der Pürgger Landesstraße L733 bis wir am Dorfrand angekommen sind und parken.

(13) WOMO-Stellplatz: Pürgg

GPS: N 47°31.934‘ E 14°3.909‘; Pürgger Landesstraße.
max. WOMOs: 1-2.
Ausstattung/Lage: WC, Müll / Parkstreifen am Dorfrand.
Zufahrt: Fahrverbot im Ort, Parkplätze direkt bei Umkehrschleife.

Wie Schmuckkästchen liegen die Häuser blumenbeladen bis zu den Giebeln nebeneinander und ergeben ein Bild der Ruhe und Beschaulichkeit. Die **Johanniskapelle** steht auf einer Anhöhe unübersehbar mitten im Ort, umschnurrt von 5 niedlichen Kätzchen. Das Innere beherbergt wertvolle romanische Fresken aus dem 13.Jhdt und ein schlichtes Altarkreuz aus dieser Zeit. Das wäre wirklich ein perfekter Ort für eine romantische Landhochzeit, also unbedingt reinschauen. Nachdem wir die Katze Nr. 6 wieder an ihren Sonnenplatz vor der Kapelle abgesetzt haben wandern wir runter zur Pfarrkirche, die fast genauso alt wie die Kapelle ist. Die dem hl. Georg geweihte Kirche wurde allerdings im 15.Jhdt umgebaut und liegt so am Berg, dass Haupt- und Emporeneingang ebenerdig gelegen sind. Eine Floristin schmückt gerade den Altar für eine bevorstehende Hoch-

zeit. Wirklich eine gute Wahl hier zu heiraten. Noch besser wäre trotzdem die Johanniskapelle. Wir schauen ihr beim Stecken der Sonnenblumen ein wenig zu und verabschieden uns dann. Falls Sie noch einige romanische Fresken sehen wollen, so gehen Sie in die **Katharinenkapelle** links vom Eingang der Kirche. Hier finden Sie Fragmente, die die Darstellung der Passion Christi und die Katharinenlegende zeigen. Sie stammen ebenfalls aus der Zeit um 1300.

Bei unserer Weiterfahrt sichten wir schon von der Ferne auf der rechten Seite das **Schloss Trautenfels**. Das Schloss thront auf einen felsigem Höcker mitten im Oberen Ennstal. Ein schlanker Aussichtsturm überragt das fast kubische Bauwerk.

Zu besichtigen ist das Museum der Natur- und Kulturgeschichte des Steirischen Ennstals und Ausseerlandes mit dem einzigartigen Geweihzimmer des Grafen Lamberg. Öffnungszeiten: Palmsonntag bis Ende Okt. täglich 9-17 Uhr – 6 €/ Person (2006).

(14) WOMO-Stellplatz: Schloss Trautenfels

GPS: N 47°31.078' E 14°4.801'; Leitnerweg.
max. WOMOs: 1-2.
Ausstattung/Lage: Gaststätte / direkt neben Schloss, leider sind Straße und Bahn hörbar.
Zufahrt: laut Beschreibung, Schlossparkplatz.

Falls Sie auch eine Entsorgungsmöglichkeit benötigen, dann bietet sich ein Besuch am **Rastplatz Stainach** mit Wasserhahn an [N 47°31.726'– E 14°07.118'].

(15) WOMO-Stellplatz: Liezen

GPS: N 47°33.949' E 14°14.075'; Friedau.
max. WOMOs: 4-5.
Ausstattung/Lage: offizieller, kostenloser Wohnmobilstellplatz der Stadt Liezen beim Tennisclub, 5€ für Benutzung von Ver- / Entsorgung sowie Duschen / leider ist mit Straßen- und Eisenbahnlärm zu rechnen.
Zufahrt: Von der B320 nach rechts in die Döllacher Straße L740 und nach der Bahnüberquerung die zweite Straße nach rechts bis zum Parkplatz (Womo-Schilder) der Tennishalle.

Vom Stellplatz aus benötigen wir nur wenige Gehminuten um in das Zentrum zu gelangen. Es ist uns hier ein wenig zu belebt, darum brechen wir auf, fahren auf die A9 Autobahn in Richtung Leoben / Graz auf um bei der Abfahrt Trieben wieder abzufahren. Wir folgen den Schildern „Admont – Schigebiet

Kaiserau“ und kommen zu einigen engen Stellen. Vielleicht ist darum die Straße für Wohnwagenanhänger gesperrt. Nach Überwindung einiger Höhenmeter sind wir an einer Kuppe angekommen und biegen nach rechts zum Schigebiet ein. An der Mautstelle sind 6 Euro (2006) zu bezahlen. Eine Asphaltstraße führt bis zur Talstation der Schilifte.

(16) WOMO-Wanderparkplatz: Schilifte Kaiserau

GPS: N 47°31.668‘ E 14°28.823‘; Weg zur Oberst Klinker Hütte.
max. WOMOs: 1-2.
Ausstattung/Lage: keine Ausstattung / ruhig.
Zufahrt: zu den Schiliften.
Sonstiges: nur im Winter (im Sommer abgesperrt!)

Das kleine, aber feine Schigebiet hat 3 Schlepp- und einen Babylift zu bieten und punktet durch die sonnige Lage der Hänge am Hochplateau. Jetzt wechselt unsere Straße zu einer Schotterpiste und windet sich noch mehrere Serpentinen bis zur **Oberst Klinker Hütte** hinauf. Sie liegt so wie unser folgender Nächtigungsplatz auf über **1500m** Seehöhe.

(17) WOMO-Wanderparkplatz: Oberst Klinker Hütte

GPS: N 47°32.340‘ E 14°30.718‘; Oberst Klinker Hütte.
max. WOMOs: 1-2.
Ausstattung/Lage: Gasthaus, sehr schräger Schotterparkplatz (Auffahrkeile!) / sehr entlegen. **Zufahrt:** ca. 5,3km nach Mautstelle.
Sonstiges: Sommer (im Winter gesperrt bzw. nicht empfehlenswert!)

Am nächsten Morgen hat uns eine Schlechwetterfront eingeholt. Die Temperaturen fallen rasant und es wird ungemütlich. Es trifft uns nicht sehr hart, denn dieser Urlaub durch das reizvolle Salzkammergut ist für uns jetzt ohnehin zu Ende.

Über die Kaiserau Landstraße L713 wären es dann nur noch 7,7km bis zum Stift Admont (Siehe „Mit dem Wohnmobil nach Österreich 1.Teil“).

Oberst Klinker Hütte

Seewalchen
A 1
Schörfling
18
WC
Weyregg
Attersee
Mondsee
A 1
Mondsee
Steinach
Au
Unterach
151
Weißenbach
Burgau
Schafberg
1782 m
Schafbergbahn
Winkl
St. Gilgen
Schwarzensee
19
20
1745 m
Wolfgangsee
St. Wolfgang
158
Rußbach
Strobl
Bad Ischl
N
10 km

KARTE TOUR 2

TOUR 2 (ca. 90 km / 2-3 Tage)

St. Wolfgang - Schwarzensee - Attersee

Freie Übernachtung:	St. Wolfgang, Schwarzensee, Weyregg
Ver-/Entsorgung:	WC Freibad Weyregg
Besichtigen:	Schafbergbahn
Baden:	Wolfgangsee, Attersee
Wandern:	Schafberg

Diese Tour startet in Seewalchen und führt anfangs am Ostufer des Attersees entlang.

Das Land um **Mond- und Attersee** wird geschichtlich als „Mondseekultur" bezeichnet, weil hier uraltes Siedlungsgebiet bestand und man jungsteinzeitliche Kultur entdeckte. Reste bedeutender Pfahlbaudörfer aus 3000-2200 v.Chr. dokumentieren im Uferbereich Spuren unserer frühen Vorfahren.

In **Weyregg** bleiben wir stehen und haben zeitliches Glück. Es sind noch keine Ferien, daher können wir beim **Strandbad** direkt am Ufer in der Wiese parken und sogar nächtigen. Auf dieser Seite des Sees fallen uns noch mehrere öffentliche Badestrände angenehm auf.Hier verhält es sich nicht so wie in Kärnten, wo ja schon vor Jahren ein Ausverkauf an Betuchte stattgefunden hat. Nun, hier in Weyregg sind wir herzlich willkommen, eine ruhige Nacht inklusive atemberaubendem Sonnenuntergang wird Sie in der Nebensaison erwarten.

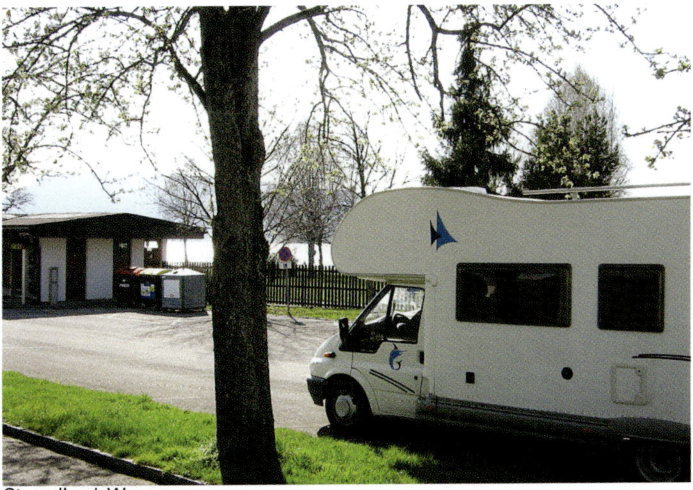

Strandbad Weyregg

(18) WOMO-Stellplatz: Strandbad Weyregg

GPS: N 47°54.148' E 13°34.015'; Seedorf. **max. WOMOs:** 3-4.
Ausstattung/Lage: Asphalt, WC, Wasserhahn, Mülltrennung.
Zufahrt: In Weyregg den Schildern zum Strandbad folgen. Mo. bis So. 3€ Parkgebühr von 8-16 Uhr (nur in Sommerhauptsaison).

In **Unterach** am Südufer des Attersees haben wir wieder Gelegenheit ans Ufer zu gelangen. Wir stellen das Womo oberhalb auf der B151 ab und gehen zu Fuß hinunter zum See. Glasklar sieht man bis zum Grund hinunter und zahlreiche Segler nutzen die gleichmäßige Brise um einige Runden zu drehen. Ein Denkmal **Gustav Klimts** erinnert an das Verweilen des großen Malers während der Sommermonate im Ort Unterach. Sein berühmtes Bild „Unterach am Attersee" entstand hier um 1900. Es hätte ihm heute ein Millionenvermögen eingebracht........

Das milde Klima dieser Region lässt sogar Edelkastanien sprießen, die einzigen Exemplare nördlich der Alpen. Kein Wunder, dass auch andere Künstler damals zu den Liebhabern der klassischen Sommerfrische am Attersee zählten.

Piraten am Attersee

Franz Karl Ginzkey, der Erfinder des „Hatschibratsch" zum Beispiel verbrachte 40(!) Jahre seine Urlaube in Seewalchen am Attersee. **Gustav Mahler** hatte sein Komponierhäuschen am etwas schrofferen Ufer in Steinbach. Man kann es heute noch besuchen, es ist öffentlich zugängig. Der zeitgenössische Maler **Christian Ludwig** hat sich den Attersee vor lauter Liebe und Hingabe kurzerhand zu seinem Künstlernamen gemacht.

Der **Attersee** wird auch **Kammersee** genannt und ist der größte See des Salzkammerguts. Wir verlassen das westliche Ufer mit seinen sanften Hügeln, umfahren das Südufer, das einige dramatische Akzente durch die Höllengebirgskette erhält und lassen Steinbach hinter uns.

Nach **St. Wolfgang** am gleichnamigen See zu gelangen bedeutet, mit der Kirche ums Kreuz zu wandern, denn es gibt am linken Seeufer keine Verbindungsstraße dorthin. Wir pirschen uns also über **St. Gilgen** an und halten uns auf der B158 in Richtung **Strobl.** Vier Campingplätze liegen direkt hintereinander. In Strobl zweigt die Straße dann nach links ab, führt vorbei an Schwarzenbach und Au und endet dann am Ziel unserer Fahrt in St. Wolfgang.

St. Wolfgang zählt zu den klassischen Touristenorten und es ist nicht einfach, in der Hauptsaison einen Parkplatz zu ergattern. Wir stellen das Womo beim gebührenpflichtigen Parkplatz 7 (3€/Tag) bei der Schafbergbahn ab. Nach kurzen Verhandlungen mit dem Parkwächter wird uns gnädig eine Übernachtung gewährt mit der (für uns selbstverständlich) Bedingung, den Platz sauber zu verlassen. Allerdings wäre das Aufstellen von Müllbehältern zu empfehlen. Wir nehmen unseren Müll halt einfach wieder mit, aber erfahrungsgemäß tun das viele nicht und das schafft nur Ärger. Liebe Parkplatzbetreiber, spart nur nicht am falschen Ort.

(19) WOMO-Stellplatz: Wolfgangsee Schafbergbahn

GPS: N 47°44.444‘ E 13°26.317‘; Robert Scholz Straße.
max. WOMOs: 3-4. **Ausstattung/Lage:** Imbiss, Minigolf/im Ort.
Zufahrt: laut Beschreibung Parkplatz 7. Parkgebühr 3€/Tag.

Nachdem wir also ein Plätzchen für die Nacht gefunden haben können wir uns entspannt im Ort umsehen. Das Schicksal bescherte St. Wolfgang seit jeher einen Strom an Touristen, das war schon seit dem 12. Jahrhundert so und damals hießen die Touristen halt Pilger. Anstelle der heutigen Pfarrkirche soll laut Überlieferung die Kapelle des hl. Wolfgang gewesen sein. Die beiden Prunkstücke der Pfarrkirche sind zweifellos der original Michael Pacher-Altar aus dem Jahre 1481 sowie der barocke Schwanthaler-Doppelaltar von 1674. Er stellt auf der einen Seite die heilige Familie auf dem Pilgerweg nach Jerusalem dar und auf der anderen Seite den heiligen Wolfgang. Im Kirchturm befindet sich noch heute sein Wanderstab.

Den rund 11km langen Wolfgangsee erleben Sie am besten per Schiff, denn er ist mit Hotels und Privatgrundstücken hoffnungslos zugepflastert. Das berühmteste Hotel im Ort steht ebenfalls am See, das viel besungene **„Weiße Rössl"**. Der starke Touristenstrom scheint sich in St. Wolfgang auch ein bisschen auf die Gemüter der Campingplatzbetreiber geschlagen zu haben, nach dem Motto „die Geister, die ich rief, die werd` ich nimmer los". Verbotsschilder finden sich jedenfalls an allen Ecken und Enden.

Folgende Information haben wir bei einer Campingplatz-Rezeption, nur ein Stück nach dem genannten kostenpflichtigen Parkplatz 7 gelesen. Unglaublich, aber wahr:

> Besucher müssen sich ausnahmslos vor dem Betreten des Campingplatzes an der Rezeption anmelden. Besuchergebühr: **3 Euro** pro Tag und Person! Vor 10.00 Uhr morgens und nach 22.00 Uhr abends ist kein Besuch erlaubt.
> Ohne Anmeldung ist das Betreten des Campingplatzes verboten (fünf Rufzeichen folgen). Bei Nichtbeachtung müssen wir Ihnen bei Abreise **20 Euro** als Pauschalgebühr verrechnen.
> Bitte beachten Sie die Mülltrennung laut Aufschrift auf den Müllcontainern. Bei Nichtbeachtung der Mülltrennung müssen wir bei Abreise einen Müllzuschlag von **15 Euro** berechnen.

Na gute Nacht ... !

Am nächsten Morgen zeigt sich der Himmel noch immer wolkenverhangen, aber wir wollen uns eine Fahrt mit der **Zahnradbahn auf den Schafberg** nicht entgehen lassen. Die Tals-

Schafberg

tation (und auch gleich die **Schiffsanlegestation**) befindet sich direkt neben dem Parkplatz und wir rumpeln im Schneckentempo in gemächliche 40 Minuten hinauf zur Bergstation. Von dort sind es nur wenige Gehminuten zur Schafbergspitze auf 1783 m Seehöhe zur schroff abfallenden Nordwand. Wir zählen 7 Seen und genießen einen einmaligen Rundumblick zwischen Regenwolken hindurch. Eine Panoramakarte erleichtert die Bestimmung der einzelnen Berggipfel, von denen sich die meisten wetterbedingt vor uns verstecken. Langsam dampfen wir beängstigend nah am Abgrund zu Tal und es ist mäuschenstill im Waggon. Doch der Lokführer hat alles fest im Griff und St. Wolfgang taucht aus dem Nebel wieder vor uns auf.

Einige Daten zum Schafberg und zur steilsten Dampfzahnradbahn Österreichs: Anfang des 19. Jhdt. ließen sich noble Herrschaften von Sesselträgern auf den 1783m hohen Gipfel tragen. Die **Schutzhütte** auf der *Schafbergspitze* beherbergt Besucher bereits seit 1892.

1892 begannen auch die **Bauarbeiten für die Schafberg-Bahn**. Mit Hilfe von 350 italienischen Bauarbeitern und unzähligen Maultierlasten schaffte die Firma Stern & Hafferl die Pionierleistung in **nur einem Jahr**. Von 1893 bis heute führt die steilste Dampf-Zahnradbahn Österreichs von St. Wolfgang auf den Schafberg. In 40 Minuten überwindet sie **1190 Höhenmeter** und **5,85 km**. Um die 600.000 Personen nutzen jährlich die Bahn. Sie fährt mehrmals täglich. Preis: 14€/Person Bergfahrt, 24€/Person Berg- Talfahrt, 7€/Kind Bergfahrt, 12€/Kind Berg-Talfahrt (2007).

Der Tag hat erst so richtig begonnen und wir befragen die Landkarte nach einem passenden Ausflugsziel für den Nachmittag. Wir entdecken einen kleinen See ganz in der Nähe, den wollen wir uns näher anschauen.

Etwas mühsam wursteln wir uns durch das enge St. Wolfgang zurück und biegen diesmal nicht rechts nach Strobl ab sondern fahren bei der Gabelung geradeaus 2km bis Russbach. Dort biegen wir links hinein und fahren gemütlich durch den lichten Buchenwald hindurch. Nach 3km kommen wir beim **Schwarzensee** an einem geräumigen Parkplatz an. Gegen eine geringe Tagesgebühr darf hier geparkt werden und zugleich bietet sich in den hinteren Parknischen gute Übernachtungsmöglichkeit.

(20) WOMO-Wanderparkplatz: Schwarzensee

GPS: N 47°44.841' E 13°30.215'; Bezirksstraße. **max. WOMOs:** 3-4.
Ausstattung/Lage: großer ebener Ashaltparkplatz im vorderen Bereich, rechts weiter hinein ist eine kleine Parknische, Imbiss am vorderen Parkplatz, Gasthäuser in etwa einer halben Stunde zu erreichen / sehr entlegen. **Zufahrt:** Von Russbach die Bezirksstraße hinauf.
Sonstiges: geringe Parkgebühr (Sommer).

Wir sind positiv überrascht und suchen den Platz sicherheitshalber nach tückischen Tafeln ab, die unsere Freude womöglich trüben könnten. Doch wir finden nichts und sind beruhigt, das malerische Salzkammergut hat uns in seinen Schoß aufgenommen.

Das Salzkammergut verläuft vom Schafberg in Salzburg weg, zieht sich über die Hallstatt-Region von Oberösterreich und endet im Gebiet vom Grundlsee in der Steiermark. Es erstreckt sich also gleich über drei Bundesländer. Die Salzvorkommen sorgten in dieser Region bis ins 19.Jhdt. für Reichtum und

Wohlstand, gaben dem Salzkammergut seinen Namen und heute sorgt der Tourismus in erster Linie für gefüllte Kassen.

Hier am **Schwarzensee** verirren sich nur wenige Touristen her (deshalb wohl keine Verbotsschilder) und wir schwingen uns fröhlich auf unsere Drahtesel. Eine halbe Stunde Fahrzeit haben wir nur gebraucht um den See zu umradeln. Obwohl wir uns mitten in **Naturschutzgebiet** bewegen kommen wir an ein Zeltgelage vorbei. Treffen dieser Art sind besonders am Wochenende leider möglich, doch der Schwarzensee bietet Platz genug für alle. Zwei Gaststätten dicht nebeneinander buhlen um die Gunst der hungrigen Gäste und wir lassen uns gerne zu einem üppigen Teller Schweinsbraten, Stelze (für unsere deutschen Leser: Eisbein) mit Knödel verführen. Dann radeln wir weiter zu „unserem" Platz und verbringen eine recht lauschige Nacht. Es geht wieder retour nach Russbach und dann nach Bad Ischl, direkt zur Tour 1 durch das Salzkammergut.

Kaiservilla Bad Ischl

KARTE TOUR 3

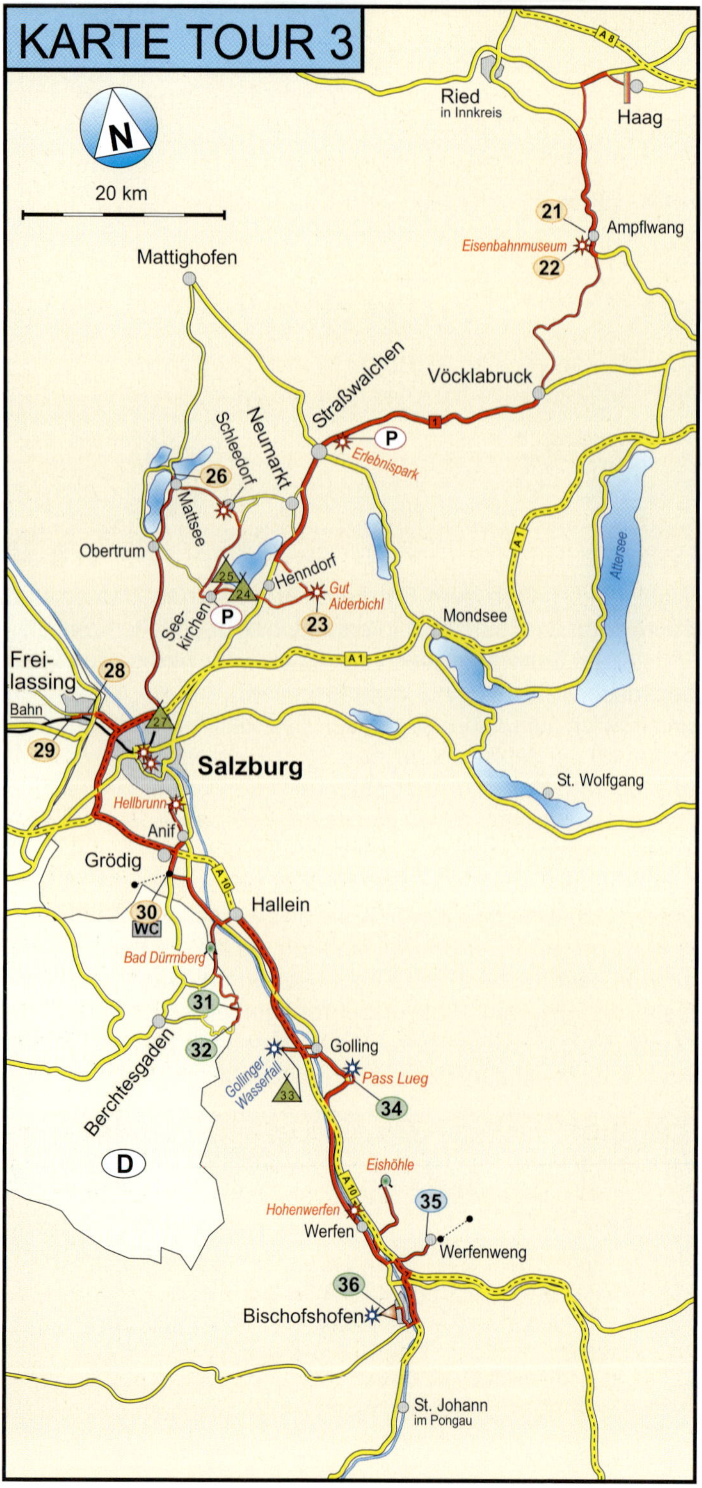

N
20 km
Ried
in Innkreis
Haag
A 8
21
Ampflwang
Eisenbahnmuseum
22
Mattighofen
Straßwalchen
Vöcklabruck
1
P
Erlebnispark
Neumarkt
Schleedorf
26
Mattsee
Obertrum
25
24
Henndorf
Gut
Aiderbichl
23
See-
kirchen
P
Mondsee
A 1
Attersee
Frei-
lassing
28
Bahn
27
29
Salzburg
St. Wolfgang
Hellbrunn
Anif
Grödig
A 10
30
WC
Hallein
Bad Dürrnberg
31
32
Berchtesgaden
Golling
Gollinger
Wasserfall
33
Pass Lueg
34
D
Eishöhle
35
Hohenwerfen
Werfen
Werfenweng
36
Bischofshofen
St. Johann
im Pongau

TOUR 3 (ca. 270 km / 7-9 Tage)

Haag - Ampflwang - Straßwalchen - Seekirchen - Mattsee - Salzburg - Freilassing - Hallein - Golling - Bischofshofen

Freie Übernachtung:	Ampflwang Brecher und Museum, Gut Aiderbichl, Mattsee, Freilassing, Grödig, Rossfeldstraße (Bayern), Pass Lueg, Werfenweng, Bischofshofen
Campingplätze:	Fenningerspitz, Seekirchen, Salzburg, Golling
Ver-/Entsorgung:	-
Besichtigen:	Eisenbahnmuseum Ampflwang, Erlebnispark Straßwalchen, Gut Aiderbichl, Lokwelt (D), Salzburg Stadt (Museen, Hohe Festung, Hellbrunn), Salzbergwerk Bad Dürrnberg, Hohenwerfen, Eishöhle,
Baden:	2x CP Wallersee, Mattsee
Wandern:	Untersberg, Gollinger Wasserfall, Salzachklamm, Schanze Bischofshofen,
Schi fahren:	Werfenweng

Diese Tour startet in Haag am Hausruck bzw. Ried im Innkreis (Mit dem Wohnmobil nach Österreich 1.Teil) und führt in Richtung Süden nach Salzburg. Unser erstes Ziel ist das Museum **Kohle und Dampf** in Ampflwang. Wir nächtigen am Parkplatz beim Brecher Buchleiten. Als ein Zeugnis aus der Zeit des Kohlebergbaus steht er über dem Ort Ampflwang und ist im besten Zustand erhalten. Einst gab es vier solche Brechanlagen, die mit Seilbahnen und Förderbändern mit der Sortieranlage Ampflwang verbunden waren. Heute gibt es nur noch diesen einen.

Am Abend wandern wir noch die teilweise überwachsenen Geleise der ehemaligen Schmalspurbahn, die zur Beförderung von Braunkohle genutzt wurde entlang und kommen zum Barbara Schaustollen.

(21) WOMO-Stellplatz: Ampflwang Brecher

GPS: N 48°5.744' E 13°33.761'; Hüblstraße. **max. WOMOs:** 1-2.
Ausstattung/Lage: keine / schöner Parkplatz bei Eingang zu Brecher.
Zufahrt: Von der B143 (Hausruckstraße) nach rechts in die Hüblstraße einbiegen, dann noch geschätze 300m bis nach rechts ein Parkplatz beschildert ist.

Die Öffnungszeiten des Museums sind Mittwoch bis Sonntag vom 1. April bis 28. Oktober (2007) von 10 – 17 bzw. 18 Uhr. Eintritt z.B. 14 € Museum und Bahnfahrt, nur Museum 7 € (2007).

Vor über 30 Jahren wurde ein Verein gegründet, der sich zum Ziel setzte **Dampflokomotiven zu sammeln**, zu restaurieren und auf den Geleisen der ÖBB zu benutzen. Heute sind verschiedenste Dampf-, Diesel und Elektrolokomotiven sowie dazupassende Waggons zu besichtigen.

Im Jahr 2006 fand die Oberösterreichische Landesausstellung zum Thema **Kohle und Dampf** in Ampflwang statt. Die dafür renovierten und errichteten Anlagen, insbesondere der 21-ständige Ringlokschuppen, sind seit April 2007 als OÖ Eisenbahn- und Bergbaumuseum zu besichtigen. Wir spazieren über die Drehscheibe zu den liebevoll hergerichteten Stahlgiganten. Die Führerstände sowie einige Waggons sind frei zugängig.

(22) WOMO-Stellplatz: Ampflwang Eisenbahnmuseum

GPS: N 48°5.216' E 13°33.809'; Scharermühlenstraße.
max. WOMOs: 2-3. **Ausstattung/Lage:** keine / Museumsparkplatz.
Zufahrt: von B143 in Richtung Ampflwang Ortschaft, Museumsparkplatz beschildert.

Weiter geht es auf der Linzer Straße B1 in Richtung Straßwalchen. Vor der Ortschaft ist der **Erlebnispark** nicht zu übersehen (N 47°53.455 E 13°16.470). Am Gästeparkplatz besteht ein Nachtparkverbot von 22 bis 07 Uhr. Ein Nächtigen wäre eventuell am Freibadparkplatz nebenan möglich. Er liegt aber direkt neben der Straße. Der Erlebnispark kann von Ende April bis Ende Oktober täglich besucht werden. Kinder bezahlen 12 € und Erwachsende 13 € (2007).

Wir folgen weiter der B1 durch **Straßwalchen** bis zum Ostufer des Wallersees. Etwa einen Kilometer nach der OMV-Tankstelle führt eine kleine Straße nach links zum Dorf Berg. Vor dem Gut Aiderbichl sind ebene Besucherparkplätze, an denen wir gleich Gefallen finden.

(23) WOMO-Stellplatz: Gut Aiderbichl

GPS: N 47°53.455' E 13°13.079'; Berg 20. **max. WOMOs:** 1-2.
Ausstattung/Lage: keine / außerhalb Ort, ruhig.
Zufahrt: von der Wiener Bundesstraße B1 in Richtung Berg (Ortschaft) der Beschilderung folgen..

Im Jahre 2000 wurde mit dem Bau von **Gut Aiderbichl** begonnen. 2005 folgten Vergrößerungen. Durch den Besuch von verschiedensten Prominenten wurde das Gut populär und ist heute überregional bekannt. Was es dort zu sehen gibt?

Glückliche Tiere! Verschiedene Haustiere haben dort nach meist nicht artgerechter Haltung ein Heim gefunden. In den Stallungen werden Pferde, Esel, Schweine, Ziegen und andere Tiere gehalten. Die meisten von ihnen haben eine traurige Vergangenheit durchgemacht, wurden gerettet und zum Gut gebracht. Das Gut versucht sich durch Eintritte, Veranstaltungen, Tourismus und Sponsoring selbst zu erhalten. Wir verbringen einige Stunden im malerisch gelegenen Tierparadies.

Sofern Sie direkt in der Nähe des **Wallersees** nächtigen wollen, dann werden Sie einen Campingplatz aufsuchen müssen. Beim ersten Platz führt die Tour fast direkt vorbei.

(24) WOMO-Campingplatz-Tipp: Fenningerspitz

GPS: N 47°53.891' E 13°10.022'; Wallerseestraße L263.
offen: 01.April bis 31. Okt. **Ausstattung/Lage:** schöner Schotterstrand, leider sehr viele Dauercamper und wenig Platz für Tagesgäste. (Erw. 4,50 / Kind 2.- / Womo 6.- / Hund 2.- / Taxe 0,6 - 2007)
Zufahrt: siehe Beschreibung.

Vorerst stellen wir unser Womo am Parkplatz in **Seekirchen** (Kurzparkzone 3 Stunden, kostenlos – N 47°53.704` E 13°7.516`) ab um in der Stadt zu bummeln und einzukaufen.

Am genannten Parkplatz vorbei führt die Bahnhofstraße in Richtung Strandbad bzw. Campingplatz. Fahren Sie entlang den Geleisen in Richtung See. Dann können Sie das Freibad bereits sehen.

(25) WOMO-Campingplatz-Tipp: Seekirchen

GPS: N 47°54.208' E 13°8.526'; Seestraße 2.**offen:** 01.Mai bis 30. Sep.
Ausstattung/Lage: kein direkter Seezugang, daneben aber schönes Freibad, Bootsverleih, viele Dauercamper, wenig Platz für Tagesgäste.
Zufahrt: siehe Beschreibung.

Die Tour führt weiter in Richtung **Schleedorf**. Erst durch das Zentrum des Schaudorfes bis zur gut beschilderten Käserei [N 47°58.614` E 13°6.323`] wo wir unser Womo abstellen.

Wir besuchen die **Bio-Schaukäserei** und schauen den Profis über die Schulter. Im Rahmen einer fachkundigen Führung wird gezeigt wie silofreie Milch zu köstlichem Käse verarbeitet wird.

Alle Produktionsschritte wie z.B. Labzugabe, Bruchschneiden oder Salzbad werden anschaulich erklärt. Öffnungszeiten (2007): ganzjährig Mo.–Sa. 8.00 bis 17.00 Uhr. Führungen nur bei ausreichend Besuchern. Eintritt ohne Führung 2 Euro. Im Shop versorgen wir uns zum Abschluss noch mit den köstlichsten Käsesorten.

Zu Fuß ist in Kürze das Museum „**Agri Cultur**" zu erreichen. Das preisgekrönte Haus der Naturgeschichte lädt zum Schauen und Begreifen von Natur und Landwirtschaft ein. Schwerpunkte sind der Obstbau, Bienen- und Pflanzenkunde und die heimische Tierwelt. Witzig sind einige Exponate ausgestellt, wie zum Beispiel der sich drehende Schmetterlingsring oder andere Schaustücke mit mechanischen Anlagen im Hintergrund. Öffnungszeiten: Mai bis Oktober, täglich von 10.00 bis 17.00 Uhr. Gleich neben dem Museum ist das **Schleedorfer Puppenfenster** zu sehen. Die Puppen werden ebenfalls mechanisch durch Seile und Hebel angetrieben und in Gang gesetzt durch das Einschieben einer Art Postkarte in den dafür vorgesehenen Automaten an der Hausmauer. Diese Karte bekommen wir im Museum. Sonst gibt es noch eine Schmiede, Bäckerei und Schneiderei zu besichtigen. Leider aber ohne reguläre Öffnungszeiten.

Einen Parkplatz ohne Verbotsschilder finden wir nach der Ortschaft **Mattsee bei der Promenade** zwischen dem Obetrumer See und dem Mattsee nördlich der gleichnamigen Stadt in Seenähe.

(26) WOMO-Stellplatz: Mattsee Promenade

GPS: N 47°58.614' E 13°6.323'; Mattseer Landesstraße L101.
max. WOMOs: 2-3. **Ausstattung/Lage:** keine / in Straßennähe.
Zufahrt: laut Beschreibung.

Jetzt wollen wir aber in die **Bundeshauptstadt Salzburg**! In Salzburg gibt es drei Campingplätze. Wir führen einen an, den wir schon einmal besucht haben. Alle drei haben aber leider nicht durchgehend geöffnet!

(27) WOMO-Campingplatz-Tipp: Stadtblick

GPS: N 47°49.760' E 13°3.143'; Rauchenbichlerstraße 21.
offen: Ende März bis Anfang Jänner. **Ausstattung/Lage:** Stadtcampingplatz in Zentrumnähe / (Erw. 6,50 / Kinder 3.- / Stellplatz 7.- 2007).
Zufahrt: in Richtung A1, aber nicht auf Autobahn auffahren sondern unten durch. Busverbindung in das Zentrum etwa 2-3 km entfernt.

Freie Stellplätze gibt es in Salzburg Stadt keine! Sämtliche Parkplätze sind mit Verboten versehen. Es bleibt der Ausweg nach Freilassing (D) auszuweichen. Also fahren wir zu unseren wohnmobilfreundlicheren Nachbarn über die Grenze.

(28) WOMO-Stellplatz: Freilassing (D)

GPS: N 47°50.469' E 12°59.066'. **max. WOMOs:** 4.
Ausstattung/Lage: keine / leider direkt neben Straße.
Zufahrt: von der Autobahn A1, Ausfahrt Freilassing abfahren, über die Staatsgrenze (Salachbrücke) und etwa 1km weiter. Rechts weist ein Schild mit einem Womo-Piktogramm zum offiziellen, kostenlosen Stellplatz.

Nahe des offiziellen Stellplatzes ist die Haltestelle vom Stadtbus 24, der Sie direkt in das Zentrum von Salzburg (Hanuschplatz) bringt.

Eine etwas abgelegenere Übernächtigungsmöglichkeit bietet der Parkplatz der **Lokwelten** (D). Das Eisenbahnmuseum kann Freitag bis Sonntag von 10 bis 17 Uhr besucht werden. Kernstück der Anlage ist der in den Jahren 1902-1905 errichtete Rundlokschuppen mit Drehscheibe. Eintritt: 4,50 €/Person.

(29) WOMO-Stellplatz: Lokwelt (D)

GPS: N 47°50.307' E 12°58.165'; Freilassing Rupertusstraße.
max. WOMOs: 1-2. **Ausstattung/Lage:** keine / im Ort.
Zufahrt: an dem genannten offiziellen Parkplatz auf der Münchner Straße ST2104 etwa 500m weiter, dann rechts in die Augustinerstrasse bis zum Ende, dann links der Rupertusstraße entlang bis zu den Lokwelten (mehrere Beschilderungen).

Wir wählen diesen Platz, um mit der Bahn nach Salzburg zu fahren. Zu Fuß benötigen wir eine Viertelstunde bis zum Bahnhof (in Richtung Bahnüberführung). Wir kommen am Salzburger Hauptbahnhof an und nehmen den Elektrobus 3 (oder 5) bis zum **Mozartsteg**.

Am nächsten Morgen fahren wir wieder mit dem Womo nach Österreich retour. Zuerst auf die A1 und dann auf die A10. Wir nehmen die Abfahrt Salzburg Süd, Anif um zum Schloss Hellbrunn im Süden Salzburgs zu gelangen. Der Parkplatz ist in den Sommermonaten gebührenpflichtig [N 47°45.789` E 13°3.794`]. Vor dem angrenzenden **Tierpark** sind ebenfalls

Parkplätze, natürlich von Womoverbotstafeln gesäumt.

Schloss Hellbrunn, dieses „schönste Lustschloss nördlich der Alpen" wurde vor etwa 400 Jahren errichtet. Weder das Gebäude noch die **Wasserspiele** wurden seither verändert. Der letzte Fürsterzbischof Salzburgs ließ den über 60 Hektar großen Garten im italienischen Stil anlegen. Die internationalen Wasserspiele mit ihren mystischen Grotten und den lustigen Spritzbrunnen locken immer wieder Scharen von Besuchern in das Schloss. Öffnungszeiten: April bis Oktober 9 bis 16:30 bzw. 22 Uhr in den Sommermonaten, 8,50 €/Person.

In der Nähe des Parkplatzes Hellbrunn ist die Bushaltestelle Fürstensteg – Schloss Hellbrunn. Etwa alle 20 Minuten (7-18 Uhr) fahren die Busse in das Zentrum. Wir steigen bei der Haltestelle Theatergasse aus.

Schon von weitem unverkennbar begrüßt uns das Wahrzeichen der Stadt, die wuchtige **Festung Hohensalzburg**. Was wollen wir uns zuerst ansehen? Gar nicht so einfach bei dieser Fülle von Sehenswürdigkeiten. Also gleich einmal rauf zur Festung. Die Standseilbahn bringt uns bequem den Felsen hinauf und wir umgehen gleich einmal den Kern der Festung. Weiter geht es zum Burghof und zur St. Georgskirche. Auch ein Besuch des Burgmuseums gehört unbedingt zum Programm. Auf Schritt und Tritt begegnet man hier der Herrschaft der einstigen Erzbischöfe. Sie begannen mit dem Bau der Festung im Jahre

1077 und vergrößerten 500 Jahre lang eifrig die Gemäuer bis eine uneinnehmbare Burg entstanden war. Wir bekommen ein Audiophon umgehängt und erfahren so alles Wissenswerte über das Leben der Erzbischöfe und der Geschichte der Festung.

Besonders gefällt uns das Hornwerk, eine Walzenorgel aus dem Jahre 1502, die von Leonhard von Keutschach eingerichteten prächtigen Fürstenzimmer und die Goldene Stube mit dem riesigen Kachelofen aus dem Jahre 1501. Ein allseits beliebter Treffpunkt für ein Urlaubsfoto ist der Salzburger Stier. Eine lebensgroße Statue, die sich im Burghof befindet. Die Salzburger haben einen besonderen Bezug zu diesem Tier. Sie werden auch die Stierwascher genannt. Warum wohl? Dazu gibt es eine kleine Geschichte zu erzählen. Die Stadt wurde einst von feindlichen Truppen belagert und das Volk flüchtete zur Burg hinauf. Der Feind dachte, er könne nun die Leute aushungern und man wartete ab bis die Salzburger sich von Hunger geschwächt ergeben würden. Doch die Leute waren schlau und griffen zu einer List. Sie hatten tatsächlich nur noch einen einzigen Stier in der Burg. Den strichen sie jeden Tag verschieden an und ließen ihn an der Mauer vorbeispazie-

ren. Enttäuscht verließen die Feinde die Stadt, da die Fleischvorräte unerschöpfbar erschienen. Daher der Name „Stierwascher“.

Bevor Sie wieder hinunterfahren oder wandern, versäumen Sie nicht das kleine Puppenmuseum im Arkadengang. Ihre Kinder werden sich freuen. Öffnungszeiten und Eintritt Hohenfestung: täglich ganzjährig 9 bzw. 9:30 bis 17 bzw. 19 Uhr - 10 €/ Person inkl. Museum und Aufzug (2007).

Nur einen Katzensprung von der Festung entfernt befindet sich der **barocke Dom**. Er wurde 1614 bis 1655 gebaut und strahlt mit seinen symmetrischen Türmen im hellen Marmor zum Himmel. Etwas weniger schön aber zweckmäßig sind die in Pappkartons gelegten Spiegel, die man im Inneren des Doms auf den Boden gelegt hat. Sie ersparen zumindest nackenverzerrendes nach oben Schauen. Die Deckenmalereien sind von einer atemberaubenden Schönheit und man verweilt in tiefer Ehrfurcht vor so viel menschlicher Schaffenskraft. Das romanische Taufbecken betrachten wir lange. Wurde doch der kleine **Mozart** vor über 250 Jahren darin getauft. Wir treten wieder aus dem Dom und verabschieden uns beim Portal von Rupertus, Virgil, Petrus und Paulus in Stein. Nach dem Besuch der Franziskanerkirche geht es weiter auf Mozarts Spuren in Richtung Getreidegasse 9. Dort steht das rot-weiß-rot beflaggte **Mozart Geburtshaus**. Hier erblickte er am 25.01.1756 das Licht

der Welt. Im dritten Stock befindet sich eine Andenkensammlung. Seine Geigen, Partituren, Briefe und allerlei private Gegenstände sind sorgfältig gesammelt, zur Freude unzähliger Besucher. Öffnungszeiten: täglich ganzjährig 9-17 Uhr, Kombikarte mit Geburtshaus 9,5€.

Wer noch mehr über Mozart erfahren will, dem empfehlen wir noch einen Besuch des Tanzmeisterhauses (**Mozartwohnhaus**), Marktplatz 8. Dort hat die Familie Mozart 15 Jahre lang gewohnt. Heute beherbergt das Haus ein Museum mit Ton- und Filmsammlung.

Haus der Natur

Bevor Sie die Salzach überqueren sollten Sie am Museumsplatz nicht vorbeigehen. Hier befindet sich in unscheinbaren Mauern gehüllt ein wunderbares Museum, das **Haus der Natur**.

Wir planen für den Besuch mindestens drei Stunden ein und stärken uns lieber vorher am Franz Josefs-Kai in einem gemütlichen Restaurant. 80 Ausstellungsräume bieten Interessantes, besondes auch für Kinder im Bereich Mensch, Tier, Natur, Weltraum, Fabeln und Mythos. In den unteren Ebenen warten lebende Fische und Reptilien auf die Besucher um bestaunt zu werden. Öffnungszeiten: ganzjährig täglich 9-17 Uhr – 5 €/Person (2007).

Erschöpft und mit rauchenden Sohlen schleppen wir uns dann noch in den bezaubernden **Mirabellgarten**. Unserm vor Hunger fast sterbenden Kind stopfen wir im Park sitzend, rasch ein vor Ladenschluss ergattertes Kipferl in den Rachen. Mampfend genießen wir die Abendsonne.

Das dahinterliegende Schloss Mirabell stammt aus dem 17.Jhdt. und wurde vom umtriebigen Fürsterzbischof Wolf Dietrich von Raitenau für seine Geliebte (!) Salome Alt erbaut, die ihm stolze 15 Kinder (!) gebar. 1818 wütete in Salzburg ein verheerender Stadtbrand, dem auch das Schloss zum Opfer fiel. Es wurde einfachst wieder aufgebaut. Die Balustrade mit den Statuen von Georg Raphael Donner und der Marmorsaal konnten bewahrt werden. Im Schloss befindet sich heute die Magistratsverwaltung.

Schloss Mirabell

Der Tag geht zu Neige, wir haben die Taschen voller Mozartkugeln und den Kopf voller herrlicher Eindrücke der letzten Tage von der Stadt, eingebettet zwischen Mönchs- und Kapuzinerberg, von blauen Band der Salzach durchzogen. Wir sind einstimmig der Meinung, Sie sollten sich mindestens zwei bis drei Tage für die Bundeshauptstadt Salzburg Zeit nehmen!

Sofern Sie jetzt einen nahen Stellplatz benötigen hätten wir einen bei der Talstation der Untersbergbahn anzubieten. Also wieder retour in Richtung Autobahn, diese queren und auf der Berchtesgadner Straße B160 in Richtung Grödig. Die Seilbahn zum Untersberg ist beschildert.

(30) WOMO-Stellplatz: Untersbergbahn Grödig

GPS: N 47°43.564' E 13°2.520'. **max. WOMOs:** 3-4.
Ausstattung/Lage: WC bei Gondelbetrieb / im Ort.
Zufahrt: laut Beschreibung, Bahnparkplatz mit einer Parkfläche vor und einer hinter der Seilbahntalstion.

Der Untersberg gilt als Geheimtipp unter einheimischen, passionierten Tourengehern. Mit der Bahn fährt man um stolze 18 € hinauf und wieder hinunter. Wer lieber sportlich abwärts wandert bezahlt 11 €. Am Gipfel sieht man bei gutem Wetter bis zum bayrischen Königssee.

Unsere Route führt weiter nach Hallein und dann über die L256 nach **Bad Dürrnberg** zum **Salzbergwerk** (N 47°40.012` E 13°5.404`). Auch auf diesem Besucherparkplatz sind verschiedene Verbotstafeln aufgestellt, die das Nächtigen untersagen.

Die Suche nach einem weiteren freien Nächtigungsplatz führt uns wieder nach Deutschland. Also die Straße weiter nach dem Besucherparkplatz Bad Dürrnberg, über die Grenze auf die Rossfeldhöhenstraße. Es folgt eine Überwindung mehrerer Höhenmeter bzw. Serpentinen bis wir einen Wanderparkplatz finden.

(31) WOMO-Wanderparkplatz: Rossfeldstraße (D)

GPS: N 47°37.712' E 13°5.605'. **max. WOMOs:** 3-4.
Ausstattung/Lage: schräg, Auffahrkeile erforderlich / Der großflächige Wanderparkplatz liegt inmitten einer langgezogenen Serpentine beim Rossfeldstraßen Schild.
Zufahrt: laut Beschreibung. **Sonstiges:** 3 kleine Schlepplifte.

Zwei Kilometer nach diesem Wanderparkplatz folgt ein sehr breiter, asphaltierter Parkstreifen am **Ahornbüchsenkopf** mit reizvollem Fernblick.

(32) WOMO-Wanderparkplatz: Ahornbüchsenkopf (D)

GPS: N 47°37.202' E 13°5.073'. **max. WOMOs:** 3-4.
Ausstattung/Lage: langer Parkstreifen neben Straße / nachts wenig Verkehr.
Zufahrt: auf der Bergkuppe nach Wanderparkplatz 031.
Sonstiges: 1540m Seehöhe.

Ausgeruht fahren wir am nächsten Morgen wieder retour zum bereits genannten Parkplatz in Bad Dürrnberg, denn wir wollen uns das **Salzbergwerk** nicht entgehen lassen. Bereits 2500

Jahre vor Chr. wurde in der Region das Salz in mühevoller Handarbeit abgebaut. Das Weiße Gold brachte besonders im 13. und 14. Jhdt. Reichtum und Wohlstand in das Land. Das Salzbergwerk liegt nicht direkt in Hallein sondern etwas oberhalb am genannten Parkplatz in Bad Dürrnberg. Mit der Grubenbahn rattern wir in das Innere des Berges. Warme Kleidung und festes Schuhwerk haben wir an, aber natürlich bekommen wir zusätzlich Knappenkleidung verpasst. 60m Berg liegt nun über uns. Über Rutschen geht es kreischend zum unterirdischen Salzsee, ein Floß bringt uns unter Licht- und Klangeffekten zum anderen Ufer und zugleich in die Bundesrepublik Deutschland. Die Staatsgrenze verläuft nämlich durch den Berg hindurch. Eine Sprechpuppe, der mystische „Mann im Salz" erzählt seine Geschichte und der umtriebige Erzbischof Wolf Dietrich von Raitenau samt seinem tollpatschigen Diener Jakobus darf natürlich auch nicht fehlen. Ratternd fahren wir wieder aus dem Dunkeln in das helle Licht der Mittagssonne. Zum Abschluss steht noch ein Spaziergang durch das angrenzende Erlebnisdorf Salinas (im Eintrittspreis enthalten) direkt unter der Wallfahrtskirche Maria Himmelfahrt bevor. Alles dreht sich hier um die Lebensweise der Kelten. Wohnhütten und Wirtschaftsgebäude wurden liebevoll ausgebaut und ausgestattet. Überall warme Tierfelle und kuscheliges Heu in den Räumen, man möchte sich gleich ein wenig hinlegen, so gemütlich wirkt eine Keltenbehausung. Öffnungszeiten Salzwelten: 1. April bis 1. Nov. Führungen 9-17 Uhr und 2.Nov. bis 31. März Führungen von 10-15 Uhr, Eintritt: 34,90 € für zwei Erwachsene und ein Kind (2007).

Wir schlängeln uns wieder den Berg hinunter nach Hallein, der Bezirkshauptstadt des Tennengaues. Das Gebiet um die Pfarrkirche stellt den ältesten Teil der Stadt dar. Der aufkommende Wohlstand führte dazu, dass die bauliche Entwicklung bereits gegen Ende des 15. Jhdts. abgeschlossen war. Heute noch präsentiert sich die Altstadt wie zu mittelalterlichen Zeiten. Malerische Plätze, enge Gassen und Tore, Reste der alten Stadtmauer und zahlreiche mittelalterliche Gebäude prägen ihr Erscheinungsbild. **Franz Xaver Gruber**, der mit seiner Komposition **„Stille Nacht, Heilige Nacht"** weltweiten Ruhm erlangte, lebte lang Zeit in Hallein und fand hier auch seine letzte Ruhestätte. Sein Grab befindet sich an der Nordseite der Pfarrkirche der Oberstadt. In Form des 1993 eingerichteten Stille Nachtmuseums setzte man ihm in seinem ehemaligen Wohnhaus ein Denkmal (geöffnet nur Ende Nov. bis Anfang Jänner, Gruberplatz 1).

Über die A10 kommen wir flott bis zur Anschlussstelle Golling. Wir nehmen die Abfahrt und folgen den Wegweisern zum Wasserfall. Zuerst müssen wir in die Stadt Golling, dann über einen Bahnübergang, über die Salzach, noch 2km entlang der Wasserfallstraße unter der Autobahn durch bis zum Torrenerhof mit seinem Campingplatz in Richtung Wasserfall.

CP Torrenerhof

(33) WOMO-Campingplatz-Tipp: Torrenerhof

GPS: N 47°36.103' E 13°8.546'; Wasserfallstraße 24.
offen: ganzjährig. **Ausstattung/Lage:** Ein netter, kleiner Wiesenplatz ohne Dauercamper in ruhiger Lage (Erw. 5.-, Womo 8.- 2007).
Zufahrt: laut Beschreibung.

Golling war einst überaus wohlhabend, wovon heute noch die stattlichen Bürgerhäuser zeugen. Es ist gerade Sonntag und da passt für uns ein Spaziergang durch den blumengeschmückten Friedhof ganz gut. Die schmiedeeisernen Kreuze fügen sich wunderbar in die ländliche Umgebung. Wir gehen zurück bis zur **Burg**, die ab Mai Mi. bis So. geöffnet hat. Dort sind Fossilien und Mineralien, sakrale Kunstgegenstände und eine Folterkammer untergebracht. Wir marschieren wieder zu unserem Campingplatz zurück und uns zieht die **Sankt Nikolauskirche** sofort in ihren Bann. Sie thront auf einem Felsblock und ist nur zu Fuß erreichbar. Ihre exponierte Lage fasziniert uns. Der spätgotische Bau aus dem Jahre 1515 dient heute unter anderem Hochzeitspaaren als Trauungsort.

Es ist noch nicht spät und so beschließen wir auch noch den **Gollinger Wasserfall** zu besuchen. Über Umwegen, an einer alten Mühle vorbei, erreichen wir den unteren Teil des 80m hohen Wasserfalls. Hier ergießt sich das glasklare Wasser in einem großes, kesselartigen Becken. Über Wege und Stege erreichen wir im oberen Teil des Wasserfalls eine durch Erdrutsch geformte Felsenbrücke und

werden ordentlich abgeduscht. Doch die Mühe hat sich gelohnt. Ein Blick nach unten verheißt ein gewaltiges Naturschauspiel. Die Tour führt nun zurück in die Ortschaft Golling, auf die Salzachtal Bundesstraße B159 in Richtung Süden zum **Pass Lueg**.

(34) WOMO-Wanderparkplatz: Pass Lueg

GPS: N 47°34.564' E 13°11.705'; Tannenweg. **max. WOMOs:** 1-2.
Ausstattung/Lage: Müll / Asphaltierte Parknischen.
Zufahrt: Vor dem Tunnel befindet sich eine Zufahrt nach links mit Beschilderung. Sollten Sie diese Einfahrt versäumen, so ist gleich nach dem kleinen Tunnel eine zweite Zufahrt auf der linken Straßenseite. Rechts nach dem Tunnel ist ein großflächiger Parkplatz.
Sonstiges: Gasthaus und Klamm angrenzend.

Salzachklamm

Wanderparkplatz Pass Lueg

Direkt beim Parkplatz ist der Einstieg zur **Salzachklamm**. An der geologischen Bruchlinie zwischen Tennen – und Hagengebirge hat sich dort die Salzach über die Jahrtausende auf einer Länge von 2 Kilometern bis zu 100m tief in den Fels gegraben. Im Gegensatz zu anderen Klammen ist es hier nicht ein kleiner Gebirgsbach, der die Klamm gebildet hat und heute durch die Enge fließt sondern ein bereits recht stattlicher Fluss. Aus diesem Grund sind auch die Dimensionen dieser Klamm besonders erwähnenswert. Die geradezu gewaltigen Ausmaße verblüffen wohl jeden Besucher, der zum ersten Mal vor diesem Naturdenkmal steht. Ein Teil der wildromantischen Schlucht ist durch einen leicht begehbaren Weg erschlossen. Besonders sehenswert sind der „Dom" der Klamm sowie der 100m tiefe Einfluss in das Kalkgestein.

Nach unserem Kletterausflug in der Klamm und nach dem Mittagessen schauen wir uns noch die **Wallfahrtskirche Maria Brunneck**, ein Rokokobau aus dem Jahre 1766, direkt neben dem Parkplatz an.

Über die Salzachbundesstraße B159 in Richtung Süden kommen wir zur **Burg Hohenwerfen**. Der Parkplatz auf der linken Straßenseite ist nicht zu übersehen. Natürlich wie üblich in dieser Region mit Wohnmobilverbotstafeln versehen [N 47°28.978` E 13°11.169`].

Entweder Sie wandern vom Parkplatz aus 15 Minuten steil bergauf, oder Sie fahren mit dem neugebauten Schrägaufzug in drei Minuten in den Burghof hinein. Wir beugen uns dem

Wunsch des jüngsten Familienmitglieds und fahren mit dem Aufzug. Oben warten schon einige Touristen mit heraushängender Zunge auf uns. Wir nicken uns bestätigend zu, so viel Anstrengung in aller Früh muss ja wirklich nicht sein ... . Zur Freude aller hat sich unser junger Fremdenführer mittelalterlich gekleidet. Er erzählt uns in knapp einer Stunde recht spannend über das Burgleben. Die schon im Jahr 1077 errichtete Burg erhielt bis ins 16.Jhdt. ständig weitere Zubauten und nach den Bauernkriegen kamen noch zwei Vorburgen hinzu. Die Burg liegt auf einem 155m hohen Bergkegel über der Salzach und diente den **Salzburger Erzbischöfen** als Militärstützpunkt. Die Protestanten belagerten und zerstörten die Burg und als die Bischöfe wieder die Oberhand bekamen mussten die Belagerer in mühevoller Sklavenarbeit die Schäden wieder reparieren. Nebenbei wurde ihnen in der **Folterkammer** mit Nachdruck der rechte Glaube gelehrt. Mit Gänsehaut blicken wir in das 9m tiefe Verließ. Wer diesen Stoß hinunter überlebte, den erwartete ein qualvolles, langes Ende ohne Tageslicht hinter 9m di-

cken Mauern. In der **Burgkapelle** ragt gespenstisch eine Hand, die ein Kruzifix umklammert aus der Kanzel empor. Betrachtet man die Kanzel genauer, so steht am unteren Rand in lateinischen Buchstaben ein Satz geschrieben, den man über Jahrhunderte nicht zu deuten verstand.

Es ergab einfach alles keinen Sinn. Dann stellte sich heraus, dass Arbeiter die Tafeln falsch zusammengebaut hatten weil sie weder lesen noch schreiben konnten. Eine Besonderheit der Führung stellt der begehbare Glockenturm dar. In luftiger Höhe tritt man hinaus auf eine winzige Plattform, genießt einen tollen Rundblick in das Tal und hinauf zu den Gipfeln von Hagen- und Tennengebirge. Natürlich darf die Glocke auch von Hand geläutet werden. Vorbei am ehrwürdigen Radwerk der alten Turmuhr geht es über knarrende Holzstufen wieder hinunter. Dem Erbauer der Uhr war es gar schlecht ergangen. Damit nur die Herren Bischöfe in den Genuss einer so einzigartigen Uhr kommen sollten und niemand anderer, beschlossen sie den Uhrmacher nach Fertigstellung seiner Arbeit zu ermorden. Und so geschah es auch!

Die Zeit vergeht wie im Flug und somit sind wir schon beim Thema. Die **Greifvogelflugvorführung** (ein echter Zungenbrecher) beginnt im Falkenhof. Über unsere geduckten Köpfe kreisen Uhu, Gänsegeier, Milane, Falken und andere Flattertiere. Die Vögel zeigen unter Anleitung der Falknerinnen ihre Jagdkünste und ernten tosenden Applaus. In der Vorburg, unterhalb des Hofes sind ein Museum über Falknerei und ein Greifvogellehrpfad untergebracht.

Öffnungszeiten: April (außer Mo.) 9:30-16:30, Mai bis Okt. 9:00 - 16:30 bzw. 18:00 Uhr, Eintritt 10 €/Person.

Gleich ein Stück nach der Burg Hohenwerfen (Straße bergab) führt nach links eine Abzweigung zur **Eishöhlenstraße**. Auch hier ist ein Nächtigen mit dem Wohnmobil leider nicht möglich. (Eiswelt N 47°30.151` E 13°11.407`).

Noch Ende des 19. Jahrhunderts war die Höhle im Tennengebirge bestenfalls Jägern und Wilderern bekannt. Erst 1879 drang der Salzburger Naturforscher Anton von Posselt-Czorich ins Dunkel vor und entdeckte die Eisriesenwelt damit offiziell. Dennoch geriet die Höhle wieder in Vergessenheit.

Es folgten Erkundungen weiterer Forscher in den Zwanzigerjahren und der touristische Wert stieg. Durch den Bau von Fußwegen war der Eisteil der Höhle durchgehend (ab 1924) begehbar und 1925 entstand neben der Forscherhütte ein großzügiges Schutzhaus. Früher war der Anstieg zur Höhle nur zu Fuß möglich, bis 1953 eine Straße entstand. 1955 folgte die Seilbahn.

Wie üblich fällt auch hier die Temperatur manchmal unter den Gefrierpunkt. Also sind warme Kleidung und festes Schuhwerk angesagt. Die Besichtigung der Eishöhle ist nur von 1.Mai bis Ende Oktober möglich. Eintritt: 8€, mit Berg- und Talfahrt 9 €/Person. Die Fahrt geht nur ein Stück weiter auf der B159, dann links nach Pfarrwerfen unter der Autobahn A10 durch bis Werfenweng. Das Schigebiet [N 47° 27.581 E 13°16,474] bietet eine 8er Kabinenbahn sowie 8 weitere Liftanlagen und etwa 25km präparierte Pisten aller Schwierigkeitsgrade. Leider ist am Liftparkplatz wieder einmal ein Nachtparkverbot aufgestellt. Darum weichen wir auf den nahegelegenen Sportplatz / Badeseeparkplatz aus.

(35) WOMO-Badeplatz: Badesee Werfenweng

GPS: N 47°27.581' E 13°16.473'; Sportplatzweg. **max. WOMOs:** 1-2.
Ausstattung/Lage: Spielplatz in der Nähe, schön angelegter Naturbadeteich / außer Ort.
Zufahrt: laut Beschreibung.
Sonstiges: 900m Seehöhe.

Wir stellen unser Womo ab und spazieren in das nahegelegene Dorf. Dort besuchen wir das Schimuseum. Im Gebäude sind Schier der 80er Jahre und Snowboards aus den Anfängen dieser Sportart zu sehen. Wir entdecken einige Schier mit Riemenbindung, die wir selbst noch als Kinder benutzt haben. Die Räumlichleiten sind um 3 €/Person ganzjährig von Mo-Fr. 9-12 sowie Sa. 13-17 und So. 10-12 Uhr zu besichtigen.

Am Abend werden wir von den unzähligen Fröschen im Naturbadeteich in den Schlaf gequakt.

Schimuseum Werfenweng

Ein rasches Weiterkommen ist uns auf einem kleinen Teil der Autobahn A10 gesichert. Wir fahren aber bald wieder bei der Anschlussstelle **Bischofshofen** ab auf die B131, dann über die Salzachbrücke und wieder nach rechts in Richtung Zentrum Bischofshofen. Dann folgen wir den Schildern zur Schanze und finden vor der Brücke einen ebenen Parkplatz in der Nähe des Flusses.

(36) WOMO-Stellplatz: Bischofshofen Schanze

GPS: N 47°24.840' E 13°12.531'; Rosenthal. **max. WOMOs:** 3-4.
Ausstattung/Lage: Erlebnisfreibad in der Nähe / am Ortsrand.
Zufahrt: laut Beschreibung, kleinerer Parkplatz vor der Brücke. Als Ausweiche gibt es einen großflächigen Parkplatz direkt am Fuße der Schanze.

Wir schlüpfen in unsere Wanderschuhe und machen uns auf den Weg zum Wasserfallsteig. Ein markierter Wanderweg führt den Berg hinauf zur Ruine Bachsfall. Oben blicken wir weit in die Ferne, doch von der Ruine sind nur noch wenige Fundamentüberreste vorhanden.

Es kann nur noch spekuliert werden, wie das Gemäuer mal ausgesehen hat. Wir wandern weiter und erreichen bald die ersten Stege und Brücken am oberen Teil des Wasserfalls. Schroff fällt das Gelände ab bis zum Ein-

schnitt, in dem sich das Wasser seinen Weg durch den Fels gebahnt hat. Für die Runde zur Ruine und zum Wasserfallsteg vom genannten Parkplatz sind nur etwa 1,5 bis 2 Stunden notwendig.

In **Bischofshofen** gibt es ein Einkaufszentrum, falls es Ihnen so wie uns mal nach Bummeln zumute ist. Eines gibt es hier natürlich noch. Sie hätten es ohnehin nicht übersehen!

Die **Schanze**, die ursprünglich **Hochkönigsschanze** hieß, wurde 1947 erbaut. 1949 sprang der Deutsch Rudi Gehring mit 100 Metern Schanzenrekord. Es folgten bauliche Veränderungen bis 1952 der einheimische Schispringer Paul Außenleitner an den Folgen eines tragischen Unfalls auf der Schanze starb. Ihm zu Ehren wurde die Schanze umbenannt und trägt seither seinen Namen.

Es folgten mehrere Umbauarbeiten, bis 2004 die Anlage mit Matten belegt wurde und nun ganzjährig nutzbar ist.

Die Route führt weiter über die Pinzgauer Bundesstraße B311 nach Süden.

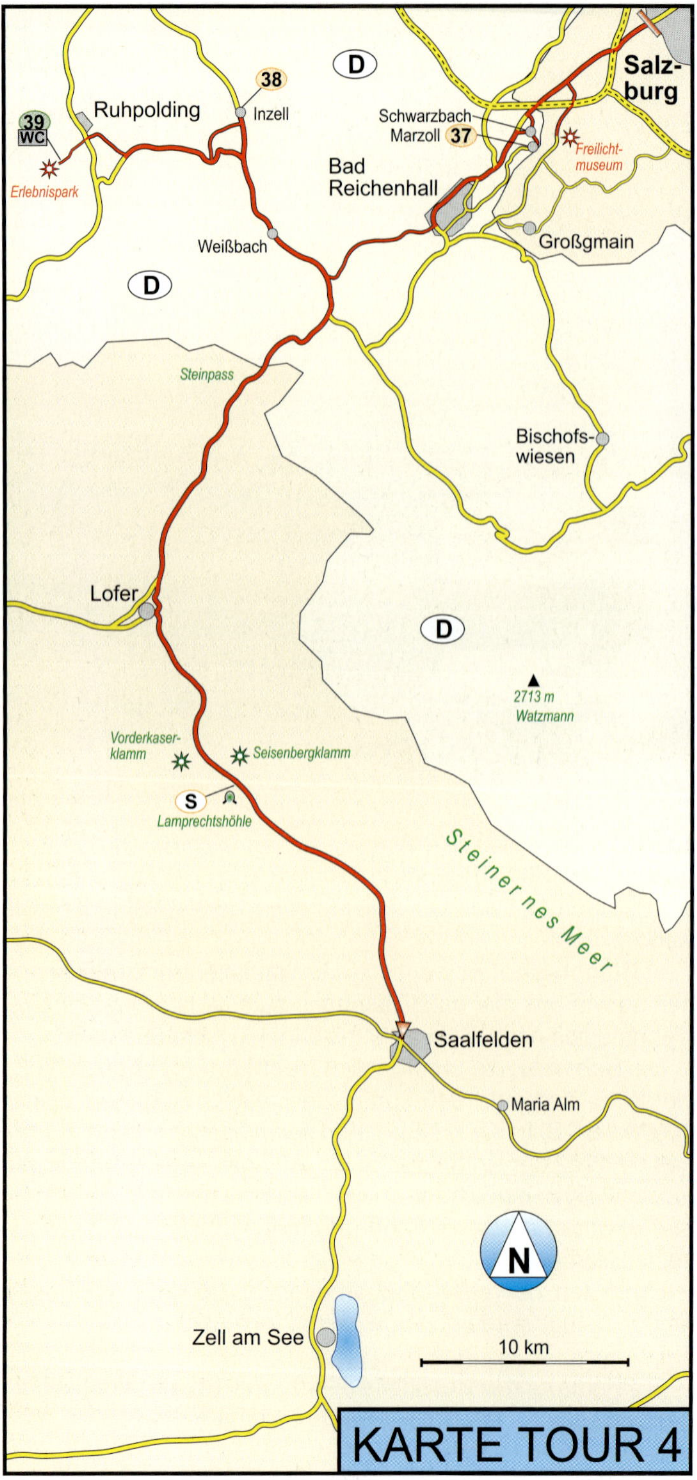
D
38
Ruhpolding
Inzell
39
WC
Erlebnispark
Salz-
burg
Schwarzbach
Marzoll
37
Freilicht-
museum
Bad
Reichenhall
Weißbach
Großgmain
D
Steinpass
Bischofs-
wiesen
Lofer
D
2713 m
Watzmann
Vorderkaser-
klamm
Seisenbergklamm
S
Lamprechtshöhle
Steinernes Meer
Saalfelden
Maria Alm
N
Zell am See
10 km
KARTE TOUR 4

TOUR 4 (ca. 110 km / 2-3 Tage)

Salzburg Stadt - Grossgmain - Marzoll (D) - Ruhpolding (D) - Saalfelden

Freie Übernachtung:	Freibad Marzoll, Inzell (D), Ruhpolding (D)
Ver-/Entsorgung:	Toilette Ruhpolding
Besichtigen:	Freilichtmuseum Großgmain, Erlebnispark Ruhpolding

Wir verlassen die Stadt Salzburg in Richtung Südwesten auf der B1 Walser Bundesstraße, um dann an der L114 Großgmainer Landesstraße der bayrischen Grenze entlang zu fahren. Das **Freilichtmuseum Großgmain** [N 47°45.048‘ E 12°56,687‘] ist ab hier beschildert.

Vom Parkplatz aus führen gepflegte Wege zu den einzelnen Bauwerken, die sehr aufwendig original aufgebaut wurden und systematisch den Landschaften von **Flachgau, Tennengau, Pongau, Lungau und Pinzgau** zugeordnet sind. Sie stammen aus fünf Jahrhunderten und wir staunen, wie gut Materialien wie Holz, Eisen, Ziegel und all die handwerklichen Geräte die Generationen von Menschen begleitet haben und noch so gut erhalten geblieben sind.

Wie schön doch die Zeiten waren, als es noch kein Plastikgeschirr gab und Lebensmittel einen ganz anderen Stellenwert als heute hatten. Nichts wurde verschwendet. Speisen aus

Getreide, Milchprodukten und Gemüse aus eigenen Gärten beherrschten den täglichen Speisezettel. Auch auf Details wurde Wert gelegt und an den einzelnen Häusern jeweils ein Bauerngarten gestaltet. Darin sind Gemüsesorten, Kräuter, aber auch Bauernblumen wie Pfingstrosen, Ringelblumen, Astern und Bartnelken zu finden. Sie dienten zur Schmückung der Herrgottswinkeln sowie zur Herstellung von Arzneien nach überlieferten Rezepturen.

Besonders die **Brauerei, die Dorfschule** und die **Greißlerei** sind eine Augenweide, denn sie sind mit sehr viel Liebe zum Detail eingerichtet und man glaubt sich wie in eine ferne Zeit versetzt. Planen Sie unbedingt einen halben Tag für die Besichtigung ein, denn es gilt **60 Originalbauten auf 7km** zu erwandern und es wäre schade, das eine oder andere Objekt zu übersehen. In einem Schuppen schlummern z.B. **alte Traktoren** vor sich hin und eine Kneippanlage wurde für die Besucher errichtet. Wir waten bloßfüßig schaudernd durch das eiskalte Wasser. Ein **historisches Wirtshaus** und ein großer Erlebnisspielplatz runden das große Angebot für Jung und Alt ab. Es gibt während der Sommermonate auch laufend Sonderausstellungen und Brauchtumsveranstaltungen. Im Museumsshop beim Eingang finden Sie nette Mit-

bringsel und Souvenirs in allen Preisklassen. Wir kosten einen würzigen Zirbenschnaps und bevorraten uns mit einem Fläschchen für zu Hause.

Eintritt 7€ Erwachsene, 3,5€ Kind, geöffnet April bis Oktober Di. bis So. 9-18 Uhr, Juli und Aug. täglich.

Am Parkplatz sind wir allerdings als Womo-Fahrer unerwünscht. Neben einem Nachtparkverbot finden wir sogar ein allgemeines Wohnmobilverbotsschild!

Hätten wir als Womo-Fahrer tagsüber hier gar nicht parken dürfen? Es bestätigt sich wieder einmal: Zahle fleißig, aber fahr so schnell wie möglich weiter – lautet das Motto in Salzburg!

Wir folgen dieser Aufforderung gerne und weichen wieder einmal zu unseren deutschen Nachbarn aus. Der folgende Platz liegt nur etwa 2km Luftlinie entfernt in **Marzoll**. Als Spätnachmittagsprogramm suchen wir noch die Ortschaft auf um zu speisen. Zu Fuß könnte das Freilichtmuseum von Marzoll aus erreicht werden.

Marzoll (D)

(37) WOMO-Stellplatz: Freibad Marzoll (D)

GPS: N 47°45.095 E 12°55.754'; Raintalstraße. **max. WOMOs:** 2-3.
Ausstattung/Lage: Freibad/Stadtrand.
Zufahrt: Vom Freilichtmuseum aus muss zuerst wieder in Richtung Norden (Autobahn) gefahren werden. Dann auf die B1, über die Grenze, weiter auf der B21 bis Schwarzbach und dann in Richtung Marzoll – Türk bis zum Freibad Marzoll.

Am nächsten Morgen planen wir weiter nach Saalfelden über den Steinpass wieder nach Österreich zu fahren. Vorher ma-

Stellplatz Marzoll

chen wir aber noch einen Abstecher zum Erlebnispark in Ruhpolding.

Die Tour führt weiter nach **Bad Reichenhall**. In **Inzell** wäre noch eine offizielle Nächtigungsmöglichkeit.

(38) WOMO-Stellplatz: Inzell (D)

GPS: N 47°45.922' E 12°44.912'; Schwimmbadstraße.
max. WOMOs: 5-6. **Ausstattung/Lage:** Ebener Asphaltparkplatz mit Wohnmobilschild gekennzeichnet. **Leider direkt an der Straße!**
Zufahrt: In Richtung Norden auf der B306 fahrend durch Inzell, dann nach rechts auf die Schwimmbadstraße.

Wir fahren aber weiter bis zum **Freizeitpark Ruhpolding** [N 47°45.590' E 12°55.754' Gästeparkplatz]. Am Parkplatz sind wir nächtens ebenfalls unerwünscht und tagsüber werden jedem PKW 1,5€ Parkgebühr abgeknöpft. Nur etwa 200m vor dem Erlebnispark haben wir einen Wanderparkplatz gefunden.

(39) WOMO-Wanderparkplatz: Ruhpolding (D)

GPS: N 47°44.569' E 12°36.787' Branderstr. TS35.
max. WOMOs: 3-4.
Ausstattung/Lage: Griller, Toilette/außerorts.
Zufahrt: 200m vor dem Erlebnispark nach rechts einbiegen..
Sonstiges: Die Glockenschmiede ist in etwa 20 Minuten zu Fuß vom Wanderparkplatz aus zu erreichen (an Mitte Mai geöffnet)..

Der **Erlebnispark Ruhpolding** bietet vielerlei. Rutschen, Klettergerüste, ein Wichtelhaus, einen Dinoberg, den Bummelzug und den Froschteich. Zusätzlich gibt es von April bis Oktober an allen Wochenenden besondere Aktivitäten wie z.B. den 7 Zwerge Tag, Pferdekutschenfahrten oder Märchwanderungen. Eintritt 2007: ab 14 Jahre 8,50€, Kind 7,50 €.

Glockenschmiede

Wir verlassen Bayern wieder und fahren über den **Steinpass** nach **Lofer** hinunter. Linkerseits zeigt sich nach und nach das Massiv vom **Steinernen Meer**, das sich an der Grenze zu Bayern ganz in der „Kniekehle" von Österreich erstreckt. Es schimmert leicht rötlich, da das Gestein mit Eisenerz durchzogen ist. Die Fahrt zur Lofer Bahn erweist sich als nicht zielführend, da auch hier Womo-Verbotstafeln angebracht sind. Auf der weiteren Fahrt in Richtung Süden (B311) kommen Sie noch an der **Vorderkaserklamm** [N 47°32.306' E 12°44.315' Parkplatz direkt an Straße] und an der **Lamprechtshöhle** [N 47°31.593' E 12° 44.315' Parkplatz (noch) ohne Verbote] vorbei bis Sie in **Saalfelden** ankommen.

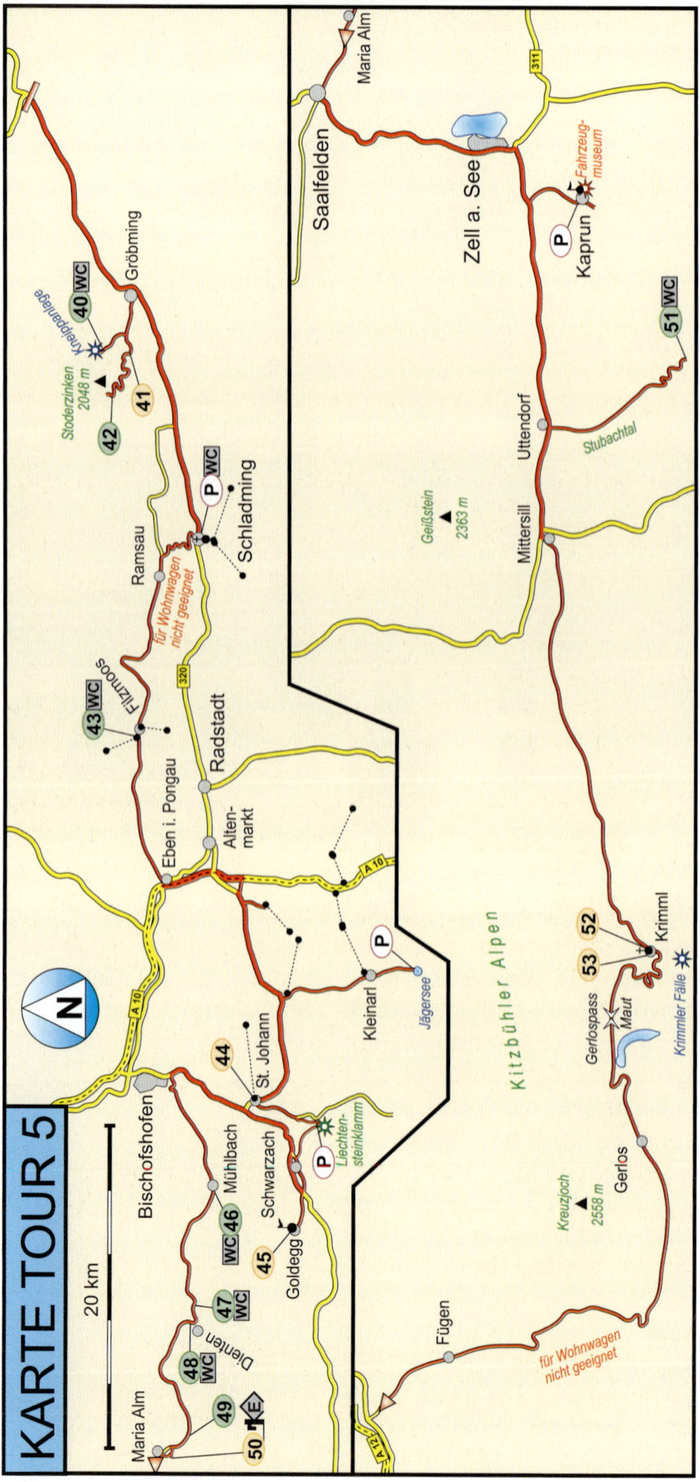
KARTE TOUR 5
20 km
N
Maria Alm
Dienten
Mühlbach
Bischofshofen
Schwarzach
Goldegg
St. Johann
Liechtensteinklamm
Kleinarl
Jägersee
A 10
Eben i. Pongau
Altenmarkt
Radstadt
320
Filzmoos
Ramsau
für Wohnwagen nicht geeignet
Schladming
Stoderzinken 2048 m
Kneippanlage
Gröbming
Saalfelden
Maria Alm
311
Zell a. See
Kaprun
Fahrzeugmuseum
Uttendorf
Stubachtal
Geißstein 2363 m
Mittersill
Kitzbühler Alpen
Krimml
Krimmler Fälle
Gerlospass
Maut
Gerlos
Kreuzjoch 2558 m
Fügen
für Wohnwagen nicht geeignet
A 12
40 WC
41
42
P WC
43 WC
44
45
46 WC
47 WC
48 WC
49
50
E
P
51 WC
52
53

TOUR 5 (ca. 400 km / 6-8 Tage)

Trautenfels - Schladming - Filzmoos - Flachau - Mühlbach am Hochkönig - Saalfelden - Krimml - Zillertal

Freie Übernachtung:	Gröbming, Abenteuerpark, Roßkopf, Hahnbaumlift, Goldegg, Mühlbach am Hochkönig, Dienten, Hinterthal, Aberg Bahn, Maria Alm, Enzinger Boden, Hotel Krimmlerfälle, Krimml
Ver-/Entsorgung:	WC bei mehreren Talstationen, Maria Alm
Besichtigen:	Schladming, Fahrzeugmuseum Kaprun
Wandern:	Gröbming, Stoderzinken, Schladming, Liechtensteinklamm, Hochkönigebiet, Krimml
Schi fahren:	Stoderzinken, Schladming, Flachau, Enzinger Boden

Diese Tour startet im Prinzip beim Schloss Trautenfels (Tour 1 durch das Salzkammergut).

Wir fahren die Kranzbach-Bundesstraße B320 bis zum Ortsanfang **Gröbming**, wo die Straße nach links zur Kneippanlage bzw. zum **Stoderzinken- Schigebiet** abzweigt. Zuerst halten wir uns rechts, die Asphaltstraße wird zu Schotter und wir erblicken riesige Klettergerüste. Dahinter ist ein Parkplatz und die Kneippanlage. Sogar einen Griller hat man uns hingestellt.

(40) WOMO-Wanderparkplatz: Kneippanl. Gröbming

GPS: N 47°28.016‘ N E 13°51.143‘; Winkler Straße.**max. WOMOs:** 2-3.
Ausstattung/Lage: WC im Sommer, Griller, Bänke, Müll / außerorts.
Zufahrt: laut Beschreibung, B320 Gröbming Richtung Stoderzinken.

Vom Parkplatz weg führt ein breiter Weg durch die **Klamm**. Rechts am Einstieg finden wir eine Luke mit wackeliger Leiter. Also nichts wie durch die enge Felshöhle. Nach etwa 20 Minuten Anstieg wird es flacher und nach einer Dreiviertelstunde erreichen wir die Rahnhütte (Sommer Speisemöglichkeit). Von der Holzhütte aus ist es dann noch eine Dreiviertelstunde bis zur **Viehbergalm**.

Wir benötigen in Summe etwa 3 Stunden. Sofern Sie wollen sind aber weit ausgedehntere Wanderungen in dieser naturbelassenen Gegend möglich. Auch Mountainbiker mit guter Kondition kommen auf ihre Rechnung.

Nach einer angenehmen Nachtruhe wollen wir aber wissen wie es am **Stoderzinken** aussieht. Also brauchen wir nur ein kleines Stück retourfahren bis ein gelbes Schild zum Schigebiet weist.

Am Weg (Stoderzinken Alpenstraße) liegt der **Abenteuerpark Gröbming.**

Gut gesichert können/müssen Stege, Seile und Netze überwunden werden. Wer sich körperlich in der Lage fühlt, derartige akrobatische Leistungen zu absolvieren, der ist in diesem neuen Freizeitkonzept im Wald bestens aufgehoben. Natürlich dürfen Sie auch keine Höhenangst haben. Öffnungszeiten: Mai bis Juni und September bis Oktober Mi. – So. 10 bzw. 14 Uhr bis 18:00, Juli- August täglich 10-19 Uhr. 18€/Erwachsene (2007).

(41) WOMO-Stellplatz: Abenteuerpark

GPS: N 47°26.832‘ N E 13°51.514‘; Stoderzinken Alpenstraße.
max. WOMOs: 1-2. **Ausstattung/Lage:** keine/außerorts.
Zufahrt: laut Beschreibung, in Richtung Stoderzinken.

Ab jetzt steigt die Straße ordentlich an. Die Serpentinen scheinen nicht aufzuhören und so manche Straßenverengung macht die Fahrt zu einem Erlebnis. Uff, geschafft! Wir sind am **Liftparkplatz auf 1750m** Seehöhe angelangt.

Weiter hinaufzufahren bringt nichts, denn oben ist es sehr eng und es gibt viele Parkverbote.

(42) WOMO-Wanderparkplatz: Roßkopfparkplatz

GPS: N 47°27.332‘ N E 13°48.709‘; Stoderzinken Alpenstraße.
max. WOMOs: 2-3. **Ausstattung/Lage:** keine/außerorts.
Zufahrt: laut Beschreibung, direkt an der Talstation der Schlepplifte.

Um uns herum finden wir eine **Almenlandschaft** mit weitläufigen Wandermöglichkeiten vor. Schifahrer können die 4 Schlepplifte nutzen, um von 1700m auf 2045m zu gelangen (Tageskarte 27,50€ - 2007).

Die Route führt nun nach **Schladming**. Gleich am Ortsanfang, etwa 250m nach der ARAL- Tankstelle weist ein Schild nach links zum Busparkplatz bzw. zur Planaibahn (N 47°23,662' E 13°41,793'Coburgstraße). Dort stellen wir unser Womo ab. Nächtigen ist im gesamten Ort verboten. Am Parkplatz befindet sich eine **Toilette** und eine **Mülltrennungsstation**. Zu Fuß erreichen wir in Kürze die Talstation der Planaibahn. Das international bekannte Schigebiet erstreckt sich über 4 Berge mit insgesamt 53,3km präparierten Pisten sowie 45 Beförderungsanlagen (Tageskarte 2007 – 29€).

Die **Wandermöglichkeiten im Sommer** stehen den Wintersportangeboten in nichts nach. Ist man erst einmal zu Fuß oder mit der Gondelbahn (Anfang Juni bis Ende September) an der Bergstation angekommen, stellt man sehr schnell fest, warum die Planai als „Aussichtskanzel von Schladming" gilt. Der Ausblick Richtung Dachstein, in die Tauern und über das Ennstal ist ohne Zweifel beeindruckend.

Waren es früher die Silber- und Kupferbergwerke, so sind es heute die gut besuchten Schisportveranstaltungen, die der Stadt sichtbaren Wohlstand, aber auch Verkehrslärm gebracht haben. Viele Parkplätze sind mit Bussen vollgestopft, andere mit Ketten abgesperrt und leer. Seit 1982 finden jährlich die Weltcupschirennen auf der Planai, dem Hausberg der Schladminger statt. Da müssen die Bewohner mit zusätzlich 50.000 Besuchern zurecht kommen. Wir kämpfen uns zu Fuß weiter.

Obwohl heute Palmsonntag ist, wird noch fleißig Schi gefahren. Polizisten regeln den Besucherstrom zu Gondelbahn und Palmweihe. Ein kurioses Schauspiel, wie sich Kirchgänger und Schifahrer mischen. Aber wieso gibt es in Schladming gleich zwei Kirchen? Ganz einfach. Der Bergbau brachte durch sächsische Bergleute auch den Protestantismus in die Stadt und verbreitete sich rasch. Noch heute ist ein großer Teil der Bevölkerung evangelischen Glaubens. Neben der mächtigen katholischen Pfarrkirche zum heiligen Achaz finden wir eine ebenso schöne evangelische Kirche, übrigens die Zweitgrößte Österreichs. Die Stadt selbst ist noch von Teilen ihrer einstigen Stadtmauer umgeben. Das Salzburger Tor befindet sich im Westen der Stadt und ist am besten erhalten. Wir bewundern auch die schmucken Bürger- und Knappenhäuser entlang der Fußgängerzone. Sie wurden nach den verheerenden Stadtbränden um 1525 wieder aufgebaut. Wie Phönix aus der Asche stieg die Stadt nach den Bauernkriegen wieder auf. Schon 1529 erhielt sie das einstige Marktrecht wieder zurück. Das Stadtrecht von 1322 bekam Schladming nach dem Brand aber erst im Jahre 1925, also 603 Jahre später! Wir wandern in die Talbachstraße zum **Stadtmuseum,** das leider geschlossen hat und begnügen uns mit dem Anblick der **blumengeschmückten Außenfassade**. Es handelt sich ein altes Knappenbruderhaus und ist das einzige unverfälscht erhaltene Holzhaus der Stadt. Es hat unglaubliche 446 Jahre auf dem Buckel und diente zur Unterbringung kranker Bergleute und als Witwen- und Waisenhaus.

Viele Kinder kommen uns mit ihren Palmbuschen entgegen und ihre bunten Krepppapierbänder flattern im Wind. Beim Geläut der Glocken verlassen wir die Stadt.

Nördlich von Schladming windet sich die steile L711 (Ramsauer Landesstraße) hinauf in die Ramsau.

In **Filzmoos** wollen wir bei frühlingshaften, wenn nicht schon sommerlichen Temperaturen nochmals unsere Bretter aus der Womogarage holen. Die Zufahrten im Ort sind sehr eng und teilweise mit Verboten belegt. Also fahren wir durch bis zum Ortsende und finden einen großen Parkstreifen auf der rechten Straßenseite (ohne Verbote) vor.

(43) WOMO-Wanderparkplatz: Moosleiten Sessellift

GPS: N 47°26.053'E 13°30.098'; Filzmooser Landesstraße.
max. WOMOs: 2-3. **Ausstattung/Lage:** WC bei Liftbetrieb/nahe der Landesstraße direkt bei Talstation.
Zufahrt: auf der L219 nach Filzmoos.

Es zieht uns weiter in Richtung **Eben im Pongau**, auf die Autobahn A10 bis zur Abfahrt Flachau ins Kerngebiet der **Sportwelt Amade**. Acht Ferienorte (Flachau, Wagrain, St. Johann-

Alpendorf, Radstadt, Altenmarkt-Zauchensee, Kleinarl, Eben, Filzmoos) haben sich zusammengeschlossen, um den Besucher ganzjährig abwechslungsreiche Freizeitmöglichkeiten zu bieten. So gelten die Schikarten in der gesamten Sportwelt Amade, doch an die Wohnmobilfahrer hat man mehr im negativen Sinne gedacht. Es ist kaum ein Parkplatz **ohne Nachtparkverbot** oder **Wohnmobilverbotstafeln** zu finden.

Darum nennen wir nur kurz einige Parkplätze, die zum Schifahren oder Wandern genützt werden können. Als Erstes erreichen wir die Talstation in **Flachau** (N 47°21.253' E 13°23.330', Feuersang / Nachtpark- und Wohnmobilverbot), dann folgt der Parkplatz in **Wagrain** (N 47°19.607' E 13°18.174', zwar keine Verbote aber direkt neben der Straße L214 – 100m zur Grafenbergbahn) bis **Kleinarl** (Parkplätze mit Verbote). Wir fahren durch den touristischen Ort, denn wir haben in der Karte einen kleinen See gefunden, den **Jägersee** (N 47°14.394' E 13°19,878'- Ende der L214). Dort nächtigen wir, da wir hier nur ein Verbotsschild mit einem durchgestrichenen Wohn**wagen** (!) vorfinden. Nach einem netten Abendspaziergang am Seeufer schlummern wir in ruhigster Lage. Am nächsten Morgen werden wir von einem derben Einheimischen geweckt, der meint, Gutsverwalter zu sein und dass wir auch hier nicht bleiben dürfen. Als wir uns nach seinem Namen und seinen genauen Befugnissen erkundigen, ergreift er aber die Flucht.

Jägersee

In St. Johann im Pongau (über B163) finden wir dann den netten Stellplatz bei der **Hahnbaum Talstation**.

Hahnbaum Talstation

Vom **Stellplatz** aus sehen wir die Dekanatskirche, die dem heiligen Johannes dem Täufer geweiht ist. Unübersehbar ragen ihre Türme in den Himmel. Sie wird auch gerne „Dom vom Pongau" genannt. Die erste Kirche an dieser Stelle wurde um 924 errichtet. Nach Plünderungen und Bränden wurde sie wieder aufgebaut, doch 1871 stürzte der Kirchturm ein, woraufhin man die zwei neuen Türme errichtete, die heute das Erscheinungsbild der Stadt prägen.

(44) WOMO-Stellplatz: Hahnbaumlifte

GPS: N 47°21,077'E 13°12,392'; Premweg. **max. WOMOs:** 1-2.
Ausstattung/Lage: Freibad/im Ort.
Zufahrt: Über die Wagrainer Bundesstraße erst in Richtung Zentrum dann nach rechts zu der beschilderten Liftstation.

Von St. Johann aus machen wir einen Abstecher zur südlich gelegenen **Liechtensteinklamm** (N 47°19.129' E 13°11.403', Liechtensteinklammstraße – Campingverbot). Direkt am Parkplatz ist der Einstieg – Eintritt 3,50 € – und ein Restaurant.

Ihren Namen verdankt die Klamm dem Financier Fürst Johann II. von und zu Liechtenstein.

Schon 1876 erfolgte die Eröffnung der ersten Steiganlage. Der Großarlbach hat über Jahrtausende seinen Weg in den Fels gegraben und ein gewaltiges Naturschauspiel geschaffen. Über rund 4km führen Wege und in den Fels gehauene Steiganlagen hinauf, vorbei an tosenden, blaugrünen Wassermassen. Das Tal des Großarlbaches wird auch das „Tal der Almen" genannt und wäre ein idealer Ausgangspunkt für ausgedehnte Wanderungen, zum Beispiel auf die Bräualm auf 1394m oder weiter auf das 2100m hoch gelegene Heukareck.

Die Sage der Liechtensteinklamm

Um die erfrischenden Gasteiner Quellen in sein Haus zu bekommen versprach einst der Schmied von Oberarl bei St. Johann seine verkrüppelte Tochter dem Wahrhaftigen. Als Bedingung stellte er jedoch, dass der Zauber bis zum ersten Hahnenkrähen vollendet sein muss.
Der Teufel willigte in den Pakt ein und begann in der finsteren Nacht eifrig mit seinen Machenschaften.
Die Frau des Schmiedes, als listige Hexe bekannt, erfuhr jedoch von diesem Vertrag. Rasch entschlossen wollte sie der maßlosen Gier ihres Mannes ein Ende bereiten und tauchte den Hahn kurzum in den Brunnentrog, sodass er noch vor Tagesanbruch zu krähen begann. Als nun der Teufel vor Tagesbeginn mit den warmen Quellen gerade über die Klamm flog, hörte er zu Oberarl den Hahn krähen. Entsetzt stellte er fest, dass er zu spät dran war und verfiel in einen Wutausbruch. Mit einem mächtigen Getöse schmetterte er die Quellen in die Tiefe der Klamm. Sie waren von da an für keinen Menschen mehr fassbar. Bis zum heutigen Tage ist es niemandem mehr gelungen, an das Heilwasser zu kommen, um es ableiten zu können.

Bei der Weiterfahrt über die Goldegger Landesstraße L213 haben wir beim **Schloss** einen hübsch gelegenen Parkplatz gefunden (nördlich von See). Führungen gibt es im Schloss von Mitte Juni bis Mitte September außer Mittwoch 10-12 und 15-17 Uhr um 3,50 €.

(45) WOMO-Stellplatz: Goldegg

GPS: N 47°19,184‘ E 13°06,019‘; Goldegger Landesstraße.
max. WOMOs: 1-2. **Ausstattung/Lage:** öffentliches WC hinter Friedhof, See, Schlosstaverne, Spielplatz beim See.
Zufahrt: laut Beschreibung, Goldegger Landesstr. L213 zum Schloss.

Jetzt können Sie in Richtung Westen auf der Pinzgauer Bundesstraße B311 weiterfahren um die Tour zu kürzen, oder Sie folgen unserem Verlauf in das Gebiet des **Hochkönigs**. Also retour in Richtung **Bischofshofen** und dann auf die Hochkönig Bundesstraße B164.

Schloss Goldegg

Die Gebirgsstraße zwischen Mühlbach und Dienten windet

sich am Fuß vom **Hochköniggebirge** entlang. Am Dientner Sattel erreichen wir 1370m Seehöhe. Im Winter kann diese Strecke eventuell teilweise gesperrt sein.

Auf Ihrer Fahrt werden Sie mehrere **Talstationen von Schiliften** mit **Parkplätzen** ohne irgendwelche Verbote vorfinden.

Alle sind aber nahe der Bundesstraße.

(46) WOMO-Wanderparkplatz: Mühlbach Hochkönig

GPS: N 47°22.747‘ E 13°6.601‘; Hochkönig Bundesstraße.
max. WOMOs: 3-4.
Ausstattung/Lage: WC im Seilbahngebäude/nahe der Straße.
Zufahrt: Talstation Liftanlage, auf der linken Seite nach der Ortschaft Mühlbach.

(47) WOMO-Wanderparkplatz: Dienten

GPS: N 47°23.3316‘ E 13°1.868‘; Hochkönig Bundesstraße.
max. WOMOs: 1-2.
Ausstattung/Lage: WC in der Bahnstation, sehr schräg (!) Keile erforderlich/nahe der Straße.
Zufahrt: vor der Ortschaft Dienten.

(48) WOMO-Wanderparkplatz: Hinterthal

GPS: N 47°24.340‘ E 12°58.334‘; Hochkönig Bundesstraße.
max. WOMOs: 1-2.
Ausstattung/Lage: WC in der Bahnstation, ebene Fläche/nahe der Straße.
Zufahrt: Talstation Hochmaisbahn nach Ortschaft Dienten.

(49) WOMO-Wanderparkplatz: Aberg Bahn

GPS: N 47°23.511‘ E 12°54.511‘; Hochkönig Bundesstraße.
max. WOMOs: 2-3. **Ausstattung/Lage:** keine/an der Straße.
Zufahrt: vor Maria Alm auf der linken Straßenseite.

Schön langsam haben Sie die Fahrt entlang des Hochkönigs geschafft. Die Gegend wird wieder flacher und überschaubarer. Nach diesen Liftparkplätzen habe wir auch einen **offiziellen Stellplatz** zu bieten. Direkt nach dem Abergbahnparkplatz biegen wir links und sofort wieder rechts in die kleine Straße ein. Dann noch etwa 500m parallel zur Höchkönig Bundesstraße (Richtung Norden), bis nach links zweigend ein kleines Mini-Wohnmobilschild steht.

(50) WOMO-Stellplatz: Stegerbauer Maria Alm

GPS: N 47°23.861' E 12°54.217'; Schattberg. **max. WOMOs:** 5.
Ausstattung/Lage: ebene Fläche rechts von Bauernhaus / Straße etwas weiter entfernt.
Zufahrt: Vor Maria Alm auf der linken Straßenseite.
Sonstiges: vom Besitzer bekommen wir die Auskunft: 8€/Nacht Sommer, 10€/Nacht Winter, Entsorgung **extra** (?) zu bezahlen, Müll, WC, Wasser.

Stegerbauer, Stellplatz daneben

Über die Almer Straße kommen wir nach **Saalfelden** am Fuße vom Steinernen Meer, das bereits in prähistorischer Zeit besiedelt war. Kelten, Römer und letztlich die Bajuwaren kamen im Zuge der Völkerwanderung hier vorbei. Erste schriftliche Aufzeichnungen stammen bereits aus dem Jahre 788. Die hiesige Dekanatskirche liegt auf einem Hügel inmitten des Ortes und darf sich mit einer Länge von 54,5 Metern die größte Kirche des Pinzgaues nennen. Sie gehört zu den Pfarren des Erzbischofstum Salzburg. In ihrer tausendjährigen Geschichte erlebte die Kirche prachtvolle und trostlose Zeiten zugleich. Reiche Messstiftungen wurden ihr einst zugeteilt. Über 300 Jahre lang war sie Mensalgut der Bischöfe von Chiemsee. 1734 schlug der Blitz in den Turm ein und 1811 brannte der gesamte Markt sammt Pfarrkirche nieder. Während der Aufräumungsarbeiten brach das Gewölbe im Langschiff ein und es musste bis 1956 noch zweimal umgebaut werden. Übrig blieb ein äußerst schmuckloses, schlichtes Bauwerk, das seinen Zauber im Innenraum verborgen hält. In der Taufkapelle steht ein Einziger der ursprünglich 12 Altäre, doch in der gotischen Krypta befindet sich noch der Grabstein des ersten Saalfeldener Dechants aus dem Jahre 1627. 5 Glocken schallen vom Turm herab, die wuchtige Heimkehrerglocke, eine Gefallenenglocke, eine Marienglocke und je eine Mess- und Sterbeglocke.

Wir spazieren durch den historischen Stadtkern und fahren weiter nach **Kaprun**.

Es hat zu regnen begonnen, da kommt ein Museumsbesuch gerade recht. Wir stellen das Womo am Ortsrand [N 47°16.490' E 12°45.484'] ab. Im Kaprun herrscht unangenehmes Verkehrsgetümmel, für Fußgänger gibt es keine verkehrsberuhigten Wege.

Wir marschieren 20 Minuten zum **Fahrzeugmuseum**, das im Keller eines Hotels untergebracht ist. Ein in die Hälfte geschnittener VW Käfer weist uns den Weg zum Eingang. An der Rezeption bekommen wir den Schlüssel und dürfen alleine durch die Hallen gehen. Wir staunen über das große Angebot an chromblitzenden Fahrzeugen, alle 30-50 Jahre alt und noch immer fahrbereit. Erinnerungen an unsere Großeltern werden wach, als die noch stolz mit Autos auf Besuch kamen. Zweiräder, Traktoren, Motoren und alte Radios vervollständigen das bunte Sammelsurium. Öffnungszeiten: So. bis Fr. 10-18, Sa. bei Schlechtwetter, Erw. 6€, Kind 3€. Wir geben den Schlüssel an der Rezeption zurück und erliegen auf dem Rückweg den verlockenden Düften einer Imbissbude. Frisch gestärkt fahren wir dann weiter zum Staukraftwerk ins Kapruner Tal. Von unten sehen wir leider nur die mächtige Staumauer des ersten Stausees, denn es herrscht noch Wintersaison (Ostern). Somit bleibt uns auch der Blick auf die 2. Sperre, die Limbergsperre verwehrt. Von den vergletscherten Hohen Tauern sehen wir nichts. Am Fuße des Kitzsteinhorns besteht Parkmöglichkeit, leider nur tagsüber.

Enzinger Boden

Etwas enttäuscht fahren wir zurück, doch zufällig finden wir dann doch noch einen Weg zu einem **Hochgebirgsstausee** und kommen spätabends noch auf unsere

Rechnung. Von Uttendorf führt die malerische Panoramastraße (L265) 17,5km nach **Enzinger Boden** (1480m Seehöhe). Ständig geht es bergauf und die ersten Schneefelder glitzern in der Abendsonne. Wir sind endlich am Ziel.

(51) WOMO-Wanderparkplatz: Enzinger Boden

GPS: N 47°10.344‘ E 12°37.604‘; Ende der Stubachtal Straße.
max. WOMOs: 4-5.
Ausstattung/Lage: WC bei Talstation/extrem abgelegen.
Zufahrt: laut Beschreibung, dann am Stausee vorbei bis nach einer Brücke ein großflächiger Parkplatz auf der rechten Seite liegt.

Gletscherschilauf im März/April

Schon etwas müde freuen wir uns über einen ruhigen Nachtparkplatz am Ufer eines türkisblauen Gletscherstausees. Auf einem Schild steht zu lesen, dass er den Österreichischen Bundesbahnen gehört. Wir biegen um die Ecke und sehen ei-

nen gefüllten Parkplatz, der die Idylle jäh zerstört. Wir wundern uns, dass alle geparkten Autos stehen bleiben und sind auf ein mitternächtliches Starten von ca. 50 Autos gefasst. Doch kein Lärm stört unsere Nachtruhe und am Morgen danach sind noch immer alle da. Wir packen frohgelaunt die Schier (Sonnenbrille und Schutzcreme nicht vergessen) und fahren mit der Gondelbahn zum **Gletscherschilauf** hinauf in die atemberaubende Bergwelt der Kalser Tauern. An der Bergstation Rudolfshütte (2315m) steigen wir aus.

Hier löst sich das Geheimnis der geparkten Autos im Tal. Deren Besitzer wohnen nämlich hier heroben als Feriengäste in der Rudolfshütte. Mehrere Schlepplifte und ein langer Sessellift zum **2564m hohen Medelzkopf** erfreuen das Herz der Wintersportler, die sich hier bis in den Frühling hinein eifrig tummeln können. Von der Ferne glitzert der Sonnblick- Gletscher und wir genießen einen wunderbaren Tag. Wir fahren zum Schluss genussvoll die ganze Abfahrt mit den Schiern runter, vorbei an **Weißsee, Tauernmoos- und Grünsee**. Ein Zwischenstopp bei Schweinsbraten und Riesengermknödel mobilisiert wieder alle Kräfte für die restlichen Kilometer ins Tal. Etwas wehmütig verabschieden wir uns von dem schönen Fleckchen Erde und winden uns die Serpentinen wieder hinunter ins Tal.

Schneerose - Helleborus niger

Weiter geht es durch das breite Landschaftsgebiet

des Oberpinzgau im Nationalpark Hohe Tauern in Richtung **Krimml**. Der kleine Ort liegt eingebettet im Talschluss des Salzachtales und darf sich der höchsten Wasserfälle Österreichs rühmen. Dieses Naturschauspiel wollen wir uns selbstverständlich nicht entgehen lassen und wir steuern den ersten Parkplatz auf der linken Seite im Ort (N47°13.099‘ E 12°10.578‘, Gerlos Bundestraße B165) an. Er liegt aber direkt neben der Straße.

Schräg vis-a-vis ist der offizielle kostenpflichtige Stellplatz (Hotel Krimmlerfälle).

(52) WOMO-Stellplatz: Hotel Krimmlerfälle

GPS: N 47°13.087’ E 12°10.481’; Wasserfallstr. 42.
max. WOMOs: 10. **Ausstattung/Lage:** keine Entsorgung, Wasser, Strom (kostet Aufpreis), nahe der Straße, 8€ ohne Strom.
Zufahrt: laut Beschreibung in Krimml an der B165.

Wenige Meter weiter finden wir einen steil bergauf führenden **Wiesenparkplatz** auf der rechten Straßenseite, der **laut Beschilderung für Wohnwagen und Wohnmobile** bestimmt ist. Wir packen alle Keile die wir mithaben aus und schon haben wir einen schönen Platz für die Nacht gefunden.

(53) WOMO-Stellplatz: Krimml Wasserfälle P2

GPS: N 47°12.998’ E 12°10.287’; Gerlos Bundesstraße.
max. WOMOs: 5. **Ausstattung/Lage:** keine / 4€ laut Tafel (Nebensaison scheinbar gratis), sehr schräg !, ruhige Lage im oberen Bereich, im Ort.
Zufahrt: laut Beschreibung in Krimml an der B165, mit Wohnwagen und Wohnmobilschild gekennzeichnet, P2.

Am nächsten Morgen strahlt die Sonne schon früh ins Womo und macht so richtig Lust auf Wandern. Der Einstieg in die **Krimmler Wasserfälle** liegt unterhalb des Parkplatzes. Hier führt ein bequemer, stetig steigender Wanderweg entlang der Krimmler Ache den Berg hinauf. Am Eingang zu den Fällen wurde eine Wasserwunderwelt gebaut. Hier dreht sich alles um das nasse Element. Es hat um diese Zeit (Ostern) noch geschlossen und wir setzen unseren Weg fort. Leider führt der gesamte Wasserfallweg rechts im Wald weiter, aber etliche Aussichtsplattformen geben den Blick auf das tosende Naturjuwel frei. Die Wassermassen stürzen erst über 140m, dann über 100m und anschließend nochmals über 140m ins Salzachtal hinunter, macht zusammen **380m Höhendifferenz**. Kein Wunder, dass das Wasser regelrecht zerstäubt und man kaum im trockenen Zustand zurückkehrt. Für Hungrige befindet sich oberhalb des mittleren Achenfalls das Gasthaus Schönangerl. Auf dem Rückweg haben wir im Wald eine Gams entdeckt, die sofort fotoscheu ins Dickicht flüchtet.

Nach einem Spaziergang durch Krimml haben wir etwas außerhalb die Endstation der **Pinzgau Schmalspurbahn** entdeckt. Sie fährt seit mehr als 100 Jahren von Zell am See weg durch die Täler des Nationalpark Hohe Tauern. Bei Schlechtwetter wäre ein Besuch der Fluoritstollen in Oberkrimml möglich. Für heute haben wir allerdings genug erlebt und wir fahren weiter.

Gemächlich schraubt sich das Womo den **Gerlospaß** hinauf. Oben am Scheitelpunkt angekommen, finden wir auf der Gerlosplatte ein weitverzweigtes Schi- und Wandergebiet. Wir bezahlen an der **Mautstelle** unseren Obulus und fahren auf tiroler Seite bergab, vorbei am Speicher Durlaßboden, passieren Gerlos und fahren so bremsenschonend wie möglich hinunter in das **Zillertal**.

Ich würde Ihnen jetzt Tour 6 zum Achensee vorschlagen. Genießen Sie eine Zahnradbahnfahrt!

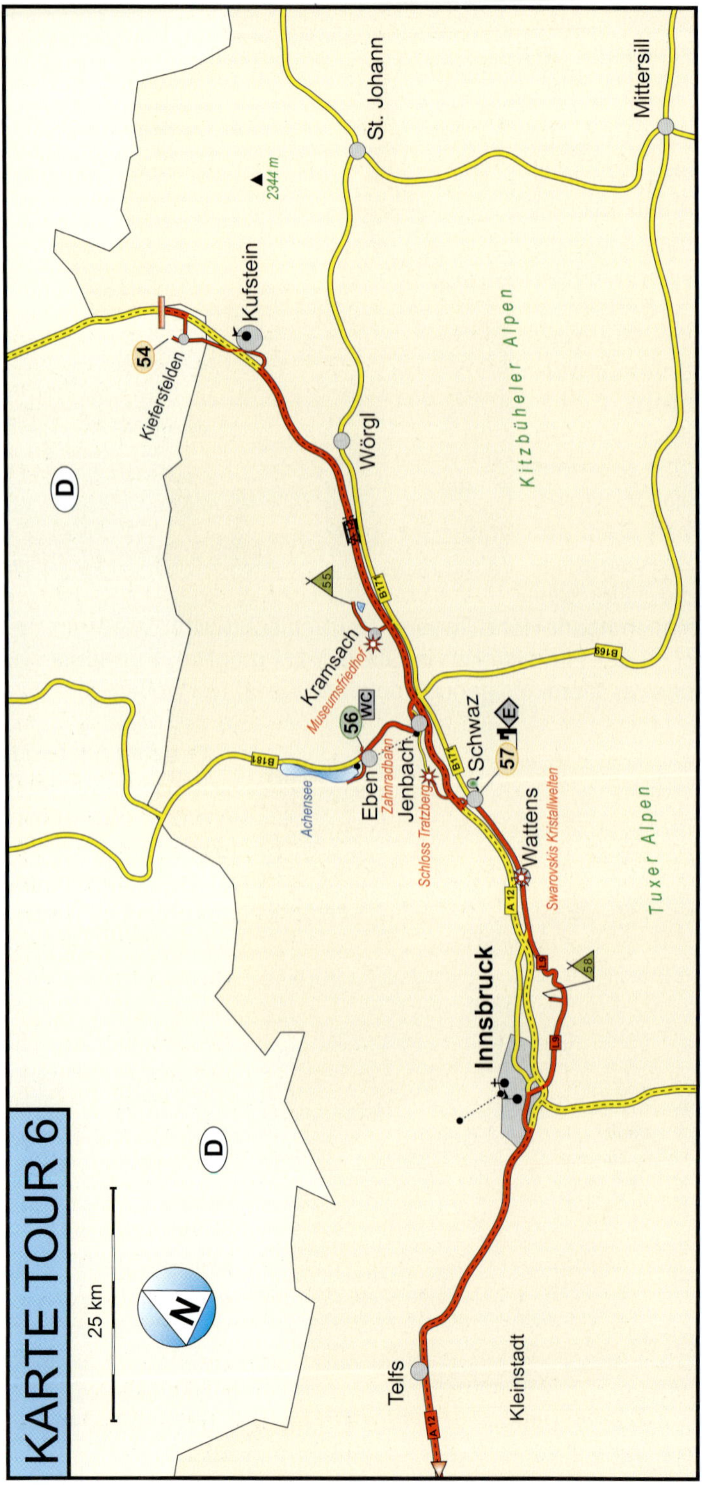
KARTE TOUR 6
25 km
N
D
D
Kufstein
Kiefersfelden
54
2344 m
St. Johann
Mittersill
Wörgl
Kitzbüheler Alpen
A 12
B171
B169
55
Kramsach
Museumsfriedhof
WC
56
Eben
Zahnradbahn
Jenbach
Achensee
B181
Schwaz
57
E
Schloss Tratzberg
Wattens
Swarovskis Kristallwelten
Tuxer Alpen
Innsbruck
L9
58
Telfs
Kleinstadt

TOUR 6 (ca. 230 km / 3-4 Tage)

Kiefersfelden (D) - Kufstein - Kramsach - Achensee - Schwaz - Wattens - Innsbruck - Silvretta

Freie Übernachtung:	Hödenauer See (D), Rofanseilbahn, Schwaz
Campingplätze:	Kramsach, Judenstein
Ver-/Entsorgung:	WC Hödenauer See, Schwaz
Besichtigen:	Kufstein, Kramsach Museumsfriedhof, Dampfzahnradbahn Achensee, Schloss Tratzberg, Schwaz Silberbergwerk und Planetarium, Innsbruck
Baden:	Hödenauer See, Reintaler See, Achensee,
Wandern:	Achensee

Die Tiroltour startet vom Norden kommend auf der A93 für alle, die aus Deutschland anreisen, bzw. über das „kleine Deutsche Eck" für Reisende aus Salzburg. Kurz vor der österreichischen Grenze suchen wir einen offiziellen Stellplatz auf. Wir nehmen die Abfahrt Kiefersfelden (A93), dann nach ca. 1,2 km rechts auf die Rosenheimer Straße in Richtung Brannenburg bis nach ca. 1 km ein Schild zum **Hödenauer See** weist. Nach der scharfen Kehre geht es ein bisserl bergab, am Fischteich vorbei, bis schon der See mit seiner Wasserschiliftanlage zu sehen ist.

(54) WOMO-Stellplatz: Hödenauer See (D)

GPS: N 47°37.728' E 12°11.342'; Wasserstraße. **max. WOMOs:** 8-10.
Ausstattung/Lage: offizieller Stellplatz, 5 €/Nacht, Stellplatzgenehmigung gibt es beim Wasserschilift, Gaststätte, WC tagsüber, schöne Lage, nur leider sind Eisenbahn und Autobahn laut zu hören.
Zufahrt: Zufahrt laut Beschreibung, zum Hödenauer See, am Fischteich auf der linken Seite vorbei.

Am nächsten Morgen wollen wir **Kufstein** besuchen. Wir nehmen die Bundesstraße und haben bald den Parkplatz westlich des Inns erreicht [P21 Raiffeisenstraße kostenfrei, N 47°34.806' E 12°9.747]. Wir wandern gemütlich über die neue Innbrücke in Richtung Zentrum zur **Festung Kufstein**. Sie steht an einer natürlichen Engstelle des Inn auf einem langgestreckten Dolomitfelsen. Östlich von Kufstein liegt das 20km lange

Burg Kufstein

und 14km breite Kettengebirge vom Wilden Kaiser und vom Zahmen Kaiser. Der nördliche Zahme Kaiser erreicht in der Vorderen Kesselschneid 2001m Höhe. Der südlich gelegene Wilde Kaiser gipfelt in der Ellmauer Halt auf 2344m. In den Straßen herrscht buntes Treiben und wir nehmen im Festungsneuhof die Panoramabahn „Kaiser Maximilian“ hinauf zum Burghof. Von hier aus führt der Weg zum mächtigen Kaiserturm mit seinen 4 bis 7,5m dicken Mauern hinauf. Er wurde 1518 erbaut. Im Erdgeschoss befand sich früher ein Lagerraum, darüber ein Turnier- und Fechtraum und ganz oben das Staatsgefängnis und der Geschützstandort. Die Burg wurde 1205 erstmals urkundlich erwähnt und befand sich seit 1133 als Lehen des Hochstifts Regensburg in den Händen der Herzöge von Bayern. Einst teilten sich Bischof Konrad von Regensburg und Herzog Ludwig von Bayern die Burg. 1213 gab der Bischof seinen Teil der Burg an Ludwig ab und der verkaufte sie an die bayrischen Herzöge Heinrich, Friedrich und Otto. 1342 ging die Burg als Morgengabe an Margarethe von Holland und wurde vom Markgrafen von Brandenburg ausgelöst um sie ebenfalls als Morgengabe an seine Gemahlin, Margarethe Maultasch zurückzugeben. Generell war Kufstein immer in bischöflichem bzw. landesfürstlichem Besitz, ohne dass die Dynastien hier gelebt ha-

ben. Seit dem 16. Jhdt. war die Burg Sitz der Pflegbehörde. Die Pfleger wurden nach dem Ausbau der Festung Hauptleute genannt. Wir besuchen das Festungs- und Heimatmuseum im oberen Bereich der Schlosskaserne. Allerlei Handwerksgeräte längst vergessener Berufe, wie zum Beispiel Seifensieder sind hier ausgestellt. Das entbehrungsreiche Leben der Bauern bis in das 20.Jhdt findet hier ebenfalls breiten Raum in den liebevoll gestalteten Räumen. Die Rauchküche beeindruckt uns besonders. Sie hatte keinen Schornstein oder sonstigen Abzug. Der Rauch konnte sich nur durch die Ritzen der Balken verteilen, die Bewohner wurden buchstäblich bei lebendigem Leib geselcht. Auch über das **Zunftwesen** gibt es einiges zu erfahren. Die Zunftverbände erlebten in Tirol ihre Blütezeit im 15. und 16.Jhdt und waren wirtschaftliche Zweckverbände mit starren, traditionellen Statuten. Fast jeder Handwerkstreibende musste diesem Zwangsverein beitreten, der auf sittliche, religiöse und ehrenhafte Grundsätze mit Argusaugen wachte. Die Eintrittsbedingungen waren streng sittlich geregelt. Eheliche Geburt, einwandfreier Leumund und für die Meisterschaft die Lehr-, Gesellen- und Wanderjahre, auch Walz genannt, waren Voraussetzung für den Beitritt zum Verband. Sogenannte unehrliche Berufe waren allerdings ausgeschlossen. Das waren z.B. Totengräber, Henker, Sauschneider, Schergen und Gerichtsbüttel. Als 1859 die Gewerbefreiheit in Österreich eingeführt wurde war dies der Todesstoss für das Zunftwesen.

Im vierten Stock des Kaiserturms befinden sich 13 Zellen ehemaliger Gefangener. Penibel sind die Lebensläufe der Insassen aufgelistet. Eine revolutionäre ungarische Gräfin war ebenso hier gefangen wie ganz gewöhnliche Mörder und Räuber oder Anhänger der Jakobinerbewegung. Wir wandern hinunter zur Unteren Schlosskaserne, zum Tiefen Brunnen (57,5m) und freuen uns über den unterirdischen Felsengang, der zur Josefsburg, einem Veranstaltungsareal führt. Hier wurden Kasematten renoviert und die Dächer sind begehbar. Wir kommen zur Annabatterie und schnuppern uns durch den Kräuter- und Nutzgarten hindurch. Über einen gedeckten Treppengang gelangen wir zur Heldenorgel. Sie wurde zum Gedenken an die Gefallenen des 1.Weltkrieges 1931 ge-

Madersperger Museum

baut und ist die größte Freiorgel der Welt. Täglich um 12 Uhr ertönt in den Sommermonaten ihr weithin hörbarer Klang.

Wenn Sie die Salurner Straße zurück gehen finden Sie ein schmuckes blaues Bürgerhäuschen. Hier lebte ein berühmter, waschechter Kufsteiner, nämlich **Josef Madersperger,** der Erfinder der Nähmaschine. Im kleinen Vortragssaal im Erdgeschoss des Hauses setzen wir uns hin und genießen einen entzückend aufbereiteten Film über diesen genialen Erfinder, also bitte unbedingt anschauen und mit einer kleinen Spende belohnen.

Als Nächtigungsplatz haben wir einen CP in **Kramsach** gefunden. Wir fahren von der Autobahn bei der Anschlussstelle Kramsach ab zum Reintaler See. Hier finden wir wenige Kilometer nach Kramsach gleich drei CP. Wir entscheiden uns für den CP Seehof.

(55) WOMO-Campingplatz-Tipp: Seehof

GPS: N 47°27.738'E 11°54.558' Moosen. **offen:** ganzjährig.
Ausstattung/Lage: Es handelt sich um einen 5 Sterne Betrieb mit moderaten Preisen, freundlichem Personal und vielerlei Freizeitangebot für Groß und Klein.
Zufahrt: laut Beschreibung, Autobahnausfahrt Kramsach.

Zufrieden lassen wir den Tag im Campingrestaurant ausklingen und entspannen uns bei Speis und Trank. Am nächsten Morgen treten wir die Weiterreise an. Die Dame an der Rezeption empfiehlt uns in Kramsach den einzigartigen **Museumsfriedhof** zu besuchen.

Es handelt sich hier allerdings um keinen richtigen Friedhof. Herr Guggenberger hat in liebevoller Kleinarbeit Kreuze mit lustigen oder zweideutigen Inschriften zusammengetragen und aufgestellt. Die meisten stammen aus dem vorigen Jahrhundert und tragen Inschriften wie z.B.

Hier ruht Franz Josef Matt

Der sich zu Tod' gesoffen hat.

Herr gib ihm die ewige Ruh´

Und ein Gläslein Schnaps dazu.

Schmunzelnd verlassen wir das Museum.

Über die A12 kommen wir in das **Zillertal**. Wir nehmen die Abfahrt Achensee-Zillertal und folgen den Schildern zum Achensee bzw. nach Maurach. Gleich nach der Jet-Tankstelle rechts ist die Zufahrt zur Gondelbahntalstation.

(56) WOMO-Wanderparkplatz: Rofan

GPS: N 47°25.481‘ E 11°45.142‘ Achensee Bundesstraße.
max. WOMOs: 3-4.
Ausstattung/Lage: Tisch & Bank, Toilette, Rundwanderweg/außerorts.
Zufahrt: In Richtung Achensee bzw. Maurach, nach Jet-Tankstelle, Talstation Parkplatz der Rofanseilbahn P2 mit Wohnmobilschild
Sonstiges: Ein 24-Stunden-Aufenthalt ist laut Beschilderung erlaubt

Am nächsten Morgen verlassen wir zeitig den Liftparkplatz und fahren zum Achensee. Der **Achensee** liegt zwischen dem Rofangebirge im Osten, dem Karwendelgebirge im Westen und bedeckt einen beträchtlichen Teil des Achentales. Wir wollen den ersten Zug nach Jenbach erwischen.

Gleich am Anfang des Sees befindet sich eine Schotterparkfläche bzw. ein Parkstreifen an der Pertisauer Landesstraße [Parkplatz N 47°25.617‘ E 11°43.986` Womo Nächtigungsverbot, Gebühr 4€/Tag].

1888 erteilte Kaiser Franz Josef I., die Konzession zum Bau und Betrieb der Schmalspurbahn. Die Strecke wird teilweise mit Adhäsion- und Zahnschienen-Betrieb geführt. Anfangs wurden nicht nur Personen sondern auch Wirtschaftsgüter, wie zum Beispiel Holz aus den Wäldern um den Auchensee transportiert. Die größte Beförderungsleistung erreichte die Achensee-Dampfzahnradbahn während des 2. Weltkrieges. 141.000 Personen wurden kriegsbedingt befördert. Bombenflüchtlinge am Achensee und kriegswichtige Betriebe mussten versorgt werden. Auch in den schwierigen Zeiten nach dem Kriege bestätigte die Bahn ihre Existenzberechtigung. Das gesamte Gebiet um den See wurde mit der Bahn versorgt. 1950 erwarben die Tiroler Wasserkraftwerke die Aktienmajorität. Seit 1991 sind die Gemeinden Jenbach, Achenkirch und Eben die Hauptaktionäre.

Im Bahnhof **Jenbach** treffen drei Spurweiten zusammen. Die Achenseebahn mit 1m Spurweite, die Zillertalbahn mit 760mm Spurweite und die ÖBB mit 1,435m Normalspur wie es großteils in Europa üblich ist. Wir starten aber wie beschrieben nicht im Tal (Jenbach) sondern bei der Endstation Seespitz am Achensee. Schon von der Ferne nehmen wir die Rauchschwaden wahr und Minuten später steht das über 100 Jahre alte Dampfross vor uns. Wir klettern in einen der nostalgischen Wagen. Nach Abfahrt wird direkt im Zug kassiert. Der Schaffner muss von außen auf einem Trittbrett stehend von einer Sitzbankreihe zur anderen trippeln. Alles geht schön gemächlich, denn heute braucht es hier auf der Museumsbahn wirklich niemand mehr eilig zu haben. Übrigens, auf einer Berg- und Talfahrt werden um die 350kg Kohle verfeuert. Fahrbetrieb gibt es von Anfang Mai bis Ende Oktober, 22 Euro kostet eine Berg-Talfahrt pro Person (2007).

Schon bei der Fahrt ins Tal ist uns der spitze Turm der röm.**kath. Pfarrkirche von Jenbach**, deren Grundsteinlegung bereits 1487 erfolgte, aufgefallen. 1500 wurde die Kirche im Stil der Tiroler Spätgotik fertiggestellt. Im 18.Jhdt erfolgten gravierende Veränderungen der Inneneinrichtung im Zeitgeist des hellen, schwungvollen Barock. Die Einrichtung, die Sie heute sehen wurde 1830 im Zuge einer Innenrenovierung eingesetzt. Decke und Fresken blieben aber erhalten. Das neue Hochaltarbild vom Münchner Alois Stadler zeigt Maria mit den beiden Kirchenpatronen (Wolfgang und Leonhard) über dem Ort Jenbach.

Wir müssen aber bald wieder zum Bahnhof zurück um den Zug nicht zu versäumen. Der südliche Teil von Jenbach ab der Eisenbahntrasse ist von Industrie und Gewerbe geprägt und somit wenig sehenswert. Nachdem wir wieder zum Achensee mit der Bahn hinaufgezuckelt sind steigen wir gleich in das Schiff um. Aus vier Schiffen besteht die Flotte, die am Achensee verkehrt. Eine gesamte Seerundfahrt bis Achenseehof dauert 2 Stunden. Wir fahren aber nicht die komplette Strecke, sondern nur einen Teil und gehen am schön angelegten Rad-Wanderweg am Seeufer wieder retour.

Bei Jenbach fahren wir für ein kurzes Stück auf die Autobahn, (A12) nehmen die Abfahrt Schwaz und folgen den Schildern zum **Schloss Tratzberg** [N 47°23.142' E 11°44.424'].

Wie ein Schwalbennest liegt es am Hang des Stanser Jochs ganz unromantisch oberhalb der Inntalautobahn. Ein kleiner **Bummelzug** bringt die Besucher hinauf bis in den blumengeschmückten Vorhof. Wir bekommen einen Audio-Guide umgehängt und für die kleinen Gäste gibt es eine Kinderversion, in der Geist Tratzi die Hauptrolle spielt. Zusätzlich begleitet ein Führer die Gruppe und erzählt noch einige interessante Details zur Geschichte und zu den wertvollen Einrichtungsgegenständen. Ursprünglich stand hier im 13.Jhdt eine Festung des Grafen Görz, damit die Bayern nicht in das Inntal einfallen konnten. Sie kamen aber trotzdem herein und Erzherzog Sigismund der Münzreiche ließ die Mauern verstärken. Die Mühe war allerdings umsonst, denn ein Brand im Jahre 1490 zerstörte die Burg bis auf die Grundmauern. Die reiche Handwerkerfamilie Tenzl ließ die Ruine buchstäblich wie Phönix aus der Asche entstehen. Damit war der Grundstein für eine unvergleichliche, prächtige Renaissanceanlage gelegt. In der ersten Bauphase um 1500 war Tratzberg im streng mittelalterlichen Stil gehalten. Schon der Innenhof mit den freskengeschmückten Arkaden stellt ein glänzendes Beispiel Tiroler Renaissancearchitektur dar. Das Schloss diente unter anderem dem reichen Handelsgeschlecht

der Fugger als Jagdschloss. Die Innenräume wirken durch die vielfältige Verwendung edler Hölzer richtig gemütlich. Die Holzdecke im Königinnenzimmer entstand innerhalb von 7 Jahren von 7 Handwerkern ohne Verwendung eines einzigen Nagels. Auch eine für damalige Zeit unübliche Toilette war schon eingebaut. Der Habsburgersaal mit gedrechselter Marmorsäule und sterngemusterter Balkendecke ist mit einer wunderschönen Ahnenmalerei von 148 Vorfahren Kaiser Maximilians geschmückt. Tische, Stühle und Kästen in der Fuggerstube sind in verschiedenen kunstvollen Schnitztechniken gefertigt. Etliche Geheimtüren im Schloss lassen der Phantasie freien Lauf. Wer sich dahinter wohl versteckt hielt? Den Abschluss bildet ein Besuch der Waffenkammer und wer bis jetzt noch nicht an Schlossgeister geglaubt hat, der wird spätestens jetzt von ihrer Existenz überzeugt sein.

Noch eine kleine Geschichte aus dem Kinder Audio-Guide gefällig? Der Kaiser hatte einen Hund, der durfte bei ihm im Bett schlafen und wärmte ihn. Er war etwas Besonderes, er nahm nämlich einen Korb und lief einkaufen. Eines Tages kam er mit einem leeren Korb, darin nur noch eine Weinflasche. Ein Meute Hunde hatte ihn überfallen. Doch der Kaiser Maximilian sollte keinen Wein trinken. So versteckte er den Wein, den ihm der Hund brachte, in seinem Schrank unter Socken und Unterhosen, um ihn in der Nacht heimlich zu genießen.

Unser nächstes Ziel lautet Schwaz, die Bergbaumetropole am Inn. Hier hat man ein Herz für Womofahrer, denn es gibt einen offiziellen Stellplatz.

(57) WOMO-Stellplatz: Schwaz

GPS: N 47°20.789'E 11°42.230'; Königsfeldweg. **max. WOMOs:** 6-7.
Ausstattung/Lage: V/E Säule, Mistkübel, ein eigener Teil auf einem gebührenpflichtigen Parkplatz, 4€/Nacht, im Ort, aber trotzdem relativ ruhig
Zufahrt: Zuerst in Richtung Stadtzentrum, entlang des Inns fahren (Andreas Hofer Straße, B171), ab hier führen grüne Schilder zum Stellplatz, über die zweite Innbrücke rechts (Swarovskistraße), zweite Straße wieder rechts zum Parkplatz.

Wir fahren von hier mit dem Bus zum **Silberbergwerk** etwas außerhalb der Stadt. Die Haltestelle liegt vom Parkplatz aus gleich beim Arbeitsamt. Hunderte Touristen drängen sich vor dem Bergwerk und wir bekommen erst in zwei Stunden eine Führung. Die Wartezeit überbrücken wir mit einem spannenden Besuch im **Planetarium** gleich nebenan. Nachdem wir wieder auf die Erde zurückgekehrt sind fahren wir mit der Grubenbahn ratternd in den engen Sigmundstollen hinein. Schwaz verdank seinen Reichtum den zahlreichen Silber- und Kupfervorkommen, die schon in der Antike bekannt waren. Im 15.Jhdt lieferte das Bergwerk 90% des Weltbedarfs an Silber und es waren ca. 1200 Knappen beschäftigt. Später erschöpften sich die Erzvorkommen und die

einst zweitgrößte Stadt der Monarchie (nach Wien) verlor rasant an wirtschaftlicher Bedeutung. Der Einsatz eines Wasserschöpfrades ersetzte auf einen Schlag 600 Mann und ein verheerender Brand im Jahre 1809 trug ebenfalls zum Untergang des Bergwerks bei. Billigeres Silber wurde aus der Neuen Welt importiert und stürzte viele Familien in die Armut. In 90 Minuten wandern die Besucher wie die Ameisen durch enge Gänge, in denen Videoprojektionen die schwere Arbeit der Bergleute zeigen. Mit geduckten Köpfen rattern wir wieder ins Tageslicht hinaus.

Der Weg führt uns weiter auf der B171 nach **Wattens** zum unübersehbar beschilderten Parkplatz von Swarovski [N 47°17.724‘ E 11°36.136`].

Mehr als 7 Millionen Besucher haben bereits seit 1995 **Swarovskis Kristallwelten** aufgesucht. Anlässlich des 100-jährigen Gründungsjubiläums schlug Andre Heller diese Installation von bleibendem Wert vor. Ein wasserspeiender Riese – als Hüter funkelnder Schätze aus der Hand internationaler Künstler - bildet das unverwechselbare Wahrzeichen. Wir betreten durch den Kopf des Riesen die blaue Eingangshalle mit Kunstschätzen namhafter Künstler wie Salvador Dali, Keith Haring, Andy Warhol, Niki de Saint und John Brekke. Entlang einer 42m mit Kristallen gefüllten Wand führt der Weg in das Innere zu mehreren Räumen wie den Kristalldom, der das Innere eines Kristalls in 590 Facetten nachempfindet und der Urraum des Riesen ist. Faszinierend geht es weiter mit dem Kristalloskop, dem Kristalltheater, der Eisgasse bis zu den persönlichen Gegenständen des Riesen. Seine gigantische Ziehharmonika verzaubert uns mit Melodien, sein Stock, Ring und seine Hand-

schuhe sind ebenfalls hier ausgestellt. So folgen noch einige Räume in denen natürlich nicht mit der Verwendung der glitzernden Steine gespart wurde.

Sofern das Wetter passt können Sie nach den vielen Eindrücken der Fantasiewelt eine gemütliche Pause im Park verbringen. Schön angelegt führt der Weg zu einem Biotop am Kopfe des Riesen und einer Aussichtsplattform. Von oben erhalten Sie Überblick über das Labyrinth in Handform und der gesamten Anlage. Zwei bunte Spielplätze sind ebenfalls vorhanden.

Öffnungszeiten: ganzjährig, täglich 9-18 Uhr (außer 1.Jän., 25.Dez., sowie 2+3. Nov. Woche) Eintritt: 8€/Person, Kinder bis 12 gratis – 2007.

Schade ist nur, dass auch dieser riesige Parkplatz mit Verbotsschildern für Wohnmobile versehen ist. Irgendwie ärgerlich, denn wem würde es hier auf Privatgrund stören, wenn sich die Besucher zur Nachtruhe zurückziehen würden?

Da kein Stellplatz in der Nähe zu finden ist suchen wir einen möglichst entlegenen **Campingplatz** nach unserem Geschmack aus.

(58) WOMO-Campingplatz-Tipp: Judenstein

GPS: N 47°15,594'E 11°30,314'; Judenstein. **offen:** 1.Mai bis Sept.
Ausstattung/Lage: WC, Warmwasserduschen, Waschmaschine (3,5 €/P, 2,5E/P, Womo 5€-2007), 30 Stellplätze, ruhige Lage.
Zufahrt: weiter auf der B171 nach Volders, Tulfes, in Rinn nach rechts den Schildern zum CP folgen. Eignet sich für einen Besuch von Innsbruck.

Jetzt ist es nicht mehr weit nach **Innsbruck**. In der Olympiastadt (Winterspiele 1964 und 1976) empfiehlt es sich nervenschonend am Stadtrand zu parken. 113.000 Einwohner leben hier im engen Inntal, umarmt vom Karwendel und wir gehen besser zu Fuß ins Zentrum. Die Altstadt ist überraschend klein und wird vom Inn, dem Marktgraben, dem Burggraben und dem Rennweg begrenzt.

Gott sei Dank wurde sie gänzlich den Fußgängern überlassen. Wir empfehlen den Weg ins Herzstück der Stadt über die Maria Theresia Straße zu wählen. Gleich am Beginn der Straße erinnert die Triumphpforte an die Hochzeit von Leopold II., dem Sohn von Maria Theresia, mit Maria Ludovica von Spanien. Wieder einmal hatten die Habsburger Ländereien erheiratet und die Pforte wurde eigens für dieses Fest 1765 erbaut. Leider verstarb Maria Theresias Gemahl Franz I. just inmitten der Hochzeitsfeier. Der Jubel der Festgäste schlug in tiefe Trauer und Bestürzung um. Deshalb bedecken Trauersymbole mit dem Bildnis des Kaisers in den Händen des Todesengels die Nordfassade.

Eine Vielzahl prunkvoller Palais wird Sie von einer Straßenseite zur anderen hinziehen und entzücken. Am Ende der Theresienstraße befindet sich das Wahrzeichen der Stadt, das **Goldene Dachl.**

Es stammt aus der Regierungszeit **Kaiser Maximillians** und wurde im 15. Jahrhundert als Zuschauerloge an die alte Burg angefügt. Falls Sie nachzählen möchten, genau 2738 vergoldete Kupferschindeln zieren dieses Vordach, unter dem der Kaiser standesgemäß seinen geliebten Ritterspielen im Hof beizuwohnen pflegte.

Die Brüstung des ersten Stockwerks trägt die Wappen der Steiermark, Österreichs, Ungarns, das Wappen des alten Deutschen Kaiserreichs (Doppeladler) und Wappen vom Deutschen Königreich (Adler und Goldenes Vlies). Den umtriebigen Sohn Kaiser Maximilians, den allseits bekannten Frauenschwarm Philipp den Schönen, zeigt das nächste Wappen. Die schöne Frau am Wappen daneben stellt Maximilians zweite Ehefrau dar. Gegenüber prangt am Schluss das Wappen von Tirol. Schräg gegenüber dem **Goldenen Dachl** finden Sie das Heblinghaus in der Herzog-Friedrichgasse, das mit seiner verschwenderischen Rokokofassade eines der schönsten Häuser der Altstadt darstellt. Gleich hinter dem Goldenen Dachl befindet sich die Hofburg. Auch sie wurde unter Maximilian gebaut, aber später von Maria Theresia umgestaltet. An edlem Baumaterial haben die Habsburger auch hier nicht gespart. Der mit Stuckmarmor ausgekleidete Festsaal misst 31,5m und das Deckenfresko aus dem Jahre 1776 stammt von Franz Anton Maulpertsch. An den Wänden hängen Bilder von Marias Theresias zahlreichen Kindern und an der Vorderwand ist sie selbst neben ihrem Gatten Franz und ihrem ältesten Sohn Josef dargestellt.

Wir wandern weiter zur **Hofkirche**, deren Eingang auch gleich zum **Tiroler Volkskundemuseum** führt. Die Wahl fällt wirklich schwer, was sollen wir uns zuerst ansehen? Die Entscheidung fällt auf das grandiose Mausoleum Maximilians in der Hofkirche. 28 überlebensgroße Bronzestatuen, die **„Schwarzen Mander“** bewachen das leere Grabmal des Kaisers in der ehemals gotischen Hallenkirche. Es handelt sich um Vorfahren und Verwandte sowie Gestalten aus Geschichte und Sagenwelt. Wie Schachfiguren stehen sich die eindrucksvollen Gestalten auf

dem schwarzweißen Marmorboden gegenüber. Vor lauter Begeisterung hätten wir bald übersehen, welch schöner Renaissancechor hinter dem schmiedeisernen Gitter verborgen liegt. Es darf überall fotografiert werden, das zahlreiche Wachpersonal hat nichts dagegen und mischt sich diskret unter die Touristen.

Kaiser Maximilian

Tirol entstand im 12.Jhdt. unter gräflicher Herrschaft und fiel im 14.Jhdt. an das Haus Habsburg. Kaiser Maximilian begründete im 15.Jhdt. die Tiroler Linie der Habsburger. Maximilian wurde 1459 in Wr. Neustadt (Niederösterreich) geboren. Als Sohn Friedrichs III. war er erfolgreicher als sein Vater. Im Jahr 1500 beerbte er die Grafen Görz und gewann damit Osttirol. 1504 eroberte er Kufstein, erwarb Rattenberg, Kitzbühel und Teile von Oberösterreich. Durch seine Heirat mit der reichsten Erbin von Europa wurden die Habsburger kulturell und wirtschaftlich immer reicher.
Zusätzlich brachte ihm die Heirat die Mitgliedschaft zum Orden des Goldenen Vlies. Die Ordensritter hatten Steuer-, Maut- und Zollfreiheit, mussten aber 16 adelige Vorfahren nachweisen können und der katholischen Religionsgemeinschaft angehören.
Seine geliebte Frau Maria von Burgund starb in jungen Jahren bei einem Reitunfall und er ehelichte später die Mailänderin Bianca Maria Sforza. Geschickte Heiratspolitik brachte den Habsburgern ein seit dieser Zeit treffendes Sprichwort ein:

Bella gerant alii, felix Austria, nube.
Nam quae Mars aliis, dat tibi regna Venus.

Für alle die der lateinischen Sprache nicht mächtig sind bzw. in der Schule nicht damit gequält wurden lautet dies:
Lass andere Kriege führen. Du, glückliches Österreich, heirate.
Denn was sonst anderen Mars verschafft, beschert dir Venus.
Kaiser Maximilian liebte Innsbruck so sehr, dass er auch hier begraben werden wollte. Er ließ sich ein prunkvolles Mausoleum in der Hofkirche erbauen, doch im Zorn über seinen Schuldenberg verwehrte man ihm diesen letzten Wunsch. Maximilian starb 1519 in Wels und wurde in seiner Geburtsstadt Wr. Neustadt begraben.
Wegen seiner Liebe zu ritterlichen Turnieren trägt er bis heute den Beinamen „Der Letzte Ritter“.

Eine breite Treppe führt hinauf zur Silbernen Kapelle aus dem Jahre 1587. In einer Nische links beim Eingang schlummert die Gemahlin Ferdinand des II. die **„Schöne Welserin“** Philippine Welser. Ihre kalte Marmorgestalt verleitet dazu, ihr sanft übers bleiche Gesicht zu streichen. Auf der Altarwand steht eine aus Silber getriebene Madonna und in unmittelbarer Nähe das Grabmal Ferdinand des II. Seine knieende Gestalt in vollem Harnisch neigt sich zum Altar und wurde vom flämischen Meister Alexander Colin geschaffen. Was es mit den zahlreichen unvollständigen Wandmalereien auf sich hat konnten wir nicht in Erfahrung bringen. Beim Hinausgehen vergessen Sie bitte nicht das Grabmal eines nicht weniger berühmten Mannes zu würdigen. Der Tiroler Freiheitskämpfer **Andreas Hofer** liegt hier begraben, eine Statue aus weißem Marmor bekrönt seine letzte Ruhestätte und deshalb gilt die Hofkirche als Tiroler Nationalheiligtum.

Andreas Hofer wurde 1767 geboren. Der Einfall der ungeliebten Bayern um 1806 und deren Diktat der Säkularisierung führte zu Widerständen unter der Bevölkerung Tirols. 1809 kam der Konflikt unter der Führung von Andreas Hofer zum Ausbruch. Am nahen Berg Isel blieb er mehrfach siegreich, doch dann wendete sich das Blatt und er musste fliehen. Sein Versteck wurde verraten, es kam zur Gefangennahme und Verurteilung zum Tode. 1810 starb er in Mantua durch Erschießen und wurde endgültig zur Legende. Da Andres Hofer sicher kein Revolutionärer war, trieb ihn eher Vaterlandstreue, sein katholischer Glaube und Loyalität in den Tod, ein echter Tiroler eben.

Das angrenzende **Tiroler Volkskundemuseum** befasst sich mit Volkskunst des gesamten tiroler Raumes, einschließlich Südtirols. Über zwei Stockwerke verteilt finden Sie alte Weihnachtskrippen, gemütliche Stuben vom gotischen bis zu barockem Stil, Musikinstrumente, Masken, religiöse Volkskunst, Geräte und Werkzeuge, nichts wurde hier vergessen.

Weitere Sehenswürdigkeiten in Innsbruck sind der **Dom zu St. Jakob** direkt neben der **Hofburg**, das **Zeughaus** in der Zeughausgasse und der **Alpenzoo**. Eine Fahrt mit der **Hungerburgbahn** und anschließend mit der Seilschwebebahn aufs Hafelekar bieten einen herrlichen Rundblick übers Inntal und die Stubaier Alpen.

Doch das Parkticket zwingt uns zur Rückkehr zum Womo. Obwohl wir nur wenige Minuten überzogen haben, prangt bereits ein Strafmandat von 21 Euro auf unserer Scheibe. Nach kurzem Blick auf Autos mit Tiroler Kennzeichen müssen wir leider feststellen, dass die liebe Innsbrucker Stadtregierung, unserer Meinung nach, bevorzugt Touristen abzockt. Wir haben genug und unsere Route führt jetzt weiter in Richtung Vorarlberg bis zur **Silvretta.**

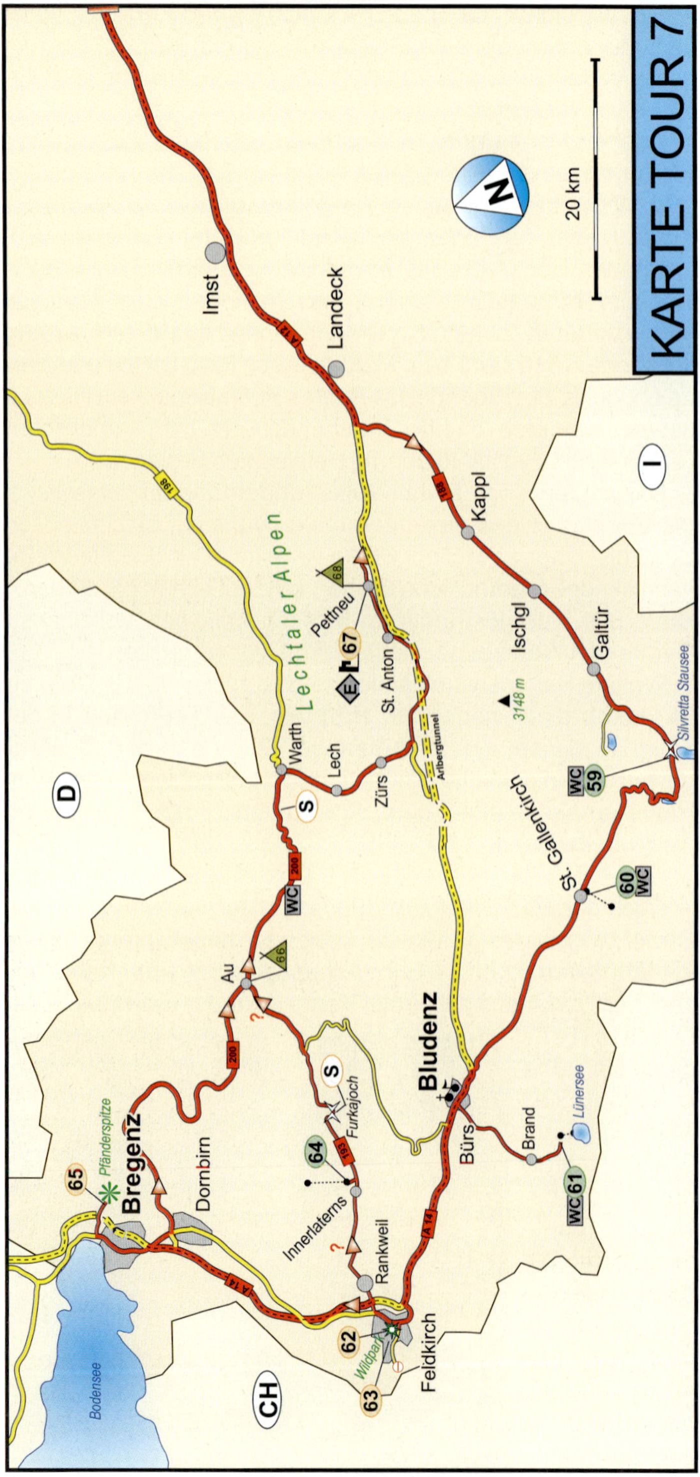
KARTE TOUR 7
20 km
N
D
CH
I
Bodensee
Bregenz
Pfänderspitze
Dornbirn
Feldkirch
Wildpark
Rankweil
Innerlaterns
Furkajoch
Au
Bludenz
Bürs
Brand
Lünersee
St. Gallenkirch
Silvretta Stausee
Galtür
Ischgl
Kappl
Landeck
Imst
Warth
Lech
Zürs
St. Anton
Pettneu
Arlbergtunnel
Lechtaler Alpen
3148 m
A 14
A 12
200
193
188
198
WC
S
E
59
60
61
62
63
64
65
66
67
68

TOUR 7 (ca. 190 km / 5-6 Tage)

Silvretta - Bludenz - Feldkirch - Bregenz - Arlberg

Freie Übernachtung:	Bielerhöhe, Gafreschabahn, Lünerseebahn, Feldkirch Wildpark und Waldbad, Innerlaterns, Pfänderspitze, Arlberg Camping
Campingplätze:	Köb in Au, Pettneu
Ver-/Entsorgung:	WC Gafreschabahn, WC Lünerseebahn, WC Bregenzerwaldstraße, Arlberg Camping
Besichtigen:	Wassererlebnisstollen, Bludenz, Wildpark Feldkirch, Sommerrodelbahn Innerlaterns, Bregenz
Wandern:	Bielerhöhe, Silvrettastausee, Lünersee, Furkajoch

Von Innsbruck kommend nehmen wir die Abfahrt von der S16 (vorher A12) 145 gleich nach dem Tunnel und folgen der Beschilderung zur **Silvretta Hochalpenstraße**. Wir passieren die weltbekannten Schigebiete Ischgl und Galtür und sind über die wuchernden Hotelkomplexe und den Massentourismus entsetzt. Nachdem wir die Mautstelle erreichen und 15 Euro für Womos bis 3,5t (18 Euro für Womos über 3,5t – 2007) berappen, steigt die äußerst gut ausgebaute Strecke gemächlich an.

Übrigens, die Hochalpenstraße ist je nach Wetter- bzw. Schneelage nur von Juni bis Oktober geöffnet. Der Anlass zum Bau dieser hochalpinen Straßenverbindung war der Bau der

Bielerhöhe

Kraftwerksanlagen der Vorarlberger Illwerke AG. Die 1954 für den öffentlichen Verkehr freigegebene Silvretta-Hochalpenstraße der Vorarlberger Illwerke AG hat in den vergangenen 30 Jahren nichts von ihrer Attraktivität eingebüsst. Im Gegenteil, eine halbe Million Besucher jährlich machen diese Straße zu einer der beliebtesten Österreichs. Insgesamt sind auf der 22,5km langen Strecke 32 Kehren zu überwinden. Auf der Vorarlberger Seite ist das max. Gefälle trotzdem aber nur 13%.

Schon am Anfang der **Bielerhöhe** zeigt uns ein Vorwegweiser, dass es einen Dauerparkplatz für Pkws und Wohnmobile gibt. Also fahren wir über die Kuppe bis nach rechts eine Einfahrt (Schotterstraße) zum großflächigen Dauerparkplatz führt.

(59) WOMO-Wanderparkplatz: Bielerhöhe

GPS: N 46°55.136‘ E 10°5.378‘; Bielerhöhe **max. WOMOs:** 5-6.
Ausstattung/Lage: Müll, WC bei Parkplatz an der Stauseemauer.
Zufahrt: Laut Beschreibung direkt nach Bielerhöhe.

Silvretta Stausee

Vom Wanderparkplatz aus erreichen wir in Kürze die Bootsstation am Silvrettastausee. Der Bootsführer nennt uns die Namen der Gipfel, die um den türkisgrünen Stausee liegen und erwähnt, dass es sich hier um das am höchsten Punkt Europas fahrende Motorboot handelt. Im Süden sehen wir den schneebedeckten Gipfel des Silvrettahorns (3244m) und angrenzend den Kleinen und Großen Piz Buin, der sich höchster Gipfel Vorarlbergs rühmen darf (3312m).
Wir haben uns für eine „Überfahrt“ (2,90€/P, 1,70€/Kind – 2007) entschlossen und verlassen das Schiffchen wieder am gegenüberliegenden Seeufer. Somit haben wir uns etwa eine Stunde der Gesamtwanderzeit zur Wiesbadener Hütte erspart. Von nun an wandern wir an gemächlich wiederkäuenden Kühen vorbei. Der Schotterwanderweg steigt etwas an, das Wetter meint es heute besonders gut mit uns und schenkt uns eine glasklare Sicht auf die vor uns liegenden 3000er Gipfel. Retour nehmen wir dann den Weg am westlichen Stauseeufer.

Für die gesamte Strecke zur Wiesbadener Hütte (inkl. 1 mal Schifffahrt) sollten 5 Stunden eingerechnet werden. Wieder zurück, lassen wir den Tag bei Sonnenschein an der naheliegenden Kapelle im Grünen ausklingen.

Am nächsten Morgen verlassen wir die Bielerhöhe und fahren am Vermuntsee vorbei bis einige Kehren danach die Holzeingangstür zum **Wassererlebnisstollen** zu sehen ist. Etwa 100m vorher ist ein Parkstreifen auf der linken Straßenseite (Bushaltestelle).

Gustav

Von Ende Juni bis Ende September können sich hier Besucher vom **ehemaligen Transportstollen** verzaubern lassen. Der Stollen führt 2,5km durch den Berg. Beim Durchqueren kommt aber keine Langeweile auf, denn multimediale Installationen, ausgestellte Bilder sowie die **Lokomotive „Gustav“** warten im Inneren besichtigt zu werden. „Gustav“ erzählt uns von der Zeit als er noch als Dieselzugfahrzeug durch den Stollen tuckerte, bis ihm sogar einmal der Sprit ausging. Wenn Sie am anderen Ende des Stollens ankommen,

dürfen Sie noch schnell eine (projizierte) Sprengung durchführen. Als wir wieder das Tageslicht erreichen stehen wir bei der Bergstation der Vermuntseilbahn. Am Retourweg nehmen wir die Abzweigung nach „Gustav", kommen ins Freie und gehen zur Staumauer des **Vermuntstausees**. Und uns zieht es schon wieder weiter!

(60) WOMO-Wanderparkplatz: Gafreschabahn

GPS: N 47°0.865' E 9°59.380'; St. Gallenkirch **max. WOMOs:** 3-4.
Ausstattung/Lage: WC während Öffnungszeiten des Sesselliftes, am Ortsrand.
Zufahrt: Nach Ortschaft Gortipohl kommt eine Tankstelle, nach links ist die Gafreschabahn beschildert.

Dann haben wir noch den **Valisera-Bahn Parkplatz** in St. Gallenkirch (mit Ketten verhängt), sowie den **Vandans Golmerbahn Parkplatz** (Nachtparkverbot) abgegrast. Also die Fahrt zu den beiden Parkplatzen können Sie sich zumindest sparen, falls Sie hier nächtigen wollen.

Also fahren wir weiter nach **Bludenz**. Ein kurzes Stück auf der A14 bis zur Ausfahrt Bludenz-Bürs, dann nach Bürs und Brand. Wir schlängeln uns durch das 14km lange Brandnertal. Linkerhand sehen wir durch die Schlucht hindurch das sogenannte „kleine Matterhorn" Vorarlbergs.

Die Straße endet bei der Talstation der **Lünersee-Gondelbahn**. Von allen Seiten sind wir von 2000m hohen, steil aufragenden Felsen umgeben. Vom geräumigen Parkplatz aus gibt es die Möglichkeit den „Bösen Tritt" (wegen Steinschlag nicht unbedingt empfehlenswert) oder bequemerweise die Gondelbahn hinauf zum See zu wählen. Die Bahn fährt von 8 bis 16:55 Uhr (Mittagspause) und bringt Wanderer in nur 5 Minuten, entlang der schroffen Felswand, um 5,20€ (Bergfahrt – 2007) zum Lünersee auf 1979m hinauf. Rund um den See laden zahlreiche Wege zum Wandern ein und die Douglashütte bei der Seilbahn Bergstation sorgt für Speis und Trank.

(61) WOMO-Wanderparkplatz: Lünerseebahn

GPS: N 47°4.029' E 9°45.248'; Brand **max. WOMOs:** 3-4.
Ausstattung/Lage: WC während Öffnungszeiten des Sesselliftes.
Zufahrt: Ende der L82, sehr entlegen, teilweise enge und etwas steile Zufahrt auf den letzten Kilometern.

Unsere Wanderpläne für den nächsten Morgen fallen ins Wasser. Dicke Nebelschwaden ziehen an den Gipfeln vorüber und es schüttet wie aus Schaffeln gegossen. Also ziehen wir eine Stadtbesichtigung vor. **Bludenz** liegt am Schnittpunkt vom Klostertal Richtung Arlberg, dem Montafon Richtung Verwall und Silvretta, dem Brandnertal und dem großen Walsertal. Diese strategisch günstige Lage führte zum Ausbau einer Burgstadt. 1329 erhielt Bludenz das Stadtrecht und sein fabelhaftes Einhorn-Wappen. 1394 wurde der ehemals Montafoner Besitz an Österreich verkauft und bis 1744 unter Habsburger Vogteigewalt gestellt. Reste der alten Stadtbefestigung werden Sie bei einem Stadtspaziergang deutlich erkennen. Das obere Stadttor ziert Herzog Friedrich V. von Österreich. Im Inneren des Stadttores ist das Bludenzer Stadtmuseum untergebracht.

Das untere Stadttor und Mauerreste in der Pulverturmgasse zeugen von einer starken Stadtbefestigung. Die angrenzende **Stadtpfarrkirche hl. Laurenzius** erreichen Sie über einen gedeckten Stiegenaufgang, in dem sich auch ein Kriegerdenkmal für die Gefallenen und Vermissten der Stadt befindet.

Der mächtige gotische Bau wird von einem Glockenturm mit Turmzwiebel beherrscht. Geht man eine Runde um die Kirche herum so erkennt man die vier Evangelisten in den Turmecken. Die Kirche wurde 1514 nach einer Brandkatastrophe auf den Boden eines 806 bestandenen karolingischen Gotteshauses wieder aufgebaut. Der Glockenturm kam erst später nach den Plänen des Feldkircher Jesuitenpaters Maximilian v. Lerchenfeld dazu.

Im Inneren sind 5 Altäre aus Bingser Marmor aufgestellt. Das Hochaltarbild stellt die Gottesmutter mit dem Jesukind sowie die beiden Heiligen Laurentius und Andreas dar.

Die Seitenaltäre zeigen die Taufe Jesu, den hl. Antonius v. Padua, den hl. Borromäus und den Tod Josefs. Die 14 Kreuzwegstationen und die Seitenaltäre stammen von Bludenzer

Künstlern. Im Turm schlägt ein Uhrwerk aus dem Jahre 1924.

Nach Bludenz suchen wir eine Nächtigungsmöglichkeit im Großen Walsertal (Ludesch – Sonntag – St. Gerold – Schnifis), werden aber nicht fündig. Also fahren wir Sie lieber gleich nach Feldkirch.

Feldkirch setzt sich aus mehreren Stadtteilen zusammen und mittendrin liegt der erholsame Ardetzenberg mit den Wildgehegen. Hier wurde ein wunderbares Naherholungsgebiet für die Bevölkerung geschaffen und wir sind froh, denn ein geeigneter Platz für die Nacht ist uns gewiss.

Schattenburg

Hirsche, Ziegen, Schweine, Esel und viele andere Tiere haben hier im Wald einen Lebensraum gefunden. Sogar zwei possierliche Murmeltiere lassen sich blicken und vernaschen in Windeseile Erdnüsse und Apfelstücke.

Im schattigen Laubmischwald gibt

es 2 und 3km lange Spazierwege und als es zu regnen beginnt bieten uns die Kronen der Buchen einen wunderbaren Regenschutz. Über die Weinbergstiege wandern wir dann noch in Richtung Altstadt hinunter. Über den Ill-Steg geht es vorbei am Wasserturm zur Schattenburg aus dem 13.Jhdt. Auch hier herrschten die Grafen von Montfort. Unter Graf Friedrich von Troggenburg und Vogt Hans von Königsegg wurde fleißig umgebaut. Bis 1773 war die Burg Vogtsitz und bis 1811 ein Gefängnis. Seit 1825 besitzt die Stadt Feldkirch die **Schattenburg** und hat ein Heimatmuseum eingerichtet.

Über die Neustadt, den eigentlich ältesten Teil der Stadt geht es zur Dompfarrkirche hl. Nikolaus. Das im Inneren durch eine Säulenreihe geteilte Kirchenschiff ist mit einem spätgotischen Netzgewölbe bekrönt und von den Außenmauern strahlt der bunte Schein unzähliger Glasfenster in den dunklen Raum. Die gotischen Flügelaltäre verleihen dem Raum ein schlichtes, reduziertes Ambiente. Über die Herrengasse wanden wir am Katzenturm vorbei und machen noch einen Abstecher zum Marktplatz, um die schönen, alten Bürgerhäuser zu fotografieren. Laubengänge säumen den schmucken Platz, bunte Fassaden und goldene Zunftzeichen prägen das Bild. Im südlichen Teil befindet sich die Johanniskirche, ehemals Klosterkirche des Johanniterordens. Über die Weinbergstiege flüchten wir wieder in den beschaulichen Wald hinauf zu „unseren“ Tieren und genießen einen Murmeltierschlaf.

(62) WOMO-Stellplatz: Wildpark Feldkirch

GPS: N 47°14.579‘ E 9°35.702‘; Weinberggasse. **max. WOMOs:** 2-3.
Ausstattung/Lage: im Grünen, schräger, geräumiger Parkplatz, ideal für Stadt- und Wildparkbesuch.
Zufahrt: von Bludenz A14 kommend, Abfahrt Feldkirch Frastanz, in Richtung Feldkirch Zentrum (Vorarlberger Straße L190, noch vor dem Tunnel links den Schildern zum Wildpark folgen. Die Zufahrt ist teilweise eng und steil.

Als Alternative, leichter zu erreichen gibt es noch einen **Parkstreifen** beim **Stadion bzw. Waldbad.**

(63) WOMO-Stellplatz: Feldkirch Stadion, Waldbad

GPS: N 47°15.407' E 9°35.039'; Stadionstraße. **max. WOMOs:** 2-3.
Ausstattung/Lage: ebener Parkstreifen am Ortsrand, Mülltrennungsstelle.
Zufahrt: vom Zentrum Feldkirch, durch Tunnel und gleich danach bei Tankstelle rechts in die Hammerlestraße bis zum Kreisverkehr (2.Ausfahrt), dann noch ca. 200m. Das Stadion sowie Waldbad sind teilweise beschildert. Noch etwa 150m weiter ist der Waldcampingplatz.

Uns zieht es wieder in die Berge, also nach **Rankweil**, dann auf der L51 weiter bis **Innerlaterns** zum Schigebiet bzw. zur **Sommerrodelbahn**. Ein nicht übersehbares Schild führt uns das letzte Stück einige Kehren hoch bis zum Parkplatz des Schigebietes. Zum Nächtigen müssten Sie sich auf den vorderen Asphaltteil stellen, denn der hintere große Parkplatz ist als Tagesparkplatz ausgewiesen.

(64) WOMO-Wanderparkplatz: Innerlaterns Kühboden

GPS: N 47°15.647'E 9°44.681'; Kühboden. **max. WOMOs:** 1-2.
Ausstattung/Lage: Tisch & Bank, Toilette, Rundwanderweg/außerorts.
Zufahrt: laut Beschreibung, nach Innerlaterns, dann ist Schigebiet bzw. Sommerrodelbahn beschildert.
Sonstiges: WC bei Talstation, Sommerrodelbahn und Gasthaus am Parkplatz. Nächtigen nur im vorderen Teil, die große Parkfläche ist ein Tagesparkplatz.

Nach der Ankunft am Parkplatz sind wir kaum mehr zu halten, denn wir wollen gleich unseren Rodelspass haben. In der Rodel sitzend werden wir den Berg hinaufgezogen. Dann geht es rasant die Blechwanne über Brücken, Unterführungen und Stege hinab. An den Seiten der Rodelbahn stehen Schafe, wobei sie sich von unseren Rennleistungen kaum beeindrucken lassen. Nach dem Mittagessen wandern wir den Berg zum Fitness-Parcour hoch.

Öffnungszeiten Sommerrodelbahn: ab Anfang Juni bis Ende Oktober täglich 10 bis 18 Uhr, im Mai nur an Wochenenden, 3 Fahrten 13,50 €, 5 Fahrten 20,50 €/Erwachse.

Wenn Sie jetzt auf der L51 weiter nach Osten fahren kommen Sie zum **Furkajoch**. Achtung: Die Straße ist stellenweise nur einspurig und weist beachtliche Steigungen auf bis man endlich die Passhöhe auf 1761m erreicht! Am **Furkajoch** angelangt genießen wir einen grandiosen Weitblick über die Almenlandschaften. Am Parkplatz ist wie erwartet ein **Nachtparkverbot**, also müssen wir die etwas besser ausgebaute Straße auf der Ostseite des Furkajochs wieder hinunter fahren und kommen schlussendlich auf der Bregenzerstraße L200 bei Au hinaus. Sollten Sie nicht vorhaben in der reizvollen Region um das Furkajoch zu wandern würde ich diesen Abkürzer **nicht** unbedingt empfehlen!

Es geht weiter über die Autobahn A14 nach **Bregenz** und zum Parkplatz am Pfänder hinauf. Also als Erstes in Richtung Bregenz Zentrum, dann durch in Richtung Lochau. Etwa einen Kilometer nach der BP Tankstelle (L190 Reichsstraße) weist nach rechts ein Schild zum Pfänder hinauf. Es sind dann noch 7,5km auf der Pfänderstraße L1 zu überwinden. Die Straße ist teilweise ein wenig eng, doch oben werden Sie mit einem großzügigen Parkplatz belohnt.

(65) WOMO-Stellplatz: Pfänderspitze

GPS: N 47°30.705‘ E 9°47.028‘; Pfänderstraße. **max. WOMOs:** 5-6.
Ausstattung/Lage: Parkgebühr 5€/Tag (2007), Mülltrennung, ruhige Lage und schöner Ausblick, ideal für Stadtbesichtigung mit Pfänderbahn, viele Gasthäuser in wenigen Minuten zu Fuß erreichbar.
Zufahrt: laut Beschreibung.

Wir befinden uns nun auf über 1000m Seehöhe auf dem **Hausberg der Bregenzer** und haben einen wunderschönen Blick hinunter zum **Bodensee**. Gerne stellen wir uns auf den gebührenpflichtigen Parkplatz, denn ein ruhigeres Plätzchen – glauben Sie uns – gibt es in ganz Bregenz und Umgebung nicht zu finden. Außerdem fährt die nahe Pfänder Seilbahn direkt in die Stadt hinunter, also steht einem entspannten Bregenzbummel nichts mehr im Wege.

Pfänderseilbahn

Wir drehen das Rad der Zeit zurück bis um Christi Geburt.

Bodensee

Die Römer siedelten hier in Brigantum, von dem sich der heutige Name Bregenz ableitet. 400 Jahre später wanderten alemannische Volksstämme durch das Land und brachten den noch heute lebendigen Dialekt nach Vorarlberg.

Weitere 200 Jahre später sorgten irische Mönche für die Ausbreitung des christlichen Glaubens in Österreich. Die Altstadt, die sogenannte Oberstadt zeigt noch heute Reste von mittelalterlichen Stadtmauern. Über dem äußeren Torbogen prangt ein Sandsteinrelief der römischen Göttin Epona. Das spätromanische Original finden Sie allerdings im Vorarlberger Landesmuseum am Kornmarktplatz. Es beherbergt eine breite Palette kultur- und kunstgeschichtlicher Sammlungen von der Urzeit bis zur Gegenwart. In der Unterstadt befindet sich die Seekapelle hl. Georg aus dem 17.Jhdt. Das Besondere an ihr ist, dass sie früher direkt am Ufer des Bodensees stand. Durch Aufschüttungen wurde dem See laufend sehr viel Land abgerungen und die Kapelle „wanderte“ in die Stadt hinein. Die Altstadt mit ihren drei kurzen Straßenzügen und den zwei kleinen Plätzen lässt sich leider nicht mit anderen Hauptstädten wie z.B. Salzburg

vergleichen. Vergeblich sind wir in den menschenleeren Gassen auf der Suche nach einem preiswerten, guten Speiselokal. Es ist Sonntag und die Touristen stehen vor verschlossenen Souvenirgeschäften. Etwas enttäuscht wandern wir zur Seepromenade und erfreuen uns der bunten Schiffchen am Bodensee. Zahlreiche Seerundfahrten werden angeboten, darunter eine Nostalgiefahrt mit einem originellen Dampfboot. Auch Ausflugsfahrten nach Lindau oder zur Blumeninsel Mainau stehen zur Auswahl. Bei einer gemütlichen Bootsfahrt können Sie unübersehbar die Festspielbühne am Seeufer erkennen. Seit 1946 finden alljährlich großartige Opernaufführungen hier statt und weit in den Himmel ragende Kulissen wechseln sich ab. Ein riesiges, aufklappbares Auge der Tosca-Inszenierung beobachtet unser kleines Boot und die Möwenschar um uns herum. Wir verabschieden uns von einem Wasservogel, der mitten im See in einem Holzhäuschen einsam brütet. Wir haben ihn gleich einmal Robinson getauft und kehren zurück zur Seilbahn. Lautlos entschweben wir mit 50 weiteren Touristen.

Bei der Bergstation erfreut ein **Tierpark** mit Rehen, Hirschen und anderen heimischen Tieren die zahlreichen Besucher. Der Rundweg führt auch zu einer Art Adlerwarte wo es im Sommer zweimal täglich eine **Greifvogelflugschau** zu sehen gibt. Vorbei am Richtfunksender statten wir noch der kleinen Holzkapelle einen Besuch ab. Ein Zimmerer und damaliger Besitzer der Pfänderalpe baute sie nach 1929 zum Dank für die Genesung seiner Gattin. Die **Theresienkapelle** ist immer noch im privater Hand und wird von den Besitzern liebevoll gepflegt.

Noch etwas zum Bodensee. Er gehört größtenteils den Deutschen und ist deren größter (571,5km²) und tiefster (254m) See. Er wird auch Schwäbisches Meer genannt und vom Rhein durchflossen. Im Großraum Stuttgart ist er bedeutend für die Trinkwasserversorgung. Österreich und die Schweiz dürfen sich an den kleineren Teil des Sees erfreuen.

Uns zieht es schön langsam retour in Richtung Tirol. Darum nehmen wir die A14 bis zur Ausfahrt Dornbirn Nord und dann die L48 in den Bregenzerwald. Schon zu Beginn einiger Ortschaften empfangen uns die freundlichen Schilder mit den durchgestrichenen Wohnmobilen. In Au hätten wir vorgehabt noch einmal vor der Fahrt über den Arlberg, wegen Mangel an Stellplätzen, auf einem Campingplatz zu nächtigen. Leider ist dieser aber komplett überfüllt und wir werden wirklich freundlich – das muss schon erwähnt werden – weitergeschickt.

(66) WOMO-Campingplatz-Tipp: Familie Köb in Au

GPS: N 47°18.971'E 9°59.915'; Neudorf 358 in Au. **offen:** ganzjährig (vom 15.09. - 15.10 nur auf Anfrage).
Ausstattung/Lage: 30 Stellplätze, Schibus, Einkaufsmöglichkeit in der Nähe, nahe der Straße
Zufahrt: in Au, nach Osten fahrend auf der rechten Straßenseite

Dies wäre der letzte Campingplatz bzw. erlaubte Nächtigungsmöglichkeit vor dem Arlberg gewesen. Also geht es für uns weiter. Auf der L200 Bregenzerwaldstraße kommen noch eine **Parknische mit WC Anlage** (Entsorgung) sowie eine Imbissbude [N 47°15.667' E 10°5.460`]. Noch einige Serpentinen, dann sehen Sie bereits einen schönen, großen Parkplatz auf 1668m [N 47°16.048' E 10°7.728`] mit Almenhütte (Jausenstation) auf der rechten Seite. Von dort aus führen die Lifte des Schigebiets Warth-Arlberg weg. Wir bezahlen Parkgebühr um eine Pause einzulegen. Auch hier wird ausdrücklich darauf hingewiesen, dass (nur für Wohnmobile !) ein Nachtparkverbot gilt. Schade! Wenn Sie sich die Parkgebühr sparen wollen, dann kommt ein Stück weiter ein Parkstreifen auf der rechten Seite.

Etwas enttäuscht erreichen wir die (zu) touristischen Ortschaften Lech, Zürs und St. Anton und suchen den Campingplatz (Sportranch) in Pettneu auf. Als Erstes kommt die Zufahrt zum kostenpflichtigen Stellplatz bzw. Campingplatz Arlberg Camping.

Arlberg Camping

(67) WOMO-Stellplatz: Arlberg Camping

GPS: N 47°8.702‘ E 10°20.302‘; Stanzertaler Landesstraße, Pettneu.
max. WOMOs: 50.
Ausstattung/Lage: offizieller Stellplatz, V/E, Wohnmobilwaschbox, Müll, WC. Autobahn und Zug sind zu hören, Gebühren Sommer 12€, Winter 15€ + Taxe, ganzjährig geöffnet. Alternativ kann auch der Campingplatzteil benutzt werden. Jeder Stellplatz hat sein eigenes Waschhäuschen.
Zufahrt: Vom Arlberg kommend, auf der Stanzertaler Landesstraße L68 ist der Platz etwa in der Mitte von Pettneu nach rechts beschildert. Die Straße führt nach unten, unter einer Bahnunterführung durch bis zum CP.

(68) WOMO-Campingplatz-Tipp: Sportranch Pettneu

GPS: N 47°8.863‘ E 10°20.762‘; Stanzertaler Landesstraße, Pettneu
offen: ganzjährig.
Ausstattung/Lage: kleinerer, parzellierter Campingplatz, Müll, V/E, Preise Sommer 2007 – Stellplatz 6€, Person 5€, Kind 3€, Hund frei, + Taxe und Umweltabgabe.
Zufahrt: am Ortsende von Pettneu.

Hier endet die Vorarlbergroute und wir fahren wieder auf die Autobahn A12 in Richtung Osten.

Warth-Arlberg

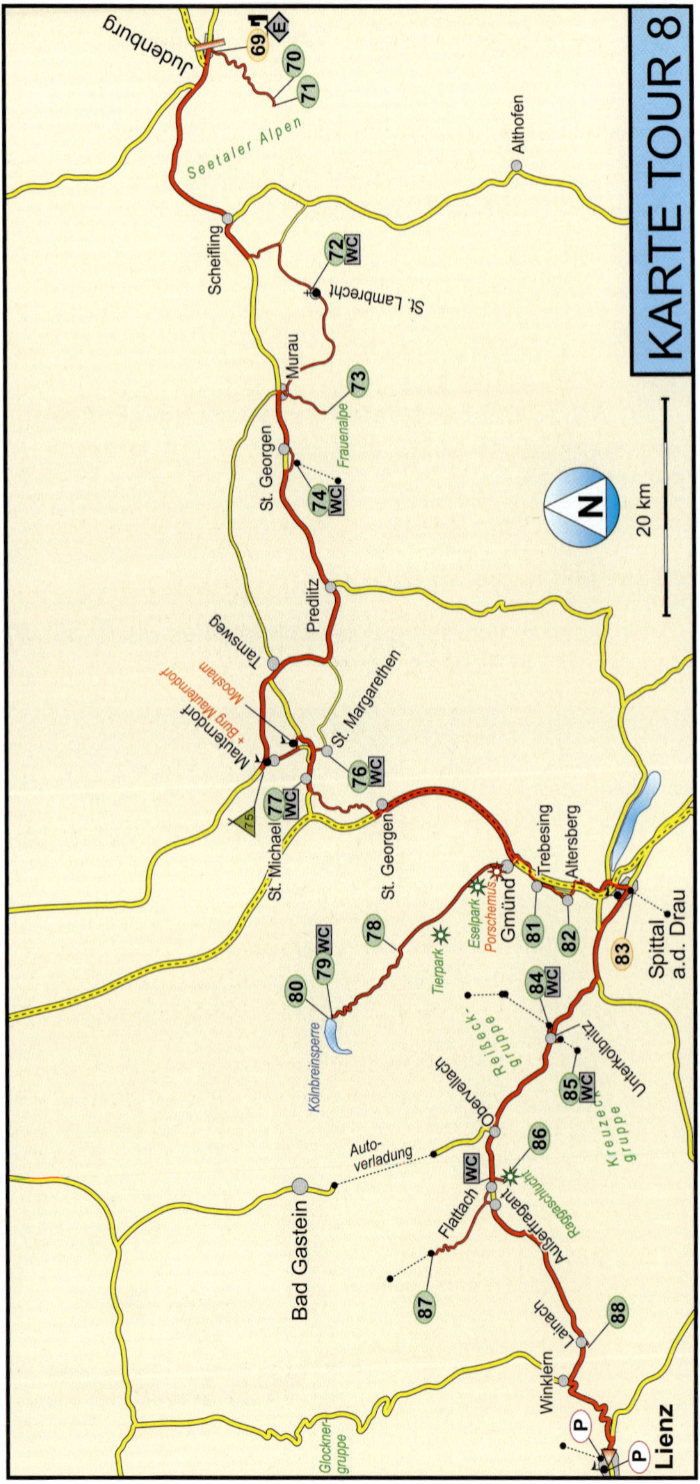

KARTE TOUR 8
Judenburg
69
70
71
Seetaler Alpen
Althofen
Scheifling
72
WC
St. Lambrecht
Murau
73
Frauenalpe
St. Georgen
74
WC
N
20 km
Predlitz
Tamsweg
Moosham
Mauterndorf
+ Burg Mauterndorf
St. Margarethen
76
WC
77
WC
75
St. Michael
St. Georgen
Trebesing
Altersberg
Gmünd
Eselpark
Porschemus.
81
82
83
Spittal
a.d. Drau
78
79
WC
80
Kölnbreinsperre
Tierpark
84
WC
Reißeck-
gruppe
Unterkolbnitz
85
WC
Kreuzeck-
gruppe
Obervellach
86
Auto-
verladung
Bad Gastein
WC
Raggaschlucht
Flattach
Außerfragant
87
88
Lainach
Winklern
P
P
Glockner-
gruppe
Lienz

TOUR 8 (ca. 8 km / 10-12 Tage)

Judenburg - St. Lambrecht - Murau - Tamsweg - Mauterndorf - St. Margarethen - Maltatal - Trebesing - Spittal a.d. Drau - Lainach - Lienz

Freie Übernachtung:	Judenburg, Seetaler Alpen, St. Lambrecht, Frauenalpe, Kreischberg, St. Margarethen, St. Michael, Malteiner Wasserspiele, Kölnbreinsperre und -speicher, Trebesing, Altersberg, Spittal, Reisseck, Kreuzeck, Raggaschlucht, Mölltal, Lainach
Campingplätze:	Mauterndorf
Ver-/Entsorgung:	Judenburg, WC Kreischberg, WC St. Margarethen, WC Kölnbreinsperre, WC Kreuzeck, WC Reisseck
Besichtigen:	Benediktinerstift St. Lambrecht, Burg Mauterndorf, Schloss Moosham, Porschemuseum, Kölnbreinsperre, Tier- und Eselpark, Märchenmeile Maltatal, Spittal a.d. Drau, Lienz
Baden:	Erlebnisbad Judenburg, Hallenbad Spittal a.d. Drau
Wandern:	Malteiner Wasserspiele, Kölnbreinsperre, Goldeck, Reisseck, Kreuzeck, Raggaschlucht
Schi fahren:	St. Lambrecht, Frauenalpe, Kreischberg, Mauterndorf, Aineck, Goldeck, Mölltaler Gletscher, Lienz, Zettersfeld

Sie kommen aus dem Mürztal und fahren in Richtung Westen? Dann nehmen Sie ab Leoben die S36 Schnellstraße. Rasches Weiterkommen nach **Judenburg** ist somit gesichert.

(69) WOMO-Stellplatz: Erlebnisbad Judenburg

GPS: N 47°9.844‘ E 14°39.185‘; Seetalstraße. **max. WOMOs:** 4-5.
Ausstattung/Lage: Offizieller Stellplatz, kostenpflichtig, 5€ inkl. Trinkwasser und Entsorgung während der Öffnungszeiten im Bad, Info an der Badekassa/am Ortsrand.
Zufahrt: von B77 beim großen Kreisverkehr mit BP Tankstelle in der Mitte in Richtung TÜPL Seetaler Alpe, vor dem Bad links mit Wohnmobiltafel gekennzeichnet.

Wir fahren am Erlebnisbad – auf der Seetalstraße – vorbei in Richtung **TÜPL** (Truppenübungsplatz). Nach 12,5km mit 12% Steigung erreichen wir eine Kreuzung mit Wegweiser nach St. Wolfgang. Rundherum lagern Sandsäcke. Beim Wachturm hinter den Sandsackdeckungen genießen wir noch den Fernblick und anschließend eine geruhsame Nacht.

(70) WOMO-Wanderparkplatz: TÜPL Seetaler Alpen

GPS: N 47°6.383' E 14°36.317'; Seetalstraße. **max. WOMOs:** 1-2.
Ausstattung/Lage: keine/entlegen auf 1600m Seehöhe.
Zufahrt: laut Beschreibung beim Wachturm des TÜPL.

Von diesem Parkplatz aus wandern wir den Berg auf der gegenüberliegenden Straßenseite hinauf und beim Retourweg zur Soldatenkapelle. Man könnte sie auch mit dem Womo erreichen. Einfach einen Kilometer am vorher genannten Wanderparkplatz (rechts nicht nach St. Wolfgang) vorbei bis der **Glockenturm** mit einem davor liegenden kleinen See zu sehen ist.

(71) WOMO-Wanderparkplatz: Soldatenkapelle Seetaler Alpen

GPS: N 47°6.185' E 14°35.294'; Seetalstraße. **max. WOMOs:** 1-2.
Ausstattung/Lage: keine/kleiner Parkplatz am Straßenrand.
Zufahrt: laut Beschreibung, nach Truppenübungsplatz.

Unsere nächste Etappe führt uns wieder den Berg hinunter bis Judenburg und dann auf der Friesacher Bundesstraße B317 nach **St. Lambrecht**.

(72) WOMO-Wanderparkplatz: St. Lambrecht Grebenzen

GPS: N 47°4.433‘ E 14°18.667‘; Liftzufahrtsweg. **max. WOMOs:** 3-4.
Ausstattung/Lage: WC Anlage im Winter während Liftbetrieb/Ortsrand. **Zufahrt:** Liftparkplatz gleich links bei Ortseinfahrt.
Sonstiges: Schigebiet, Wanderung zu Klamm und Stift.

23 Pistenkilometer in einer Seehöhe von 1000 bis 1900 Meter sowie ein 4er Sessellift, fünf Schlepplifte sowie zwei Kinderlifte laden zum Schifahren und Snowboarden ein. Die Tageskarte kostete 2006/7 – 25,20 € pro Erwachsenen.

Sie sind in den Sommermonaten unterwegs? Dann wartet die längste **steirische Sommerrodelbahn** auf Ihren Besuch. Nach dem bequemen Aufstieg mit der Vierersesselbahn steht dem spannenden Rodelvergnügen nichts mehr im Wege. Entlang der kurvenreichen Strecke mit einer Länge von 1720 Metern bereiten die eingebauten Unter- und Überführungen besonderes Vergnügen. Nebenbei bietet sich eine wunderbare Aussicht auf **Stift Lambrecht**. Die Geschwindigkeit wird auf der hochmodernen Rodelbahn ganz frei von jedem Benützer selbst gewählt (max. 41 km/h). Geöffnet Ende Mai bis Ende September.

Vom Parkplatz aus gehen wir etwa 20 Minuten bis zum Benediktinerstift St. Lambrecht. Die Grundmauern der Stiftskirche stammen aus dem 11. Jhdt. 1160 fand die Weihe des neuen romanischen Baus statt, welcher bereits damals annähernd die Größe der heutigen Stiftskirche hatte. Nach einem Brand wurde die Kirche im gotischen Stil neu errichtet und 1421 geweiht. Stiftsführungen sind vom 1.Mai bis Ende Oktober ab 5 Personen möglich.

Hinter dem Stift weist eine Infotafel auf den ehemaligen Eisenabbau in der Region hin und wir starten mit dem Aufstieg in die **Klamm** über romantische Holzbrücken und Leitern. Über

Frauenalpe

die L502 St. Lambrechter Landesstraße fahren wir in Richtung Murau. Gleich zu Beginn der Ortschaft, noch vor den Bahngeleisen, führt eine Straße nach links zum Schigebiet Frauenalpe hinauf. Ein großes Schild hilft die Einfahrt zu finden. Jetzt folgen zig Serpentinen bis wir beim Parkplatz ankommen.

(73) WOMO-Wanderparkplatz: Frauenalpe

GPS: N 47°5.050' E 14°8.983'; Frauenalpe Straße.
max. WOMO(s): Winter 3-4 / Sommer 1.
Ausstattung/Lage: Tisch & Bank, Toilette, Rundwanderweg/außerorts.
Zufahrt: laut Beschreibung, Schildern zum Schigebiet folgen.
Sonstiges: Der großflächige Parkplatz links ist außerhalb des Liftbetriebes mit Ketten verhängt, also bleibt im Sommer nur der Parkstreifen auf der rechten Seite.

5 Schlepplifte stehen zur Verfügung. Somit ist es möglich auf eine Höhe von 2000m zu gelangen (Tageskarte 20 €). Leider waren die Lifte zu Ostern nicht mehr in Betrieb, darum schlängeln wir uns wieder die Serpentinen hinunter. Doch keine Sorge, für alle Sportbegeisterten haben wir auch um diese Jahreszeit noch ein Schivergnügen parat, den über 2000m hohen **Kreischberg**.

In **St. Georgen** verlassen wir die Murauer Bundesstraße B97 nach links laut Beschilderung. Wir überqueren die Bahngeleise der Murtalbahn und stellen das Womo problemlos auf dem riesigen Parkplatz ab.

(74) WOMO-Wanderparkplatz: Kreischbergbahn

GPS: N 47°5.983' E 14°5.217'; Kreischbergstraße.
max. WOMOs: 4-5.
Ausstattung/Lage: Parkplatz bei Liftanlagen am Ortsrand, WC während Liftbetrieb.
Zufahrt: laut Beschreibung zum Schigebiet.
Sonstiges: In der Schihauptsaison ist auch die Zufahrt auf die Wiese rechts der Straße unterhalb der Veranstaltungshalle möglich. Auf den oberen Parkflächen gibt es teilweise ein Nachtparkverbot. Weiter unten nicht.

Es herrscht Hochbetrieb, auch wenn der Schnee nur aus den zahlreich aufgestellten Kanonen bläst. Hier gibt es wirklich Pistenspaß für Groß und Klein. Snowboarder finden hier die größte Halfpipe Europas. Bei Kindern besonders beliebt das Yabaa Dabba Doo Land oder der Dinopark. Wer lieber mit dem Schlitten unterwegs sein will, der kann auf der 1200m langen Rodelbahn zu Tal brausen. Schiabfahrten in allen Schwierigkeitsgraden garantieren einen vergnüglichen Wintertag in den verschneiten Bergen der Gurktaler Alpen. Preise 2006/7: 30,50 Euro Tageskarte. Das Wintersportzentrum Kreischberg präsentiert sich im Sommer als tolles **Wandergebiet!**

Die ersten Höhenmeter absolviert man bequem in der Gondelbahn und beginnt die Wanderung schon an der Waldgrenze. Hier genießt man das sanfte Grün der Almen und das herrliche **Panorama der Tauern und Nockberge.** Die Gondelbahn fährt Juli und August, jeden Mittwoch und Sonntag von 9 bis 16 Uhr.

Wir lassen Tamsweg hinter uns und fahren direkt nach **Mauterndorf** zum Liftparkplatz Großeck – Speiereck (N 47°8.566‘ E 13°39.722‘). Direkt unter dem Großflächenparkplatz in mehreren Ebenen grenzt der Campingplatz an. Erwartungsgemäß finden wir darum ein Nachtparkverbot vor.

(75) WOMO-Campingplatz-Tipp: Mauterndorf

GPS: N 47°8.558‘ E 13°39.928‘; Katschberg Bundesstraße. **offen:** ganzjährig. **Ausstattung/Lage:** 4 Sterne, Wellnessbereich, Gasflaschentausch, Preise Winter 2006/7, 2 Personen und Womo etwa 30 € im Sommer günstiger
Zufahrt: etwa 200m vor Liftparkplatz auf der linken Seite.

Heute gelüstet uns das Schi fahren nicht, aber einige Daten zum **Schigebiet Großeck – Speiereck** wollen wir Ihnen nicht vorenthalten. Eine 8er Kabinenbahn, eine 5er Sesselbahn sowie mehrere Schlepplifte bringen Sie in **2400m** hinauf und auf 40km Pisten wieder hinunter. Tageskarte 2006/7: 31 Euro. Im Juni, September und Oktober fährt die 8er Kabinenbahn Di., Do., Sa. und So, im Juli und August täglich 9-16 Uhr.

Wir wandern etwa 45 Minuten einen gemütlichen Fußweg (Schmetterlingslehrpfad) am überfüllten CP vorbei nach **Mauterndorf**. Der Name Mauterndorf leitet sich wahrscheinlich von einer ehemaligen Zollstation aus der Römerzeit ab. Römische Meilensteine liegen als stumme Zeugen der Vergangenheit am Straßenrand. Wir studieren die Tafeln an den alten Bürgerhäusern und wandern über die historische Handelsbrücke zum Kirchenplatz und zum Brunnenwirt wo wir uns ein Schnitzel schmecken lassen.

Anschließend geht es gestärkt hinauf zur **Burg**. Die im 13.Jhdt. vom Salzburger Domkapitel erbaute Burg dient heute als Landschaftsmuseum, Kulturzentrum sowie als Erlebnisausstellung **„Lust auf das Mittelalter“**. Mit Handytonbändern bewaffnet stürmen wir die Burg. Meist wählen wir den lustigen 400er Kanal für Kinder. Hier erzählt eine historische Burgmaus wie der damalige Geistliche sich vor Flöhen schützte. Wie? Finden Sie es doch selbst heraus!

In mittelalterlicher Verkleidung dürfen wir an der Tafel des Erzbischofs Leonhard von Keutschach und seinem Gefolge teilnehmen.

Öffnungszeiten: 01.Mai bis 31. Oktober 2007 täglich 10-18 Uhr – 8,20 Euro, Wintersaison 26.Dez. bis 23. April nur Di. bis Fr. 10:30-18:00 Uhr – 6,70 €.

Das Konkurrenzschloss von Mauterndorf liegt gleich ganz in der Nähe: **Schloss Moosham** (N 47°6.160` E 13°42.342`). Führungen: Dez. bis März täglich außer Montag 11, 13 und 14:30 Uhr, ab April täglich außer Montag 9-16 Uhr zu jeder vollen Stunde – Erwachsene 8€, Kinder 4€ (2007).

Das Schloss gleicht mehr einer Burg und wurde als solche schon 1256 erstmals urkundlich erwähnt. Ab 1285 gehörte es den Salzburger Erzbischöfen und diente ihnen als Pfleggericht.

Hans **Graf Wilczek** rettete Moosham vor dem Verfall und ließ die untere der ursprünglich zwei Burgen im Stil des Historismus neu erbauen. Wilczek wollte ursprünglich eine in der Burg befindliche Holzdecke kaufen. Der Besitzer lehnte anfangs ab, doch später bot er die gesamte Burg zum Kauf an.

Schon der erste Raum entzückt uns mit einer Sammlung historischer Kutschen und Schlitten. Die wendigen Gasslschlitten oder die etwas unheimlich anmutende schwarze Kutsche von Kaiserin Maria Theresia schlummern seit Jahrhunderten unter einer 27m langen Lärchendecke mit einem durchgehenden Tram (Balken). Besonders stolz weist die Führerin im ersten Wachzimmer auf einen gotischen Holzschrank – einen sogenannten Mooshamer Giebelschrank – hin.

Später werden wir an zwei weiteren Schränken dieser Art vorbeikommen. Auch uns gefällt dieser sonderbare Schrank, der die Dachgiebeln der umliegenden, ursprünglichen Häuser symbolisieren sollte.

Graf Wilczek war ein eifriger Sammler und auch Besitzer der Burg Kreuzenstein in Niederösterreich (siehe in unserem Buch Band 59 Österreich 1.Teil).

Auch hier in Moosham hat er zu unserer Freude viele Kostbarkeiten hinterlassen. Im Südosten liegt die Schlosskapelle und über den Schüttkasten gelangen wir in das untere Schloss. Das Sagenzimmer bleibt uns leider verwehrt, dafür tauchen wir aber in die düstere Vergangenheit Mooshams ein.

In der Gerichtsstube entschied sich das Schicksal vieler armer Seelen und in der darunterliegenden Folterkammer schlug gar vielen die Stunde. Bis vor zwei Jahren nächtigte sogar ein Pfarrer in der einfachen Stube des **Schörgentoni,** um posthum die Seelen der Gepeinigten zu retten, bevor er selbst in den Himmel wanderte. Wer aber war der Schörgentoni? Über ihn wussten die Leute gar schauderhafte Geschichten zu erzählen, denn er war der **Henker vom Schloss**. Auch zu diesem Schloss haben wir wieder eine Sage zu bieten.

Ritter Konrad – Tannhäuser – im Babylonischen Turm

Im Schloss von Mariapfarr lebte als Letzter seines Geschlechtes vor langer Zeit der Ritter Konrad, der später als „der Tannhäuser" bezeichnet wurde. Stolz unternahm Konrad Ausritte mit seinem prächtig geschmückten Ross, um für Recht und Ordnung zu sorgen. Doch das Amt des Graugrafen, das er ausübte war mit Ansehen und Besitz verknüpft, doch ohne eigentliche Macht. Die Zeit der Graugrafen ging gerade zu Ende und so kam es gelegen, dass er keine Nachkommen hatte. Um zu verhindern, dass nach seinem Ableben sein Vermächtnis zerstreute, schuldigte man ihn eines Verbrechens an. Der edelmütige Konrad erwies sich als schlechter Verteidiger seiner eigenen Belange, nahm aber das Urteil, dass von seinen Widersachern gesprochen wurde aus Abenteuerlust mit Befriedigung an. Er sollte als Kreuzfahrer in das Heilige Land ziehen. Er solle den Babylonischen Turm voller Bestien durchqueren. Sollte Ihm dies gelingen, was bisher noch niemand schaffte, so zeige er seine Unschuld.

Konrad machte sich auf die Reise in ein Land, wo am Tag die Sonne die Erde verbrannte und nachts das Wasser in der Trinkflasche gefror. Endlich erblickte er den düsteren Turm, der in den Himmel ragte, am Horizont. Ein riesiges, eisernes Tor war der Zugang zu dem tierischen Inferno. Zwölf Stunden brauchte ein Ritter um den Turm zu umrunden, drei Stunden für seine Durchquerung auf dem schmalen Pfad durch das Innere, gesäumt von schauerlichen Gestalten. Lindwürmer mit zackigen Schweifen, gigantische Molche und gelbäugige Unken, Skorpione mit erhobenen Stacheln sowie Schlangen, die sich auf ihren Schuppenkörpern herumwälzten warteten auf ihre Opfer. Das schrecklichste Untier aber war der Vogel Greif, der am Ausgang des Turmes Wache hielt.

Dreiundzwanzig Stunden war ein schauderliches Gekreische und Raunen aus dem Turm zu vernehmen, nur eine Stunde – genau vor Mitternacht – hielten die Bestien inne und verfielen in einen tiefen Schlaf.

Konrad wartete bis eine Stunde vor Mitternacht, als das Eisentor aufsprang. Dann gab er seinem Rappen die Sporen und dieser stürmte an den schlafenden Bestien vorbei, die im gelbrötlichen Schein der Sumpflichter zu erkennen waren. Wie ein schwarzer Schatten schnellte er auf seinem Ross quer durch den Turm. Er konnte bereits den hellen Schein des Ausgangstores erblicken. Da schlug die Turmuhr den ersten Schlag zu Mitternacht. Noch rasender wurde der Lauf des edlen Pferdes, das den Tod im Nacken spürte. Die Ungetüme begannen sich zu regen und zu schnappen, als er das Ausgangstor erreichte. Da schlug sich die Klaue des Vogel Greif in seinen Rücken und wollte ihn vom Pferd reißen. Blitzschnell reagierte der Ritter, erhob sein Schwert und schlug die Klaue ab. Mit einem Satz sprang das Pferd hinaus in die sternenklare Nacht der orientalischen Wüste. Er war in Sicherheit und seiner Rettung der Ehre stand nunmehr nichts im Wege. Als Trophäe hatte er noch die Klaue in seiner Hand.

Die Greifklaue ist heute noch ein Symbol im Wappen von Mariapfarr. Im Moosham erinnert ein Helm mit daraufgesetzter Klaue an den Edlen Ritter Tannhäuser. Sie finden den Rüstungsteil neben den Wappen an der Wand im großen Raum mit der beschriebenen Lärchendecke.

Der Schnee knirscht unter unseren Füßen, es fröstelt uns ein wenig. In der **Schlosstaverne** flackert ein helles Feuer und die Schlosskatze zeigt uns den Weg. Wir beschließen, uns bei einem guten Mittagessen am offenen Kamin wieder aufzuwärmen. Nach dem Schloss führt die Tour auf der gleichen Straße weiter, den Berg hinab bis zur B96 Murtal Bundesstraße und dann nach rechts bis zur zweiten Einfahrt links nach **St. Margarethen**. Wir brauchen nur noch den Wegweisern zum **Aineckliift** folgen.

(76) WOMO-Wanderparkplatz: St. Margarethen Aineck

GPS: N 47°4.817‘ E 13°41.283‘; St. Margarethen. **max. WOMOs:** 3-4.
Ausstattung/Lage: WC während Liftbetrieb/außerorts.
Zufahrt: Parkplatz bei Liftanlagen.
Sonstiges: Lebensmittelgeschäft zu Fuß in 10 Min.im Ort zu erreichen.

Die Pfarrpatronin des Ortes, die heilige Margarethe gilt als eine der 14 Nothelfer. Sie wurde als Patronin der Bauern, der Gebärenden , der Fruchtbarkeit und als Fürsprecherin gegen Ungezieferplagen verehrt. Ihr Gedenktag ist der 20. Juli. Ihr Name kommt aus dem Griechischen und bedeutet „die Perle“. Vermutlich hat sie zur Zeit Kaiser Diocletians um 300 n.Chr. in Kleinasien den Märtyrertod erlitten. Ihr Attribut ist der Drache als Verkörperung des Bösen, das sie besiegt. Das Hochaltarbild der Kirchenpatronin entdecken wir in der **Pfarrkirche St. Margarethen**. Rund um die Kirche befindet sich ein kleiner Friedhof mit schmiedeisernen Grabkreuzen.

Am nächsten Morgen schnallen wir uns wieder die Schier an und fahren mit den Liften auf den 2220m hohen Aineck um dann nach **Katschberg** zu schaukeln. Tageskarte 30 Euro, Vormittag oder Nachmittag je 23 € – 9 Lifte. Sommerbetrieb An-

fang Juli bis Mitte September fährt die Sesselbahn Mo., Mi., Fr., 9-12 und 13-16 Uhr (2006/7).

Gleich neben dem Parkplatz haben wir einen **„Wasserweg“** zu einer **alten Mühle** entdeckt. Ein idealer Abendspaziergang.

Vom Liftparkplatz sieht man schon das folgende Schigebiet am gegenüberliegenden Sonnenhang. Grosseck – Speiereck von St. Michael aus wird über die B99 Katschberger Bundesstraße in Kürze erreicht. Es handelt sich um das bereits zuvor beschriebene Schigebiet von der anderen Bergseite aus.

(77) WOMO-Wanderparkplatz: St. Michael

GPS: N 47°6.023‘ E 13°38.894‘; Liftstraße. **max. WOMOs:** 1-2.
Ausstattung/Lage: WC während Liftbetrieb/außerorts.
Zufahrt: Parkplatz bei Liftanlagen
Sonstiges: Gaststätte 500 m entfernt.

Wir nehmen jetzt die **Katschberg Bundesstraße B99** bis Katschberg auf 1641m Seehöhe. Oben wären auch ausreichend Parkflächen, doch alle sind mit **Nachtparkverbotsschildern** versehen. Wenn Sie rascher unterwegs sein wollen können sie auch die Fahrt durch den Tunnel der A10 wählen. Wir fahren erst später auf die Autobahn.

Bei der **Ausfahrt Gmünd** verlassen wir die A10 um in Richtung Zentrum zu fahren. Nach einem geschätzten Kilometer kommt ein Kreisverkehr. Hier nehmen wir die erste Ausfahrt, da wir rechts zwei kostenlose Parkplätze entdeckt haben. Von hier starten wir unseren Spaziergang in die Stadt.

Quer durch den **Stadtplatz** mit dem Turm führt uns der Weg zum **Porschemuseum** (beschildert).

Kärnten war von 1944 bis 1950 die Wirkungsstätte von Prof. Dr. Ing. h.c. Ferdinand Porsche. Hier in Gmünd wurde das erste Auto mit dem Namen „Porsche" gebaut - der legendäre Porsche 356. 44 Coupés und 8 Cabrios entstanden von diesem ersten Typ im Werk Gmünd, gebaut von 300 Mitarbeitern. Helmut Pfeifhofer errichtete 1982 das private Porsche Automuseum. Zu besichtigen ist es durchgehend täglich 9-16/18 Uhr – 6,5 Euro. Ein Holzmodell vom Typ Porsche 356 wurde nachgebaut. Die auf einem Treibstock vorgetriebenen Karosserieteile wurden dem Holzmodell angepasst und nachher verschweißt. Wir bestaunen verschiedene Fahrzeugtypen dieser legendären Marke und einige andere Modelle aus vergangenen Tagen.

Unser nächstes Ziel auf unserem Spaziergang durch die Stadt ist die Alte Burg Gmünd.

Wahrscheinlich entstand die Burg im Jahre 1252. 1292 wird sie erstmals urkundlich genannt, genau wie die Stadt Gmünd, die 1346 das Stadtrecht erhält. Es folgen Belagerungen und ein Erdbeben, das der Burg zusetzt, bis sie nach einem Großfeuer 1886 verfällt. 1992 eröffnet das Burgrestaurant mit dem Aussichtsturm, das wir nun besuchen. Öffnungszeiten Burgrestaurant: Ostern bis 06.Jänner (Heilige Drei Könige).

Jetzt wollen wir aber ein besonderes Bauwerk aufsuchen, die **Kölnbreinsperre**. Also begeben wir uns zurück zum Womo, fahren ein Stückchen retour zum Kreisverkehr und bei der ersten Ausfahrt rechts auf die Maltataler Landesstraße L12. Nach 14km erreichen wir einen Wanderparkplatz auf der rechten Seite vor einer Brücke. Hier werden wir unsere nächste Nacht in Ruhe verbringen.

Dieser Parkplatz bietet sich an, falls die **Malta-Hochalm-Straße** noch im **Winterschlaf** liegt.

(78) WOMO-Wanderparkplatz:
Malteiner Wasserspiele

GPS: N 47°0.733'E 13°26.000'; Malta-Hochalm-Straße.
max. WOMOs: 1-2. **Ausstattung/Lage:** keine/nahe der Straße.
Zufahrt: laut Beschreibung in Richtung Kölnbreinsperre auf der rechten Straßenseite. **Sonstiges:** Infotafel bei Brücke, Ausgangspunkt für beschriebene Wanderung.

Ein markierter Wanderweg führt vom **Melnikfall** hinab bis zur Mautstelle und den **Bienenlehrpfad**. Anhand von 14 Tafeln bekommen wir Informationen über das Leben der Bienen, der Gewinnung von Honig bzw. über Imkerei. In einem hohlen Baumstamm beobachten wir das emsige Bienenvolk. Retour geht es über den **Oberen und Unteren Fallertumpf.**

Die **Maut** für die Fahrt mit dem Wohnmobil zur **Kölnbreinsperre** kostet 15,50 Euro. Geöffnet ist von Anfang Mai bis Ende Oktober täglich von 7 bis 18 Uhr. 14,40km beträgt die Länge der Mautstraße bis Sie auf über 1900m angelangen. Anfangs etwas ungewöhnlich, aber wildromantisch gestaltet sich ein

Abschnitt mit Ampelwechselbetrieb für den Gegenverkehr durch die einspurigen Tunnels.

Oben angekommen finden wir ausreichend Parkmöglichkeiten. Wir wählen fürs Erste den großen Parkplatz direkt bei der Staumauer mit dem Souvenirlanden.

(79) WOMO-Wanderparkplatz: Kölnbreinsperre

GPS: N 47° 4.736' E 13°20.620'; Kölnbreinsperre. **max. WOMOs:** 5-6.
Ausstattung/Lage: WC bei Souvenirgeschäft/ebener, großflächiger Asphaltparkplatz direkt bei der Sperre.
Zufahrt: Ende der Malta-Hochalm-Straße.

Im Bergrestaurant befindet sich eine Ausstellung über **Energiegewinnung** und die **„Tauernschatzkammer"**. Der Eintritt ist frei.

Dann nehmen wir an einer **Staumauerführung** teil. Die Führungszeiten erfahren Sie ebenfalls im Bergrestaurant (Führung 4€/Person – 2007).

Als Erstes gehen wir mit dem Führer die Staumauer entlang und sehen auf den 4,5km langen und 800m breiten Stausee. Bei Vollstau ist er ganze 200m tief. Die Wassertemperatur beträgt durchschnittlich 3°. Unvorstellbare 200 Millionen m³ Wasser kann der Speicher bei Vollstau aufnehmen. Die Mauer ist nach dem Prinzip einer römischen Bogenbrücke gebaut worden. Durch die Krümmung wird der axiale Wasserdruck in seitliche Schubkräfte zum Fels umgewandelt. Durch diese erstmalig angewandte Bauform fand man mit einer besonders dünnen Mauer das Auslangen. Im Gegensatz zur Kapruner Staumauer, die auf dem Masse-Schwerkraft-

prinzip beruht. Für die 30 Sperrelemente wurden 1,6 Millionen m³ Beton verarbeitet. Der Beton wurde vor Ort aus dem Gestein unter Beimengung von angeliefertem Zement hergestellt.

1930 gab es bereits erste Pläne für eine Staumauer, gebaut wurde aber erst 40 Jahre später. Die Bauzeit von 1971 bis 1978 forderte auch ihre Opfer, wie wir erst am nächsten Tag bei der Wanderung zur Osnabrückerhütte an einer Gedenkstelle lesen konnten. Die Kölnbreinsperre ist die größte Wasserkraftanlage Österreichs und arbeitet nach dem Prinzip eines Pump-Speicherkraftwerkes. Über Druckrohrleitungen führt das Wasser in den 900m weiter unten liegenden Galgenbichlspeicher und dann weitere 10km zum Gößkarspeicher. In den beiden Kraftwerken Rottau und Möllbrücke erfolgt die Stromerzeugung. Risse und

Wanderparkplatz Speicher

bauliche Mängel am Fuße der Staumauer führten zu Sanierungstätigkeiten im Jahre 1993. Es musste ein zusätzlicher Sockel betoniert werden.

Beim Gang innerhalb der Mauer sehen wir Schachtlotmessstellen, die radiale und tangentiale Verschiebungen im kleinsten Ausmaß sofort wahrnehmen würden und optisch sowie elektronisch weiterleiten. Beruhigende 7000 Messstellen sind in der Mauer vorhanden. Über 76 Stufen keuchen wir zum Ausgang und sehen hier zum Abschluss die zweite Beamerprojektion zum Thema Wasserkraft. Der Energiegewinn dieses einzigen Kraftwerks entspricht der Leistung eines Atomkraftwerks von dem wir in Österreich bisher verschont geblieben sind. Durch die speicherfähige Energie kann sogar unser bayrischer Nachbar im Notfallbetrieb mitversorgt werden. Tief beeindruckt von diesem Giganten des Maltatals verlassen wir das Innere der Sperre.

Am nächsten Morgen verlegen wir den Standort des Womos um nur wenige Meter und starten zu einer Wanderung.

(80) WOMO-Wanderparkplatz: Kölnbrein Speicher

GPS: N 47° 4.982‘ E 13°20.774‘; Kölnbreinsperre. **max. WOMOs:** 1-2.
Ausstattung/Lage: Schotterparkplatz ohne Ausstattung.
Zufahrt: nach dem großen Parkplatz der Sperre nur noch etwa 500m weiter (Schotterstraße) in Richtung Gasthof Kölnbreinstüberl.

Wir haben unsere Wanderschuhe geschnürt und ziehen vom genannten Parkplatz aus los. Am Nordufer des grün schimmernden Speichersees führt ein geschotterter Wanderweg entlang. Der Anstieg ist nur gering. Als Erstes erreichen wir die Gedenkstelle für verunglückte Kraftwerksbauer, die als Unterschlupf bei Schlechtwetter genutzt werden kann. Am Hang hinauf würde bereits ein schmaler Weg zu einer bewirteten Schutzhütte führen. Von der Hangseite fließt glasklares Wasser unter der alpinen Vegetation hindurch und bahnt sich am Granitgestein seinen Weg zum Speicher. Der durstige Wanderer hat somit die Möglichkeit, sich am kühlen Wasser zu laben. Nach etwa einer Stunde erreichen wir den Wasserfall, den wir bereits vom Wanderparkplatz aus wahrgenommen haben. Auf der anderen Seite der Brücke werden wir bereits erwartet. Ziegen schauen uns mit großen Augen an. Eine braun Gefleckte begleitet uns die gesamte Strecke bis zum nächsten Weidezaun. Am Ende des Sees sehen wir bereits unser Ziel, die Osnabrückerhütte und der markierte Weg steigt leicht an.

Nach zwei Stunden nehmen wir beim Alpenvereinshaus Platz. Wir bekommen den leckersten Schweinbraten seit ewigen Zeiten vorgesetzt. Als Dessert folgt ein hausgemachter Apfelstrudel mit Vanillesauce, schmatz! In Summe haben wir inkl. einer Stunde Pause 5 Stunden benötigt.

Nach Verlassen dieses idyllischen Ortes tuckern wir wieder die Malta-Hochalm-Straße gemächlich hinunter bis Brandstatt. Nach dem Ort weist ein Schild nach rechts (in Richtung Gmünd fahrend) zum **Tierpark Diana** hin.

Im Tierpark der Familie Mitterschaider bekommen wir heimische Tierarten, aber auch Löwen und Tiger zu sehen. In einem Schauraum beim Parkplatz sind verschiedene Tierpräparate und Trophäen ausgestellt und ein Streichelzoo erfreut unser Kind besonders. Der Eintritt betrug 2007 – 6€/Erw. bzw. 3€/Kinder.

Nur ein Stück weiter, auf der rechten Seite vor der Ortschaft Malta gibt es den **Eselpark** zu sehen. Sie werden vom kleinsten und größten Grautier Österreichs empfangen. Die Gehege sind frei zugängig und obwohl wir knietief im Dreck waten haben wir große Freude die Tiere hautnah zu erleben und zu streicheln. Geduldig warten die Esel auf reitfreudige Kinder. Widerwillig drehen sie eine Runde nach der anderen und bleiben immer wieder stocksteif stehen. Um zwei Euro Jahreseintritt sind auch noch Schweine, Ziegen, Lamas und allerlei Kleintiere zu sehen.

Unser nächstes Ziel: die **Märchenmeile Maltatal** mit dem Ausgangspunkt in Trebesing / Altersberg. Die Etappe führt uns in Richtung Autobahn (nicht auffahren), darunter durch, dann durchfahren wir die kleine Ortschaft **Trebesing**. Beim Kreisverkehr nach links ausfahren, dann kommt auf der rechten Seite ein Parkplatz.

(81) WOMO-Wanderparkplatz:
Märchenmeile Trebesing

GPS: N 46°52.859'E 13°30.615'; Trebesinger Landesstraße.
max. WOMOs: 3-4.
Ausstattung/Lage: ebener Parkplatz/durch die neue Autobahnlärmschutzmauer ruhig.
Zufahrt: oben genau beschrieben.
Sonstiges: Ausgangspunkt für Wanderung zu Märchenmeile.

Wir fahren aber weiter und gelangen anschließend auf einer **etwas steilen** und **engen** Straße nach **Altersberg**. Am Anfang des kleinen Dorfes befindet sich auf der rechten Seite ein Parkplatz mit Glas- bzw. Papiersammelbehälter.

(82) WOMO-Wanderparkplatz:
Märchenmeile Altersberg

GPS: N 46°51.450' E 13°29.483'; Altersberg. **max. WOMO:** 1.
Ausstattung/Lage: keine/Auffahrkeile notwendig da sehr schräg
Zufahrt: gekennzeichnet mit Tafel P-Märchenmeile.
Sonstiges: Ausgangspunkt für Wanderung zu Märchenmeile.

Direkt vom Parkplatz weg leitet uns die Beschilderung zur Märchenwandermeile den Berg hinauf. Nur wenige Minuten später erreichen wir die Haltestelle des Taca-Tuca-Shuttle. Dazu kommen wir aber noch später. Gartenzwerge und Riesenmarienkäfersteine zeigen uns, dass wir noch am richtigen Weg sind. Zu Beginn der Märchenmeile warten bereits Ziegen darauf, gestreichelt zur werden. Dann folgt ein Spielplatz mit Imbisshütte. Nun kommen wir bei der Hauptattraktion an. Die 175m lange und somit längste Fußgängerhängebrücke der Alpen. Sofern Sie nicht zu den Weich-

eiern gehören nehmen Sie Platz am Sessel des **Hexenrittes**. Also sausen wir an einem Seil hängend über die **Drachenschlucht** und der darunterliegenden **Hängebrücke.** So müssen sich Hexen im Flug fühlen bzw. sollte es keine mehr geben - was zu bezweifeln ist - gefühlt haben. Der Hexenritt (5€/Person) sowie die Hängebrücke sind aber nur von Mitte Mai bis Oktober benutzbar. Nach dem Hexenflug passieren wir die Hängebrücke, bezahlen den Eintritt und kaufen uns Tickets für den Shuttle-Transfer retour. Der Wanderweg führt uns weiter an Gehegen mit Eseln und Schafen vorbei bis zu einer Jausenstation. Bald darauf erreichen wir die Haltestelle des Shuttles. Ein Traktor mit Anhänger bringt uns fürs Erste nach Trebesing (Wanderparkplatz Trebesing). Wir haben noch etwas Zeit, darum spazieren wir im Ort herum und warten auf den nächsten Traktor, der uns zu unserem Wohnmobil in Altersberg zurückbringt. Die Shuttle sind von Mitte Mai bis Mitte September unterwegs.

Über die B99 geht es weiter in Richtung Süden nach Spittal an der Drau.

(83) WOMO-Stellplatz: Goldeckbahn

GPS: N 46°47.550‘ E 13°29.133‘; zur Seilbahn. **max. WOMOs:** 2-3.
Ausstattung/Lage: keine/durch Stadtnähe belebt.
Zufahrt: in **Spittal an der Drau** quer durch die Stadt in Richtung Bahnhof bzw. Hallenbad, dann am Hallenbad vorbei, unter der Bahn durch und die zweite Straße nach der Eisenbahnunterführung rechts zum Parkplatz. Rasenparkflächen rechts bei Sportgelände.

Die erste Gondel der **Goldeckbahn** bringt uns bis zur Mittelstation auf 1640m Meter. Wir wollen aber ganz hinauf und steigen in die zweite Gondel bis zur Gipfelstation Goldeck auf 2059m. Wir wandern bis zum Gipfelkreuz und dann zwei Stunden bis zur Mittelstation. Im oberen Bereich stehen dann 5 Schlepp- und ein Sessellift zur Verfügung. Wer die Pisten im Winter ausreichend erkundet hat, der begibt sich auf die 8,5km lange schwarze Talabfahrt. Ein Shuttlebus fährt dann retour zur Seilbahntalstaion. (Sommer: Berg- und Talfahrt 15,50 €/Person, Juni-Sep., täglich 9-17 Uhr)

Die Stadt liegt an der Mündung der Lieser in die Drau und es entwickelte sich eine Siedlung, die 1242 erstmals erwähnt wurde. Wir spazieren zum **Schloss Porcia** am nordwestlichen Teil des Hauptplatzes. Hier residierte von 1620 bis 1918 die italienische Adelsfamilie Porcia. Das Ganze hat auch irgendwie das optische Erscheinungsbild eines Palazzo, bedingt durch die Rundbogenfenster, Türme und den dreigeschossigen Arkadenhof. Gebaut wurde das Schloss 1527 unter Gabriel Salamanca. Im zweiten Obergeschoss ist seit 1958 das Museum für Volkskultur eingerichtet. Hier erfahren Sie alles über die Geschichte und Volkskunde von Oberkärnten. 47 Themenbereiche werden präsentiert. Der nostalgische Volksschulsaal gefällt uns ganz besonders gut. Öffnungszeiten: 15.April – 26.Okt. 9-18 Uhr 5 € (2007). Der Schlosspark wurde 1812 öffentlich zugängig gemacht und befindet sich direkt hinter dem Schloss.

Abends gehen wir vom Stellplatz aus 10 Minuten in das **Hallenbad** um uns zu erfrischen.

(84) WOMO-Wanderparkplatz: Reisseck

GPS: N 46°52.710' E 13°19.234'; Zandlach. **max. WOMOs:** 2-3.
Ausstattung/Lage: WC bei Seilbahnstation/ruhig bis auf Eisenbahnstation in der Nähe.
Zufahrt: P2 der Talstation Reisseckbahnen, von der Mölltal Bundesstraße B106 nach rechts den Schildern zu den Bahnen folgen.

Auch wenn Sie 17 Euro für die Berg- und Talfahrt am **Reisseck** abschrecken, sei Ihnen versichert, Ihr Geld ist gut angelegt. **Drei Bergbahnen** führen hintereinander in die atembe-

Wanderp. Reisseck

raubende Welt der **Reisseckgruppe**. Die Standseilbahn ist wegen ihrer extremen Steigung bis 82% wirklich spektakulär. Nach 3,5km erreichen wir die Schoberbodenstation in **2237m Seehöhe.**

Jetzt führt ein **Bummelzug** den schmalen Felsgrat entlang und durch ein nicht enden wollendes Tunnelsystem hindurch. Als wir das Tageslicht wiedersehen sind wir bei der Endstation Hotel Reisseckbahn angelangt. Wir wandern 20 Minuten hinauf zum Mühldorfersee, einem der vier Staudämme der Reisseckgruppe. Etwas oberhalb befindet sich der **zweite Staudamm,** der Kleine See. Insgesamt wurden beim 1959 beendeten Bau der Kraftwerksanlagen vier Karseen aufgestaut. Der Kleine und der Große Mühldorfersee, der Radlsee und der Hochalmsee. Die Rohrleitungen haben uns bei der Bergfahrt ständig begleitet und überwinden das größte Gefälle der Welt (1772m maximal). Sieben mächtige Turbinen erzeugen 307 Mill. kW/h Strom pro Jahr.

Auch die Bahn ist superlativ, weil sie sich die höchste Bergbahn Europas nennen darf. Schneegestöber – und das mitten im Juli – erschwert uns den Aufstieg und wir kehren wieder um. Leider gibt es für uns auch keine Staumauerführung. Sie wurde an diesem Tag grundlos gestrichen.

Voll wunderbarer Eindrücke kehren wir leicht durchgefroren mit der Bahn ins Tal zurück und sind von Kärnten wieder einmal restlos begeistert. Geöffnet ist von Anf. Mai bis Mitte Okt. 8-17 Uhr 17 €/P – 2007. Warme Kleidung und gutes Schuhwerk auch im Sommer sind unbedingt erforderlich!

Gleich am gegenüberliegenden Berg fährt die **Kreuzeckbahn** hoch.

(85) WOMO-Wanderparkplatz: Kreuzeck

GPS: N 46°52.225‘ E 13°18.582‘; Unterkolbnitz. **max. WOMOs:** 2.
Ausstattung/Lage: WC bei Seilbahnstation.
Zufahrt: Talstation der Kreuzeckbahn, auf der Mölltal Bundesstraße B106 beschildert.

Die **Schrägseilbahn** fährt zum Wasserspeicher Rosswiese von Juni bis Sep. 9-17 Uhr (So. Ruhetag) auf **1200m Höhe**. Durchs Mölltal, immer dem gleichnamigen Fluss entlang geht es weit hinein in das mächtige Tauernmassiv.

(86) WOMO-Wanderparkplatz: Raggaschlucht

GPS: N 46°55.837‘ E 13°8.202‘; Schmelzhütten. **max. WOMOs:** 1-2.
Ausstattung/Lage: schräger Wanderparkplatz für die Raggaschlucht, WC 100m bei Raggaschlucht,
Zufahrt: Von der Mölltal Bundesstraße B106 nach links den Schildern Raggaschlucht folgen.
Sonstiges: Direkt auf der B106 ist noch ein Parkplatz mit WC, bzw. am Weg zum Wanderparkplatz kommen Sie an einem kleinen CP vorbei.

Vom Parkplatz aus wandern wir den **Raggabach** entlang zur Einstiegsstelle der Schlucht. Spätestens hier müssen sich Stöckelschuhtouristen umkleiden.

Über Jahrtausende schuf der Raggabach hier Schluchten und Wege in das enge Felsental. Über Leitern und Stege geht es immer bergauf. Wasserfälle stürzen tosend ins Tal. Der Rückweg führt sanft durch den Wald. Für die gesamte Rundwanderung benötigen wir etwa 2 Stunden. Es sind 6 Euro zu bezahlen. Geöffnet ist von Mai – Anfang Okt. 9/10-16/17 Uhr (2007).

Raggaschlucht

Wir fahren ein kurzes Stück durchs **Mölltal**, passieren **Flattach**, dann biegen wir rechts nach Innerfragant in wenig bewohntes Gebiet ein bis wir schließlich am großen Parkplatz der **Mölltaler Gletscherbahn** ankommen. Wir drehen den Motor ab und genießen die Ruhe der Bergwelt, als plötzlich das **Brummen einer Kraftwerksturbine** empfindlich stört. Wir haben uns etwas zu früh über unser lauschiges Plätzchen gefreut, doch ein Weiterfahren freut uns auch nicht mehr.

(87) WOMO-Stellplatz: Mölltaler Gletscherbahn

GPS: N 46°58.766‘ E 13°3.050‘; Mölltaler Gletscherbahn. **max. WOMOs:** 7-8.**Ausstattung/Lage:** extrem großer ebener Schotterparkplatz, WC während Liftbetrieb, Kraftwerk brummt!
Zufahrt: laut Beschreibung, ins Mölltal, Flattach bis die Straße bei der Gletscherbahn endet.

Dichter Nebel und Nieselregen verschleiern uns am nächsten Morgen die Sicht. Allerdings wäre der Gletscher von unten sowieso nicht zu sehen, da muss man erst einmal mit der einzigen U-Bahn Kärntens, dem **„Gletscher Express“** durch den Berg hindurch. Im Winter kostet eine Tagesschikarte 36 Euro. Dafür dürfen der „Gletscher Express“, vier Sessellifte und mehrere Schlepplifte benutzt werden, um auf das 3122m hohe Schareck zu kommen. Schibetrieb herrscht von Oktober bis mindestens Ostern (2007 bis Mitte Mai) mit nahezu 100%iger Scheesicherheit. Auch Langläufer kommen auf ihre Rechnung. Wer lieber im Sommer seine Wanderschuhe schnürt, dem steht eine Fahrt auf den Gletscher nichts im Wege. Ein Ticket für Berg- und Talfahrt mit dem „Gletscher Express“ – Gondel – Sessellift bis zur Bergstation auf über 3000m Seehöhe kostet 22,50 Euro.

Lainach

Das Gebiet der Hohen Tauern umfasst 30 Dreitausender, darunter auch den höchsten Berg Österreichs, den **Großglockner,** dem wir eine eigene Tour gewidmet haben.

Am Weg nach Lienz auf der Mölltalbundesstraße B106 benötigen wir noch einen Nächtigungsplatz. Wir werden in **Lainach** fündig.

(88) WOMO-Wanderparkplatz: Lainach

GPS: N 46°51.083‘ E 12°55.450‘; Lainach. **max. WOMOs:** 1-2.
Ausstattung/Lage: keine/ruhig.
Zufahrt: Am Ende von Lainach steht auf der linken Seite ein übergroßes Hochrad aus Metall mit Wegweiser „Freizeitanlage“. Die Straße etwa 200m hinein und dann links zur Freizeitanlage. Asphalt Eisstockbahn mit Clubhaus.

Vom Parkplatz aus finden wir eine Beschilderung zum Wasserfall und wandern den Berg hinauf, um noch einige Sonnenstrahlen zu genießen.

Jetzt verlassen wir Kärnten und erreichen Osttirol. Die Abgeschiedenheit Osttirols endete erst, als in den 70er Jahren die Felbertauernstraße gebaut wurde. Es konnte sich in diesem Landesteil eine ganz eigene Tourismuswirtschaft entwickeln. Uns wird gleich ganz warm ums Herz, als wir mitten in Tirol die ersten Palmen erblicken. Italien liegt nicht mehr fern, man merkt es leider auch am Besucherstom in der Hauptsaison, wie wir bei unserem zweiten Besuch im August feststellen müssen. Die geschäftstüchtige **Altstadt von Lienz** besteht im Herzen noch aus zahlreichen Gebäuden des Mittelalters. Am Hauptplatz thront das Wahrzeichen der Stadt, die im 17.Jhdt. von Graf Wolkenstein erbaute Liebburg. Heute dient die Burg als Rathaus der Stadt. Wir haben Glück, denn es ist Markttag und der verlockende Duft von Speck und Käse liegt über der Stadt.

Wir decken uns mit sämtlichen Schmankerln ein und nehmen auch gleich ein kuscheliges Schaffell mit nach Hause. Im Westen der Stadt liegt **Schloss Brück**. In der Nähe des Schlosses – am Hochsteinbahnparkplatz [N 46°49.878‘ E 12°45.203‘] – haben wir das Womo vorerst einmal stehen lassen.

Ca. 200 Jahre residierten die Grafen von Görz in den mächtigen Gemäuern. Im Palas befindet sich heute das Museum der Stadt Lienz. Sehenswert ist die zweigeschossige **Schlosskapelle**, die aus dem Ende des 13. Jahrhunderts stammt und um 1450 mit einem Kreuzrippengewölbe und einem polygonalen Läuteerker ausgestattet wurde. Dem bedeutenden Maler der Region, Albin Egger-Lienz wurde hier ein Denkmal gesetzt. Geöffnet ist Mitte Mai bis Mitte Oktober.

Weitere Sehenswürdigkeiten von Lienz sind die **Pfarrkirche St. Andrä** und das Bezirkskriegerdenkmal sowie das Grab von Albin Egger-Lienz.

Jetzt suchen wir das **Schigebiet „Zettersfeld“** auf. Es ist am nördlichen Stadtrand, also brausen wir wieder durch die Stadt bis zur großen Talstation des Liftparkplatzes [beschildert N 46°50.450` E 12°46.433`]. Hier wäre ein netter Nächtigungsplatz mit WC während der Betriebszeiten der Liftanlagen – doch leider gibt es das tiroler Campingverbot!

Die Seilbahn hat **Sommer- und Winterbetrieb**, also nichts wie rauf auf den Berg. Oben toben wir uns nochmals auf den letzten Schneeresten bei Sonnenschein aus und genießen während der Talfahrt den Blick auf die Lienzer Dolomiten. Unten hat uns der Frühling wieder zurück und wir wechseln unsere Winterschuhe gegen Sandalen.

Zell am See
311
Krössenbach
Kaprun
Fusch
Mautstelle
Glocknergruppe
Haus Alpine Naturschau
2597 m
Fuscher Törl
Edelweißspitze
91
Straßenbau-
museum
Goldberg-
gruppe
Kaiser
Franz
Josefs Höhe
Großglockner
3798 m
Hochtor
89
WC
90
Mautstelle
Heiligenblut
107
2383 m
Petzeck
Mörtschach
WC
Winklern
106
Lainach
Lienz
107
10 km
N
KARTE TOUR 9

TOUR 9 (ca. 100 km / 3 Tage)

Winklern - Heiligenblut - Großglockner Hochalpenstraße - Pichl

Freie Übernachtung:	Kaiser Franz Josefs Höhe, Panoramabergbahn, Fuß Edelweißspitze
Ver-/Entsorgung:	WC nach Winklern
Besichtigen:	Besucherzentrum Kaiser Franz Josefs Höhe, Swarovski-Beobachtungswarte, Haus Alpine Naturschau
Wandern:	gesamtes Großglocknergebiet

Diese Tour durch den **Nationalpark Hohe Tauern** startet in Kärnten bei Winklern (vor Lienz) und entspricht im Prinzip der gesamten **Großglockner Hochalpenstraße** mit dem Anschluss nach Salzburg bei Bruck an der Großglocknerstraße. Also nehmen wir in Winklern die Abzweigung nach **Heiligenblut (**B107). Nach etwa 2km kommt ein Picknickplatz mit WC (Entsorgung)

Kaiser Franz Josefs Höhe / Pasterze

auf der rechten Seite [N 46°53.004' E 12°53.269'].

Schon zu Ortsbeginn von Heiligenblut können wir den besonders spitzen Turm der **gotischen Pfarrkirche hl. Vinzenz** erkennen. Der Name der Ortschaft ist auf ein Fläschchen heiligen Blutes zurückzuführen, das Kaiser Konstantin VIII. dem Feldherren Brictius zum Geschenk gemacht hatte und auf seinem Heimweg von Dänemark hierher brachte. Das Grabmal von Brictius ist gleich im angeschlossenen Sakramentshaus zu sehen.

Kurz nach Heiligenblut erreichen wir die Mautstelle.

Zur Geschichte der berühmten Straße:
1924 wurde **Dipl. Ing. Franz Wallack** beauftragt, eine drei Meter breite Straße mit höchstens 12% Steigung bzw. Gefälle zu planen. Weiters sollte berücksichtigt werden, dass ein Ausbau auf 5m Breite möglich sei, bzw. genügend Ausweichen in Sichtweite geplant werden.
Der damalige Landeshauptmann Franz Rehrl gab 1928 den Anstoß zum **Bau** der Straße und im **Herbst 1929** wurde der Bau einstimmig im Salzburger Landtag beschlossen.
1930 fand die erste Sprengung in Ferleiten statt, 1931 wurde die Großglockner Hochalpenstraßen AG gegründet und der Bau ging zügig voran. Am 3. August 1935 fand die feierliche Eröffnung nach **nur 7 Jahren Bauzeit** statt.
67 Brücken, 870 tausend Kubikmeter Erde und Gestein wurden bewegt sowie über hunderttausend Kubikmeter Mauerwerk errichtet. Sogar ein Straßentelefon mit 24 Sprechstellen wurde installiert. Die Baukosten fielen niedriger als geplant aus, darum konnte zusätzlich noch die Stichstraße zur Edelweißspitze ausgebaut werden, übrigens der einzige Teil, der anstelle der max. 12% Steigung sogar 14% aufweist.
Wallack schätzte in der Planungsphase 1925 die Besucherzahl auf 120.000 pro Jahr. Bis zum Beginn des Zweiten Weltkrieges stieg der Besucherstrom aber bereits auf 375.000 pro Jahr an. In den folgenden Kriegsjahren wurde die Glocknerstraße durch Kettenfahrzeuge, einen unprofessionellen Winterdienst der Besatzungsmächte und durch Un-

wetter stark beschädigt. Der Besucherstrom fiel auf ein Minimum zurück. 1945 setzte man sich zum Ziel, die Straße möglichst rasch wiederherzustellen, was auch gelang, denn ab 1949 stieg die Besucheranzahl wieder rasant an.
Die touristische Nutzung hatte zur Folge, dass die Straße auf 7,5 bis 8m Breite ausgebaut, sowie die Kehrenradien vergrößert wurden. Die durchschnittliche Geschwindigkeit sollte von 40 auf 80km/h erhöht werden.

Gemessen an der Besucherzahl liegt die Großglockner Hochalpenstraße heute auf **Platz 2 der beliebtesten Ausflugsziele** in Österreich, dicht hinter dem Schloss Schönbrunn in Wien. Fast **900 tausend Besucher** verzeichnet das einmalige Bauwerk jährlich im Herzen des Nationalparkes Hohe Tauern. Die Straße erreicht am Hochtor die max. Höhe von 2504m. Die Gesamtlänge beträgt 48km und in Summe sind 36 Kehren zu überwinden.

Wir haben (2007) 28 Euro **Maut** für die Fahrt mit dem Wohnmobil bezahlt. Der Preis ist aber unserer Meinung nach gerechtfertigt, da es sich nicht nur um eine Maut handelt, sondern auch die Eintritte in verschiedene Museen beinhaltet sind.

Geöffnet ist je nach Witterung von Ende April bis Ende Oktober zwischen 5 bis 6 Uhr früh und 19:30 bis 21:30. Dann folgt die Nachtsperre.

Noch ein kleiner Hinweis: Der erste Wintereinbruch fand 2007 in der ersten Septemberwoche mit beachtlichen Schneemassen statt!

Als Erstes steuern wir die **Kaiser Franz Josefs Höhe** auf 2369m an. Oben angekommen stehen wir vor dem höchsten Berg Österreichs, dem Großglockner mit 3798m Höhe.

(89) WOMO-Wanderparkplatz:
Kaiser Franz Josefs Höhe

GPS: N 47°4.359‘ E 12°45.554‘; Kaiser Franz Josefs Höhe.
max. WOMOs: 6-8.
Ausstattung/Lage: großflächiger Asphaltparkplatz mit übergroßen Parkfeldern für Busse und Wohnmobile auf 2340m Seehöhe/WC beim Souvenirladen und Gasthaus (nicht immer geöffnet), Mülltrennung
Zufahrt: P1, gleich nach dem Lawinenverbau auf der Kaiser Franz Josefs Höhe weist ein Schild mit einem Wohnmobil, Wohnwagen und Bus nach links. Weiter oben ist ein Parken mit dem Wohnmobil nicht zu empfehlen (Parkhaus).

Vom Parkplatz aus marschieren wir hoch zum Besucherzentrum beim Parkhaus. Schilder mit Murmeltieren zeigen hinab in die Schlucht neben dem Weg. Überaus erfreut sehen wir auch gleich ein Exemplar in der Ferne und zoomen es mit der Kamera näher. Aber es folgt später noch mehr zu den Murmeltieren.

Im Besucherzentrum findet gerade eine Sonderausstellung über **Kaiser Franz Josef** und seiner **Gemahlin Sisi** statt. Sie haben in ihren Jugendjahren diesen Ort besucht. In den anderen Etagen nehmen wir im **Glockner-Kino** Platz und lassen uns von Impressionen der Großglocknerspitze – die wir wohl nie erreichen werden – verzaubern. Dann gibt es noch eine Ausstellung **„Faszination Eis & Gletscher"** sowie einen Kraftraum zu besichtigen (geöffnet 10-17 Uhr, freier Eintritt). Sicherlich ist Ihnen auch schon der überdimensionale Glaskristall am Hang aufgefallen. Die **Swarovski-Beobachtungswarte** - ebenfalls frei zugängig - bietet die Möglichkeit, mit Fernrohren die Pasterze oder mit viel Glück, einen Steinbock zu beobachten. Letzteres bleibt uns allerdings verwehrt.

Wir schlendern noch den **Kaiserstein Panoramaweg** entlang bis zum Denkmal Kai-

Swarovski-Beobachtungswarte

ser Franz Josefs. Wir setzten uns auf die Steine und merken plötzlich, dass sich um uns einiges bewegt. Murmeltiere nähern sich anfangs zaghaft, aus Neugier oder doch nur wegen unserer Jausenbrote? Es ist die Jause! Letztendlich lassen sich die wilden Tiere mit kleinen Brotkrümeln sogar schon mit der Hand füttern.

Unterhalb des Parkhauses fährt die **Gletscherbahn** hinunter zur Pasterze. Für ganz Sportliche bietet sich aber auch die Möglichkeit die Treppen zu nehmen, um an das Eis zu kommen. Übrigens, Gletscher entstehen dort wo die sommerlichen Temperaturen nicht ausreichen, um den im Winter gefallenen Schnee zu schmelzen. Das durch den Druck entstehende Gletschereis ist aber kein starrer Körper sondern fließt gemächlich durch die Schwerkraft zu Tal. Der 9km lange **Pasterzengletscher** schmilzt kontinuierlich, ist aber mit 19km² Fläche der größte Einzelgletscher Österreichs. Mehr dazu ist auf interessante Weise im genannten Besucherzentrum zu sehen.

Der Ausgangspunkt für die folgende Wanderung ist der Eingang zum Stollen des Gamsgrubenweges gleich neben dem Besucherzentrum.
In den sechs auf einander folgenden Tunnel erleben wir die mystische Welt des Berges. Wir bekommen Informationen zu „Wasser, Gold und Kristallen" anhand von Schautafeln.
Eine Märchensage um den Johannisberg gestaltet den Gang durch den Stollen noch interessanter und kurzweiliger. Die Sage handelt von den verschwenderischen salzburger Bürgern, die kein Mitleid mit einem alten Mütterchen hatten. In Folge wurden sie verflucht, es half kein Flüchten und die Verschwender wurden zu Steinsäulen verwandelt. Na, so kann es einem gehen!
Am Endportal des letzten Tunnels – bereits auf über 2400m gelegen – bietet sich ein grandioser Ausblick auf den gesamten Gletscher und den Großglockner. Von jetzt an steigt der Wanderweg an bis man nach etwa 2,5 Stunden den Wasserfallwinkel erreicht. Am Weg liegt noch eine Schutzhütte. Ob Sie dort bewirtet werden steht gleich beim ersten Tunnelportal an der F.J.Höhe auf einen Schild beschrieben.

Alpenmurmeltiere

Ein Murmeltier müsste man sein!
Der Alltag einer Murmeltierfamilie besteht darin, es sich auf einer wärmenden Steinplatte gemütlich zu machen und in die Sonne zu blinzeln. Nur die Wachposten am Rande des Reviers sind hellhörig.
Auf den Hinterbeinen stehend halten sie Ausschau nach Wanderern, Füchsen oder Greifvögeln. Akustisch warnen sie dann mit mehreren kurzen Pfiffen vor Feinden am Boden und mit einem einzigen, schrillen Pfiff vor Luftangriffen. Der Familiensinn ist sehr ausgeprägt, nach dem Motto: „Gemeinsam sind wir stark!" Treffen sich zwei Tiere, so erfolgt eine herzhafte Begrüßung mit Kopf- und Nasenreiben.
Viele Jungtiere bleiben mehrere Jahre bei den Elterntieren und helfen bei der Aufzucht der Geschwister. Im Frühjahr heißt es, die im Winterschlaf verlorenen Speckpolster wieder aufzubauen. So werden bis zu 1,5kg Kräuter und Gräser täglich verputzt. Der im Frühling zur Welt kommende Nachwuchs ist anfangs nackt und blind. Ein Wurf kann aus bis zu sieben Babys bestehen. 40 Tage werden sie mit Muttermilch versorgt. Anschließend wagen sie die ersten Ausflüge ins Freie.
Ihr unterirdischer Lebensraum besteht aus einem weit verzweigten System an Gängen. Sackgassen sind als Toilette gedacht, es gibt einen

Schlafraum, der im Herbst mit trockenem Gras gepolstert wird sowie mehrere Fluchtwege. Vor dem Winterschlaf – bei dem die Körpertemperatur von 36 auf 5 Grad fällt – wird der Höhleneingang noch sorgfältig mit Steinchen, Heu und Erde verstopft. Die Zahl der Atemzüge sinkt dann auf zwei pro Minute. In einem Knäuel kuschelt sich die ganze Familie zusammen mit den Kleinsten in der Mitte.

Noch einige Fakten: Der nächste Verwandte der Murmeltiere ist das Eichhörnchen. Sie werden die Nagetiere, die bis zu 70cm lang und 6kg schwer werden nur oberhalb der Baumgrenze antreffen. Murmeltiere können ein Lebensalter von bis zu 15 Jahren erreichen.

Wir bleiben im Großglocknergebiet, fahren wieder bis zum Kreisverkehr hinunter und dann in Richtung Salzburg. Bei der **Panoramabergbahn**, die Sie von 2200 auf 2604m bringt, befindet sich der nächste große Parkplatz.

(90) WOMO-Wanderparkplatz: Panoramabergbahn

GPS: N 47°4.104‘ E 12°50.586‘; Großglockner Hochalpenstraße.
max. WOMOs: 4-5.
Ausstattung/Lage: freie Lage direkt bei der Gondel-Talstation.
Zufahrt: von Kärnten kommend, Abzweigung nach Salzburg auf der rechten Seite der Großglockner Hochalpenstraße.

Am **Hochtor** erreichen wir nun wie schon erwähnt den höchsten Punkt des gesamten Straßenverlaufes. Unseren nächsten Stopp machen wir bei der Fuscher Lacke. Gleich neben dem netten, kleinen Bergsee steht ein hölzernes Häuschen mit der **Ausstellung „Bau der Straße“** (freier Eintritt). Es sind Dokumente und Statistiken sowie originale Baupläne zu sehen. Die Bauarbeiter haben in der damaligen Weltwirtschaftskrise verhältnismäßig gut verdient. Aus körperlichen und gesundheitlichen Gründen (durch die „dünne“ Bergluft auf über 2000m) waren aber nicht alle in der Lage, den Job lange auszuführen. Einen Schilling betrug der Sold pro Tag für einen Bauarbeiter

plus Zulagen und freier Logie. Beim Vergleich der Kaufkraft zu heute stellt sich heraus, das z.B. Bahnfahren wesentlich billiger geworden ist, die Miete von Wohnungen aber viel teurer ist. Nur Haareschneiden ist umgerechnet genau gleich geblieben wie vor 70 Jahren.

Nun geht es weiter zum Fuße der Stichstraße, zur **Edelweißspitze**. Hier finden wir wieder einen geräumigen Parkstreifen. Leider spielt uns jetzt aber das Wetter nicht mehr mit und die Berge versinken im einer Nebelsuppe. Schade!

(91) WOMO-Wanderparkplatz: Fuß Edelweißspitze

GPS: N 47°7.063' E 12°49.724'; Edelweißspitze. **max. WOMOs:** 3-4.
Ausstattung/Lage: keine/breiter Parkstreifen, etwas schräg.
Zufahrt: auf der Großglockner Hochalpenstr. zur Edelweißspitze.

Unser letzter Halt findet beim **„Haus Alpine Naturschau“** statt (freier Eintritt). Dort werden anhand teilweiser animierter Schautafeln, Projektionen und Bildern naturwissenschaftliche **Fakten** über die **Fauna und Flora der Hochgebirgsregion** dargeboten. In einem eigenen Raum wird man maßstäblich zu einem Insekt und sieht die umliegende Welt aus der Käferperspektive. Also, so ein Käfer muss sich vor „Riesenmäusen“ ganz schön in Acht nehmen!

Im Freigelände gleich nebenan vervollständigen ein **botanischer Lehrweg** und eine **Gesteins- und Flechtenausstellung** das dargebrachte Thema über das karge Leben dieser Bergregion. Der Lehrweg vermittelt dem Besucher die prächtige Alpinflora. Anschauliche Lehrtafeln und große „Flechtensteine" informieren über die interessante Welt der Flechten, die besonders im Hochgebirge ein wichtiger Bestandteil der Ökosysteme sind.

Bei den einzelnen Attraktionen erhalten Sie einen Folder über das Glocknergebiet. Es gibt nämlich noch weit mehr Wandermöglichkeiten und Sehenswürdigkeiten auf dieser Route. Auf der Salzburger Seite endet dann die Mautstraße bei Ferleiten und Sie können weiter an die nächste Tour anschließen.

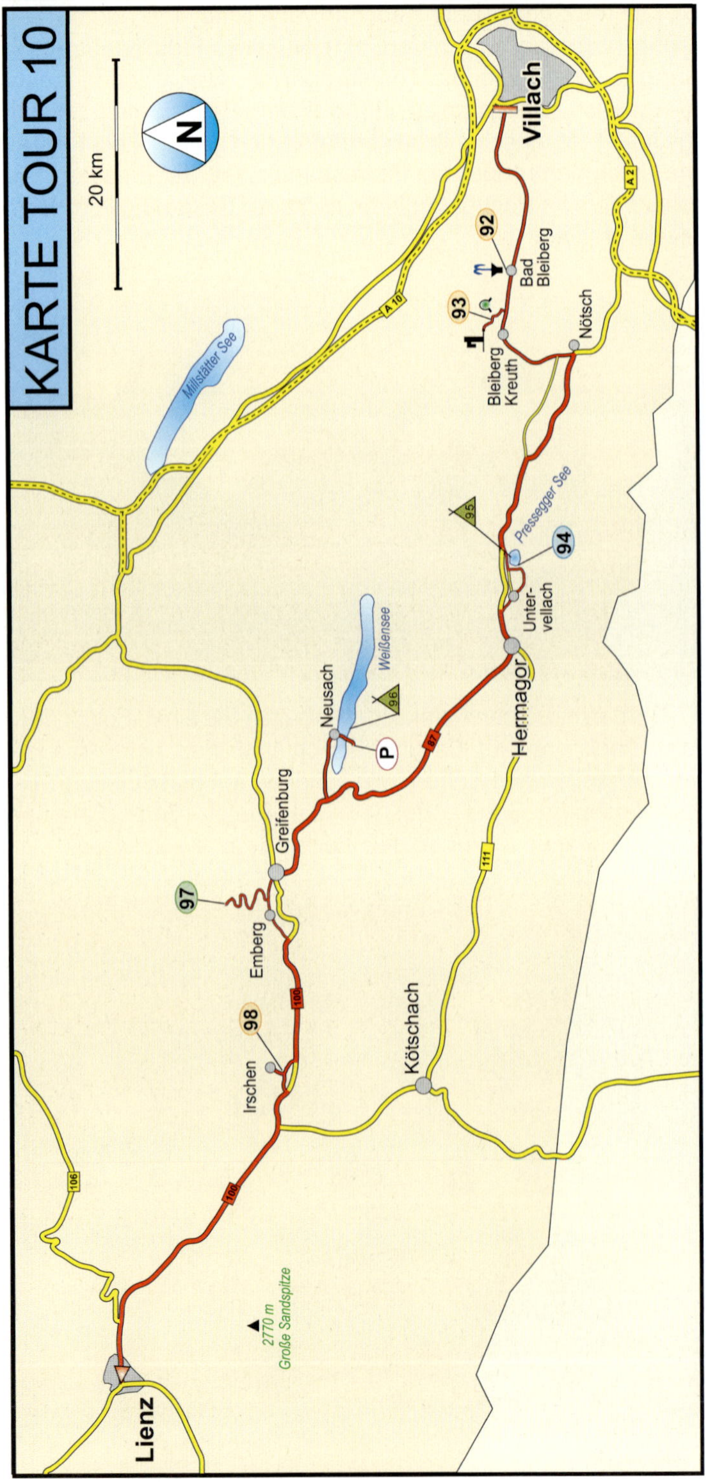
KARTE TOUR 10
20 km
N
Millstätter See
A 10
Villach
A 2
92
Bad Bleiberg
93
Bleiberg Kreuth
Nötsch
95
Pressegger See
94
Unter-vellach
Hermagor
Weißensee
96
Neusach
P
87
Greifenburg
97
Emberg
111
100
98
Irschen
Kötschach
106
2770 m
Große Sandspitze
Lienz

TOUR 10 (ca. 140 km / 4-5 Tage)

Villach - Bleiberg - Hermagor - Greifenburg - Irschen - Lienz

Freie Übernachtung:	Bad Bleiberg, Terra Mystica, Emberger Alm, Irschen
Campingplätze:	Schluga (Pressegger See), Knaller (Weißensee)
Ver-/Entsorgung:	Terra Mystica (Wasser)
Besichtigen:	Bleibergwerk,
Baden:	Therme Bad Bleiberg, Pressegger See, Irschen
Wandern:	Emberger Alm
Schi fahren:	Emberger Alm

Die Tour startet in Villach und führt nach Lienz.
Die Geschichte von **Bleiberg** ist vom Blei- und Zinkbergbau geprägt. Der Bergbau begann wahrscheinlich im 13. Jhdt und wurde erst 1993 eingestellt. Um das 13.Jhdt. stammen auch die ersten Schriften über das Metall Blei. Zwischen 1480-1500 kam es zu einer ersten Blüte des Bergbaus. Der Bergrichter Georg Ainichhofer verfasste die Neue Bamberger Bergwerksordnung für Bleiberg, die von Bischof Weigand von Bamberg erlassen wurde. Nach den Wirren der beiden Weltkriege kam es 1946 zur Verstaatlichung. Ein ungewollter Warmwassereinbruch 1951 in einen Stollen führte in glücklicher Folge zur Errichtung des Thermalbades. 1978 wurde der Gemeinde das Prädikat „Bad“ verliehen. Es kam zu großen Modernisierungen im Bergbau und in der Verhüttung, aber die Schließung im Jahre 1993 konnte nicht verhindert werden.

Rudolfsstollen

Wo einst die Bergknappen Blei und Zink schürften suchen wir heute die **Therme Bleiberg** auf, um in dem heilsamen Mineralwasser, das aus einem unterirdischen See sprudelt und mit wichtigen Spurenelementen angereichert ist, zu baden. Vorher spazieren wir noch rechts an der Therme vorbei und finden den aufgelassenen Rudolf Stollen. Anschließend aber nichts als rein zu den Familienbecken mit Whirlpool und zu der kleinen Kinderrutsche. Im Sommer wäre auch ein Freigelände mit Außenbecken zu benutzen. Öffnungszeiten Therme: täglich 9-20 Uhr, Sonn- und Feiertag 10-20 Uhr, Eintritt 9 € Erw. , Abendkarte ab 17:00; 6,50 € Erw.

(92) WOMO-Stellplatz: Therme Bad Bleiberg

GPS: N 46°37.617‘ E 13°40.383‘; Bleiberger Landesstraße.
max. WOMOs: 2-3. **Ausstattung/Lage:** nahe der Straße.
Zufahrt: Beschilderung zur Therme folgen.

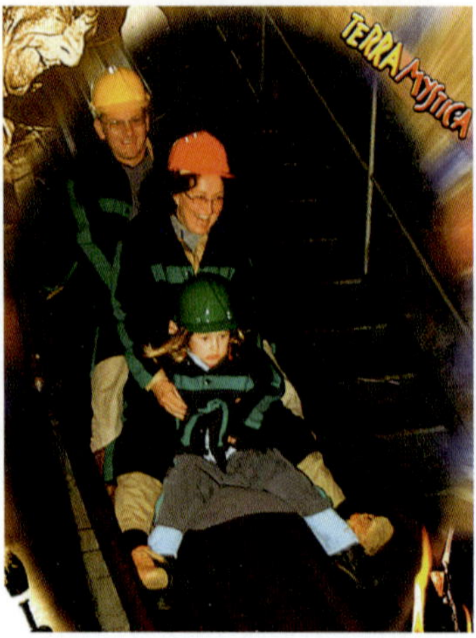

Unser nächstes Ziel ist besonders schnell erreicht. Nach nur etwas über einen Kilometer auf der Bleiberger Bundesstraße L35 weist ein unübersehbares Schild nach rechts zum **Schaubergwerk „Terra Mystica“**. Wir biegen ein und fahren in Richtung Eingang. Davor wären schon einige geeignete, ebene Kundenparkplätze, doch wir wollen ganz hinauf! Also, links am Eingang vorbei bis zum höchstgelegenen Parkplatz beim ehemaligen (?) Hubschrauberlandeplatz, gleich neben der gelben Grubenbahn mit den Hunten. Nur wenige Gehminuten noch weiter befindet sich ein Friedhof mit einer kleinen Kapelle, davor ein Wasserhahn.

(93) WOMO-Stellplatz: Terra Mystica

GPS: N 46°37.704‘ E 13°38,880‘; Bleiberger Landesstraße.
max. WOMOs: 2-3. **Ausstattung/Lage:** Wasserhahn vom obersten Parkplatz ca. 100m entfert vor Friedhof bei Kirche / mehrere großflächige Parkebenen, teilweise Schotter und Asphalt.
Zufahrt: laut Beschreibung.

Den Erlebnisstollen sollten Sie sich auf keinen Fall entgehen lassen. Öffnungszeiten: 1. Mai-Juni / Sep.-Okt. - **Terra Mystica**: täglich 11 und 13 Uhr - **Terra Montana**: täglich 15 Uhr / Juli – August Terra Mystica: täglich 9:30 bis 15 Uhr - Terra Montana: täglich Einfahrt um 16 Uhr / Nov.-April: Jeden

Samstag um 15 Uhr Führung sowie Palmsonntag bis Ostermontag. Erwachsene: 16,- Kinder: 9,- Kombikarte Terra Mystica + Terra Montana Erwachsene: 22,-; Kinder: 11,- (2006).

Nachdem wir mit Hose, Janker und Helm ausgestattet worden sind und eine Projektorvorführung beäugelt haben, begeben wir uns in die sagenumwobene, geheimnisvolle Wunderwelt. Wie ein Pfeil flitzen wir zu dritt die **längste Bergmannsrutsche Europas (68m)** hinunter zur Grubenbahn. Unten wird eine mystische **Show mit Licht- und Toneffekten** vorgeführt, die die Entstehung der Erde zeigt. Es folgen Informationen über die Wirkung von Naturheilkräften und über den Wunderheiler Paracelsus, der natürlich auch als Puppe in seinem „Labor" experimentiert. Übrigens, wie immer in derartigen Stollen sollte nicht auf entsprechende Kleidung vergessen werden, denn schön langsam bekommen wir konstante +8 Grad zu spüren und der gesamte Rundgang der Terra Mystica und Terra Montana beträgt 1,5 Stunden.

Über einen scheppernden **Schachtaufzug** werden wir in Kleingruppen zum historisch-wissenschaftlichen Teil des angeschlossenen Bergbaumuseums mit 700 Jahren Bergbaugeschichte gebracht. Während wir detaillierte Informationen über eine nachgebaute Wasserradfördermaschine bekommen, verschwindet unser Kind mit einer Gruppe anderer Forscher in den Schächten, um mit einer Taschenlampe ausgerüstet auf Schatzsuche zu gehen (Aufpreis).

Nach einer Viertelstunde hüpft uns Nina wieder voller Begeisterung entgegen, denn sie hat einen Halbedelstein gefunden und darf ihn als Souvenir behalten. Gegen Ende besuchen wir ein Bergbaumuseum und die Ausstellung **„Terra Humoristika"** mit witzigen Porzellanskulpturen (im Preis inbegriffen). Zusätzlich decken wir uns noch mit einigen Kleinigkeiten im Souvenirladen ein. Fazit: ein Erlebnis, das seinen Preis wert ist!

Auf unserer Fahrt in den Westen passieren wir das Nordufer des **Pressegger Sees**. Hier gibt es einen Erlebnispark, der von Mai bis September täglich geöffnet hat. 15 Euro (2007) kostet der Eintritt für den Erlebnispark inkl. Eintritt in die Badezone. Im Erlebnisteil können dann verschiedene Fahrattraktionen so oft man möchte gratis benutzt werden.

(94) WOMO-Campingplatz-Tipp: Schluga Seecamping

GPS: N 46°37.799' E 13°26.137'; Passriacher Landesstraße.
offen: Mitte Mai bis Mitte - Ende September. **Ausstattung/Lage:** direkt am See, neben Freizeitpark.
Zufahrt: laut Beschreibung.

Für alle, die ein Plätzchen zum frei Stehen suchen, haben wir folgenden Tipp. Fahren Sie etwa einen Kilometer nach dem CP weiter in Richtung Untervellach, dann links in die Passriacher Straße L26 zum Ostufer des **Pressegger Sees** und dann folgen Sie der Beschilderung zum Strandbad Oswald.

(95) WOMO-Stellplatz: Freibad Presseger See

GPS: N 46°37.350' E 13°43.444'; Passriacher Straße.
max. WOMOs: 1-2. **Ausstattung/Lage:** direkt beim Freibad.
Zufahrt: laut Beschreibung.

Der **Strandbadparkplatz Oswald** ist der Ausgangspunkt für eine Seeumwanderung. Wir marschieren im Uhrzeigersinn um den See. Der Weg führt großteils in Ufernähe entlang. Nur am Nordufer muss der Gehweg auf der Straße benutzt werden. Im Wasser tummeln sich unzählige Frösche, die nur darauf warten, von uns angetupft zu werden. Für die Umrundung benötigen wir gemütliche 2 Stunden.

Übrigens, sofern Sie an einem See frei nächtigen wollen sollten Sie diese Möglichkeit nutzen denn nun geht es über die etwas rumpelige B87 zum **Weißensee**. Das 11,5km lange Gewässer liegt idyllisch in einem **Landschaftsschutzgebiet** eingebettet und hat Trinkwasserqualität. Wir finden zwei Parkplätze. Einen gleich zu Beginn des Sees, den Zweiten nach der Fahrt am Nordufer bis zur Brücke, dann darüber. Dort gibt es ein Informationszentrum mit WC und frei zugängiger Fischausstellung, nach der Brücke links und gleich wieder rechts (beschildert). Der großflächige Parkplatz wäre ganz nett, doch ist die gesamte Region um den See mit Nachtparkverbotsschildern zugepflastert. Als Nächtigungsmöglichkeit bietet sich somit nur einer der beiden CP mit eingeschränkten Öffnungszeiten an. CP Knaller befindet sich gleich in der Nähe des Infozentrums.

Weißensee Infozentrum

(96) WOMO-Campingplatz-Tipp: Knaller Weißensee

GPS: N 46°42.845' E 13°17.793'; Techendorf.
offen: Anfang Mai bis Mitte Oktober. **Ausstattung/Lage:** gegenüber dem Strandbad, Strandbadbenützug inbegriffen, Hunde nur in der Nebensaison erlaubt. **Zufahrt:** laut Beschreibung.

Bei Greifenburg biegen wir nach links in die Bundesstraße B100/E66 um nach etwa 300-400m (nach dem Fluss) wieder nach rechts zur Emberger Alm abzufahren. Jetzt scheinen die Serpentinen nie zu enden. Die Zufahrt ist eng und teilweise steil (15° Steigung) bis wir den Wanderparkplatz erreichen. Ein Stück weiter oben ist ein zusätzlicher Parkstreifen, falls der unterer Parkplatz überfüllt bzw. im Winter / Frühjahr noch nicht schneefrei gemacht wurde. Bei unserer Anreise hatte uns die Finsternis der Nacht eingeholt, darum sind wir am nächsten Morgen umso mehr überrascht, als sich uns ein imposanter Ausblick über die Gailtaler Alpen bis nach Italien bietet. Bei den Schiliften steht ein „Bergwegweiser", damit wir die Bergkuppen besser zuordnen können.

(97) WOMO-Wanderparkplatz: Emberger Alm

GPS: N 46°46.5000' E 13°9.467'; Emberg. **max. WOMOs:** 1-2.
Ausstattung/Lage: schräger Parkstreifen vor Pensionen oder kleiner Wanderparkplatz bei letzter Serpentine vor „Privatstraße". Achtung: Auch im Frühjahr entfällt ein Teil der Parkmöglichkeiten durch Schneemassen. **Zufahrt:** sehr steil und teilweise eng (!), laut Beschreibung.
Sonstiges: Gaststätte und Schilifte, 1761m Seehöhe.

Sie wollen sich die Zufahrt zur Alm eher sparen? Der nächste Platz ist rasch und leicht zu finden. Einfach auf der B100/ E66 bis zur Irschener Landesstraße L17 bis vor die Ortschaft Irschen. Etwa einen halben Kilometer vor Irschen gabelt die Straße. Rechts geht es zum Sportzentrum mit Wiesenparkplatz.

(98) WOMO-Stellplatz: Irschen Sportzentrum

GPS: N 46°44.950' E 13°1,167'; Irschener Landesstraße.
max. WOMOs: 1-2. **Ausstattung/Lage:** Freibad und Fußballplatz.
Zufahrt: laut Beschreibung in Richtung Dorf Irschen.

Irschen ist für seine **Kräutergärten** bekannt und entzückt durch seine Lage einer Sonnenterasse gleich über dem Drautal auf über 800m Seehöhe. Im Hochsommer können Sie das **Muki-Freibad** gleich hinter dem genannten Parkplatz zur Abkühlung nutzen. Die Tour endet in Lienz. Sie können auf Tour 9 weiterfahren.

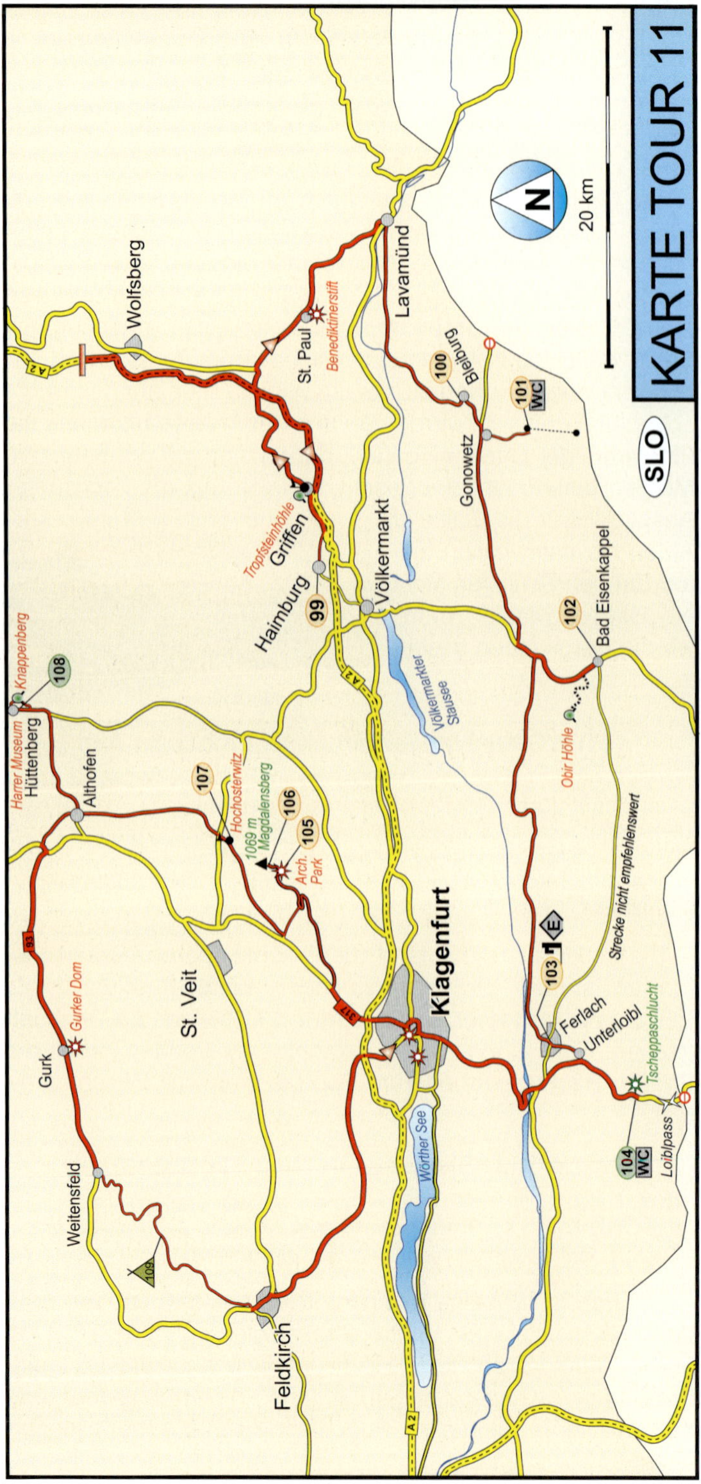
KARTE TOUR 11
20 km
N
SLO
Wolfsberg
Lavamünd
St. Paul
Benediktinerstift
Bleiburg
Gonowetz
Griffen
Tropfsteinhöhle
Haimburg
Völkermarkt
Völkermarkter Stausee
Bad Eisenkappel
Obir Höhle
Strecke nicht empfehlenswert
Knappenberg
Harrer Museum
Hüttenberg
Althofen
Hochosterwitz
1069 m Magdalensberg
Arch. Park
St. Veit
Klagenfurt
Ferlach
Unterloibl
Tschepaschlucht
Loiblpass
Gurk
Gurker Dom
Weitensfeld
Feldkirch
Wörther See
A 2
93
317
99
100
101
WC
102
103
E
104
105
106
107
108
109

TOUR 11 (ca. 400 km / 8-10 Tage)

Griffen - Lavanttal - Bad Eisenkappel - Ferlach - Klagenfurt - Althofen - Gurk - Goggau

Freie Übernachtung:	Haimburg, Bleiburg, Petzen, Bad Eisenkappel, Ferlach, Tscheppaschlucht, Magdalensberg Park und Kirche, Hochosterwitz, Hüttenberg
Campingplätze:	Goggausee
Ver-/Entsorgung:	Petzen WC, Ferlach, Tscheppaschlucht WC
Besichtigen:	Griffen Burg und Höhle, St. Paul, Bleiburg, Obir-Höhle, Klagenfurt, Minimundus, Reptilienzoo, Arch. Park Magdalensberg, Burg Hochosterwitz, Bergwerk Knappenberg, Harrer Museum, Gurker Dom
Baden:	Freibad Bad Eisenkappel
Wandern:	Petzen, Tscheppaschlucht

Den Startpunkt der Tour durch Kärnten erreichen Sie am besten, wenn Sie auf der A2 von Richtung Graz kommen.

Von der Autobahn aus sehen wir schon den mächtigen Kalkfelsen der **Burg Griffen**. Der ursprünglich bambergische Besitz aus dem 12. Jahrhundert gelangte 1759 als Teil des Herzogtums Kärnten an Maria Theresia und wechselte danach noch mehrmals seine Besitzer. Im 18. Jhdt. teilte die Burg das Schicksal vieler anderer Burgen als sie nach und nach verfiel.

Da es zu dämmern beginnt benötigen wir einen Nachtplatz und verschieben den Besuch auf den nächsten Tag. Der Parkplatz direkt in Griffen bei der Burg bzw. bei der Höhle liegt mit-

ten in der Stadt [N 46°42.224' E 14°43.848']. Unser erster Versuch beim **Stift Griffen** zu nächtigen schlägt fehl. In **Haimburg** werden wir fündig und verbringen eine ruhige Nacht. Als Abendspaziergang bietet sich noch eine Runde zur Ruine an.

Haimburg

(99) WOMO-Stellplatz: Haimburg

GPS: N 46°41.682' E 14°40.166'; Haimburg. **max. WOMO:** 1
Ausstattung/Lage: Wasserhahn / im Ort.
Zufahrt: von Griffen aus auf die Packer Bundesstraße B70, dann rechts nach Enzelsdorf, den Straßenverlauf L114 folgen, durch Gletschach bis Haimburg. Im Ort links einbiegen in Richtung Kirche, Friedhof bzw. Sportplatz. Beim Friedhof ist ein kleiner Parkplatz.

Am folgenden Morgen wandern wir in Griffen die bequemen Stiegen hinauf zu dem, was heute noch von der stolzen Festung übrig geblieben ist. Nur mehr wenige Mauerreste sind es, aber der Blick ins Jauntal im Norden und nach Süden bis zur slowenischen Grenze lohnen den gerade mal 30 minütigen Aufstieg dann doch. Was der Berg in seinem Inneren verborgen hält, das wussten hier schon die Menschen der Altsteinzeit zu schätzen, nämlich ein geräumiges Appartement, die **Griffner Tropfsteinhöhle.** Der Eingang zur **Schauhöhle** befindet sich direkt hinter der Pfarrkirche. Die Führung dauert zwar nur 30 Minuten, aber die zahlreichen Tropfsteinformationen von milchigweiß bis eisenrot schimmernd sind wirklich wunderbar schön anzusehen. Über einige Wege geht es mit eingezogenem Kopf durch das millionen Jahre alte Höhlenlabyrinth. Zwei Feuerstellen zeugen von altsteinzeitlicher Besiedelung und man kann sagen, hier wurde die erste Bretteljause von Kärnten verzehrt. Eine Multimedia-Show untermalt das Ganze optisch und akustisch. Bis zu 100.000 Jahre alte Knochen und Werkzeugteile haben die ersten Menschen uns hier hinterlassen. Sie sind in

der Höhle in zwei Schaukästen ausgestellt. Fröstelnd verlassen wir die 8 Grad kalte Höhle und tauchen in wohlige 25 Grad wieder ein. Öffnungszeiten: 1.Mai bis 31. Oktober, 6€/ Person.

Es regnet, daher fahren wir weiter zum **Benediktinerstift St. Paul im Lavanttal**. Als Erstes in Richtung Autobahn, dann auf der L127, nach links bei Lind auf die L126 bis St. Paul im Lavanttal. Durch die Ortschaft geht es in engen Gassen, bis auf der linken Seite vor der Einmündung auf die L135 ein Parkplatz [N 46°42.053'E 14°52.561'] auf uns wartet. Zu Fuß sind wir dann in nur 10 Minuten oben beim Stift, das auf einer vorgeschobenen Kuppe thront.

Seit seiner Gründung im Jahr 1091 durch Engelbert I. erlebte das Stift wechselvolle Zeiten. Nach einem verheerenden Brand im 14.Jhdt und den fatalen Türkenbelagerungen erreichte das Benediktiner Kloster während des 16. und 17.Jhdts seine größte Blüte. Auf diese Zeit führt auch weitgehend sein heutiges Erscheinungsbild zurück. Die beiden Klosteraufhebungen im Jahr 1787 durch Josef II. und 1940 im Zuge des Zweiten Weltkrieges konnten St. Paul nichts anhaben. Herzstück ist die romanische Pfeilerbasilika mit den Doppeltürmen, die an drei Seiten an das Klostergebäude anschließt. In der Kirche befindet sich wertvoller Freskenschmuck. Die **Stiftsbibliothek** gilt neben der Österreichischen Nationalbibliothek als zweitwichtigste Büchersammlung Österreichs und besitzt mit einem Druck Gutenbergs von 1450 das älteste Druckerzeugnis der Welt. Bitte beachten Sie auf dem Rückweg auch das bekannte romanische Tor an der Stiftskirche. Im Nebentrakt ist eine bedeutende Galerie mit Werken von Dürer, van Eyck und Rembrandt untergebracht. Öffnungszeiten: Ende April bis Ende Oktober, täglich 9-17 Uhr, 6 Euro/Person.

Unsere Reise führt uns weiter nach Lavamünd und dann auf der Bleiburger Bundesstraße B81 bis Bleiburg. Auf der rechten

Seite queren wir eine markante Holzkonstuktionsbrücke, über die wir zum Parkplatz fahren.

(100) WOMO-Stellplatz: Bleiburg

GPS: N 46°35.470‘ E 14°47.918‘; Graben. **max. WOMOs:** 4-5.
Ausstattung/Lage: Ortsrand, wird auf der Homepage von http://www.camper-55plus.info / als offizieller Stellplatz genannt (keine Beschilderung).
Zufahrt: lt. Beschreibung der Bleiburger Bundesstraße B81, nach der Holzbrücke.

In **Bleiburg** finden wir bereits vieles in slowenischer Sprache angeschrieben. Auch die Ortstafeln sind zweisprachig. Seit vielen Jahren schwelt in dieser Region ein eher lächerlicher Streit um die Aufstellung solcher Tafeln, der die Probleme mit den slowenischen Minderheiten wiederspiegelt. In einer Volksabstimmung im Jahre 1920 entschied das Volk über den Verbleib Südkärntens zu Österreich. Der 10. Oktober-Platz erinnert heute noch an diesen denkwürdigen Tag. Bleiburg war bereits vor 1000 Jahren als Liupicdorf bekannt und zahlreiche Brände und Belagerungen gingen nicht spurlos an der Stadt vorüber. Wir wandern zum Hauptplatz vorbei an einer mittelalterlichen Pestsäule. Außer im östlichen Teil der Stadt sind noch überall Reste der ehemaligen Stadtmauer und des Wehrgrabens aus dem 14. Jhdt. zu erkennen. Der einheimischen Künstlerin Kiki Kogelnig verdanken die Bleiburger den 1994 gestalteten Freyungsbrunnen im Osten des 10. Oktober Platzes. Auch **Werner Berg** ist in Bleiburg zu Hause und gilt als einer der bedeutendsten Künstler des 20. Jhdt. in Österreich. Seine Bilder sind in der Werner Berggalerie zu bewundern und zeigen eindrucksvoll Südkärntner Landschaften und ihre Bewohner. Auf dem Rückweg zum Womo statten wir noch der prächtigen **Pfarrkirche zum hl. Petrus und Paulus** einen Besuch ab. Beim Betrachten der Räumlichkeiten fällt uns besonders das einseitige nördliche Seitenschiff ins Auge. Die Fresken und Glasmalereien aus der Spätgotik gefallen uns ganz besonders gut. Auch der Taufstein stammt aus der Zeit um das 15.Jhdt. Wir genießen die Stille im Raum und wenden uns dann wieder dem geschäftigen Treiben in den mittelalterlichen Gassen zu. Neben leerstehenden Geschäften, die wohl schon bessere Zeiten gesehen haben gibt es wunderschöne Gebäude aus dem 16.Jhdt. zu sehen, deren Fassaden im 19. Jhdt. liebevoll restauriert wurden.

Nach einer kurzen Rast sind wir wieder auf der Suche nach einem lauschigen Nachtplatz. Ein kurzer Blick in die Straßenkarte verheißt einen ruhigen Platz und zugleich eine ideale Wandermöglichkeit. Wir steuern die nur 7 km entfernte **Petzenbahn** an und werden nicht enttäuscht. Zwei große Parkplätze im Grünen mit Familienanschluss an zahlreichen Kühen, Eseln und Schafen erfreuen unser Herz. Falls das Wetter morgen hält steht einer schönen Wanderung nichts mehr im Wege.

(101) WOMO-Wanderparkplatz: Petzen Seilbahn

GPS: N 46°32.554‘ E 14°46.343‘; Petzen Landesstraße L129 Ende.
max. WOMOs: 2-3.
Ausstattung/Lage: freiliegender Liftparkplatz, WC bei Talstation, ein großer Schotterparkplatz auf der rechten Seite bzw. ein Zweiter auf der linken Seite beim Schlepplift.
Zufahrt: durch Bleibung auf der Bleiburger Bundesstraße B81 bis Gonowetz dann auf die Petzen Landesstraße und den Schildern zum Schigebiet bzw. zur Gondelbahn folgen.

Wir haben Glück. Der kärntner Wettergott ist uns gnädig und wir fahren 15 Minuten mit der **Petzenbahn** bis zur Bergstation hinauf. Von dort führen verschieden lange Wanderwege ins Hochgebirge. Wir wählen den eine Stunde lang dauernden Weg zum Knirpssattel (2012m). Überall leuchtet das satte Rosarot des Almrausch (Alpenrose) und die gedrungenen Büsche der Latschenkiefern begleiten uns im oberen Bereich bis zum Gipfel. Für passionierte Bergfexe mit etwas mehr Ausdauer gibt es noch die Möglichkeit zum Kordeschkopf (2026m) oder zum Hohen Petzen zu wandern. Nebel zieht am Knirpssattel auf und wir beschließen den Rückweg anzutreten. Mit der Gondel geht es nach einer zünftigen Hütteneinkehr wieder gemütlich zu Tal (14 €/ Berg Talfahrt – 2007).

Über die Seeberg Bundesstraße B82 erreichen wir **Bad Eisenkappel**, die einstige Bergwerkstadt. Wir finden einen Nächtigungsplatz beim **Freibad**. Nach dem Ortsanfang weist ein grünes Schild „Freibad“ nach links den Berg hinauf. Ein erfrischendes Bad wäre jetzt genau richtig. Wir stellen das Womo ab und beschließen nach ausgiebigem Geplantsche gleich die Nacht hier zu verbringen.

(102) WOMO-Stellplatz: Freibad Bad Eisenkappel

GPS: N 46°29.467' E 14°35.444'; Bad Eisenkappel.
max. WOMOs: 1-2. **Ausstattung/Lage:** keine/im Ort.
Zufahrt: laut Beschreibung, Beschilderung Freibad folgen.

Am nächsten Morgen tuckern wir runter zum Hauptplatz. Wir wollen heute zur nahegelegenen **Obir-Höhle**. Im Ort sind 4 Parkplätze unübersehbar beschildert. Von allen weg erreicht man in ca. 10 Gehminuten die Ticketausgabestelle gegenüber der Kirche. Der Bus zur Höhle fährt ebenfalls hier weg. Mit dem Womo gibt es **keine** Möglichkeit zur Höhle zu gelangen, der Bus bringt die Besucher bequem und sicher zum Fuße des Hochobirs. Schon während der Fahrt tönen Informationen und Erzählungen rund um den Berg und sein tropfsteinernes Innenleben aus dem Lautsprecher. Spätestens jetzt sind wir schon gespannt was uns erwartet. Beim Eingang erhalten wir Helme und wandern für 80 Minuten durch die +8° C kalten Höhlensysteme. Seit 1991 sind ca. 1,3 km der unterirdischen Erlebniswelt für Besucher zugängig, doch der ganze Berg ist wie ein Schweizerkäse auf 5 Ebenen komplett durchlöchert. Die Höhle wurde 1870 von Bergleuten entdeckt, die eigentlich auf der Suche nach Blei und Zink waren. Viele der herrlichen, 200 Millionen Jahre alten Tropfsteine wurden zerstört, als die Hohlräume für die Ablagerung des Schüttgutes nach Sprengungen verwendet wurden! Tropfsteine benötigen immerhin 1000 Jahre um etwa 1cm^3 zu wachsen, doch für diese einzigartige Wunderwelt hat man damals wenig Verständnis gehabt und vieles an Unwieder-

bringlichem fiel der Spitzhacke zum Opfer. Bei einer besonders schönen Sinterwand, die aussieht wie eine Orgel, ertönt eine betörende Bruckner-Symphonie, dass es einem kalt über den Rücken läuft. An weiteren 8 Stationen unterstreichen Licht- und Toneffekte das Naturschauspiel. Viele Steine sind durch den gleichmäßigen Wassereintritt und die konstanten Temperaturen in millionen Jahren zu Sinterröhren zusammengewachsen. Ein sensibles Ökosystem konnte zu 90% erhalten bleiben und die Tropfsteine schimmern wässrig von weiß bis bleigrau. Die wenigen, die von der Außenwelt kein Sickerwasser mehr bekommen, sehen stumpf und grau aus. Man vermutet Eingriffe in die Natur in Form von Schlägerungen am Hochobir. Kleine Ursache, verheerende Wirkung... doch der größte Teil der Höhle zeigt sich mit prächtigen Sinterformationen und wenn es draußen stark regnet bekommen die Giganten der Urzeit mit drei Tage Verzögerung, die das Wasser benötigt um durch den Humus und Gesteinsschichten zu sickern, ihre lebensnotwendige Dusche. Mit stetig einsickernden Wassertröpfchen sind sie zufrieden und viele von ihnen haben kleine Tropfen wie Glasperlen an den Spitzen hängen.

Die Führung endet pünktlich und der Bus bringt uns wieder sicher ins Tal.

Wir fahren weiter nach **Ferlach** auf der Rosental Bundesstraße B85. Den Abkürzer über die L131 (Ebriach) können wir nicht empfehlen, denn dort hängen die Felswände an machen Engstellen zu bedrohlich in die Fahrbahn. Über die Freibacherstraße kommen wir in das Zentrum von Ferlach. Hier gibt es auch einen offiziellen Wohnmobilstellplatz.

(103) WOMO-Stellplatz: Ferlach Messeparkplatz

GPS: N 46°31.580‘ E 14°17.850‘; Klagenfurter Straße. **max. WOMOs:** 20. **Ausstattung/Lage:** V+E Säule, 10 Minuten Wasser 1€, Müll, im Ort, aber in ruhiger Lage.
Zufahrt: im Zentrum von Ferlach mit Womotafeln gekennzeichnet.

Wir fahren weiter in Richtung **Loiblpass**, also nach Unterloibl, dann auf die B91 bis nach links ein Schild auf den Parkplatz der Tscheppaschlucht hinweist.Für alle Wanderfreudigen wäre die **wildromantische Tscheppaschlucht** ein absolutes Muss. Schon der Parkplatz zeigt sich mit drei terrassenförmigen Ebenen sofort als nächtigungsgeeignet, falls man nach einer langen Wanderung nicht mehr weiterfahren will.

(104) WOMO-Wanderparkplatz: Tscheppaschlucht

GPS: N 46°29.838‘ E 14°17.002‘; Loiblpass Bundestraße.
max. WOMOs: 6-7.
Ausstattung/Lage: WC bei Imbissstand, im freien Gelände, Mistkübel.
Zufahrt: laut Beschreibung, Schilder zur Tscheppaschlucht folgen.
Sonstiges: Ausgangspunkt für Tscheppaschluchtwanderung.

Die Begehung erfordert unbedingt Bergschuhe und Wanderkleidung. Über Wege und Stege geht es den Bodenbach entlang und hinauf in schwindelnde Höhen mit Blick in tiefe Schluchten und Felseinschnitte. Wir passieren die **Teufelsbrücke** unter der Loiblpass Straße und genießen den Blick zum tosend herabstürzenden **Tschaukofall**.
Beachten Sie auch die außergewöhnliche Pflanzenwelt von süd- und ostalpinen Endemiten und Pflanzen, die es auch in der Eiszeit schon in der Schlucht gegeben hat. Frauenschuh, Wulfenprimel oder Silberwurz sowie zahlreiche Knabenkrautorchideen und viele andere Schönheiten kommen in der Schlucht vor und bilden einen botanischen Garten der Kostbarkeiten.
Welchen Weg Sie weiter nehmen entscheiden Sie nach dem Grad Ihrer Müdigkeit einfach selbst. Auf jeden Fall warten in Richtung Bodental genauso lebensrettende Jausenstationen wie in Richtung Windisch Bleiberg. Wer schon am Verdursten ist, der wählt den Weg zum Gasthaus Deutscher Peter. Der wäre in ca. 45 Minuten erreicht. Planen Sie unbedingt 2,5 bis 3 Stunden in eine Richtung ein. Wir haben bis Windisch Bleiberg knappe 3 Stunden benötigt. Anstelle des Rückweges haben wir den Postbus gewählt. In nur 7 Minuten haben wir den Ausgangspunkt beim Parkplatz erreicht.

Die Tour führt jetzt weiter nach **Klagenfurt**. Wir suchen im Westen der Bundeshauptstadt den Parkplatz von **Minimundus** auf [N 46°37.207 E 14°16.045‘ Kärntner Bundesstraße B83].

Neben dem bekannten **Minimundus** gibt es gleich daneben, einen kleinen **Reptilienzoo.** Öffnungszeiten Zoo: 1.April bis 31. Okt. täglich, Eintritt 9€/P (2007).

Er wird von einer Spezialistin ihres Faches geleitet, von Frau Helga Happ. Sie ist gerichtlich zertifizierte Sachverständige für **Reptilien und Gifttiere** und bietet einen kleinen, aber sehr überschaubaren Zoo, in dem sich zahlreiche Schlangen, Reptilien, Spinnen, Schildkröten und viele andere Tiere sichtlich wohl fühlen. Etliche Tiere stammen aus eigenen Nachzuchten und es erfüllt sich hier der eigentliche Sinn eines Zoos, nämlich Tiere vor dem Aussterben zu bewahren und Populationen wieder zu mehren. Dichter Andrang herrscht beim Gehege der Griechischen Landschildkröten, denn es ist Fütterungszeit. Drei reichlich garnierte Salat- und Obstteller werden wie in einem Dreisternehotel serviert. Sogleich machen sich alle, ob Groß oder Klein darüber her und lassen sämtliche Tischmanieren vermissen. Zwei Riesenschildkröten erhalten gerade ein neues, schönes Gehege und warten geduldig bis es so weit ist und sie ins Freie dürfen. Nachdem wir noch einmal die frisch geschlüpften Klapperschlangenbabys bewundert haben und uns wünschen, niemals einer Vogelspinne in der freien Natur zu begegnen, verlassen wir den Zoo und gehen nur wenige Schritte weiter zur **Miniaturwelt Minimundus**.

Auch ein **Planetarium** ist im Eintrittspreis inbegriffen. Es beginnt gerade eine Sternenvorführung für Kinder. Anschließend folgen wir systematisch den roten Richtungspfeilen, um nur ja kein Bauwerk in der Miniaturstadt zu übersehen, was bei 140 Bauwerken aus aller Welt gar nicht so einfach ist. Die meisten Modelle sind in jahrelanger Handarbeit aus originalen Materialien gefertigt worden und haben noch eines gemeinsam, sie sind alle im Maßstab 1:25 gebaut. Eine Reise um den Erdball über 5 Kontinente beginnt und so manches Foto dient als gefälschtes Urlaubsmotiv zur Verwirrung der Lieben zu Hause. Nachdem wir zuletztet beim Weißen Haus in Washington angelangt sind gilt es noch eine tierische Attraktion im Maßstab 1:1 zu bewundern. Eine Stockentenmutter spaziert selenruhig und stolz mit ihren 8 putzigen Küken zwischen surrenden Kameras und spalierstehenden Touristen hindurch zum nahen Teich. Öffnungszeiten Zoo: 1.April bis 28. Okt. täglich, Eintritt 12€/P (2007).

Wenn wir schon in **Klagenfurt** sind wäre es ein Frevel, am Wahrzeichen der Stadt achtlos vorbeizufahren. Nach einigem Zögern beschließen wir mit dem Womo ins Zentrum zu fahren und bereuen es bald, nicht den Bus genommen zu haben. Parkplätze sind kaum zu finden und wir müssen lange zu Fuß gehen, um ins Zentrum zu gelangen. Dann die nächste Enttäuschung, der Lindwurm am Neuen Platz ist komplett umgittert und eine riesige Baustelle verhindert ein näheres Betrachten.

Die Lindwurmsage:
Auf dem Boden des heutigen Klagenfurt befand sich einst Sumpfgebiet und giftige Nebel krochen über das Moor. Das geschah immer dann, wenn der Drache, der darinnen wohnte seinen Kopf heraus streckte, sich nach Beute umsah und hungrig brüllte. Die Menschen auf den Bergen lebten in Angst und Schrecken, denn er fraß sowohl Vieh als auch Mensch und wurde immer größer und kräftiger. Da er sogar Beute in den oberen Bergregionen machte war den Bewohnern mit Schaudern klar geworden, dass das Untier auch Flügel besaß und sie ihm nicht entrinnen konnten. Da griffen sie zu einer List. Sie warteten bis der Drache schlief, dann bauten sie einen Turm aus Felsbrocken und banden einen fetten Stier als Lockmittel daran. Um seine Hörner wickelten sie aber eiserne Widerhaken. Dann versteckten sie sich im Turm. Das Drachentier erwachte brüllend vor Hunger und stürzte sich sofort

auf den Stier. Er biss in die Widerhaken und kam nicht wieder los. Die Männer stürzen aus ihrem Turmversteck hervor und schlugen ihn mit eisernen Keulen tot. Die Menschen jubelten und machten den Sumpf urbar. Seit dieser Zeit ist das Klagenfurter Becken besiedelt. Der steinerne Lindwurm ziert heute als Wahrzeichen von Klagenfurt den Platz vor dem Rathaus. Auch im Wappen der Stadt ist er gemeinsam mit dem Turm verewigt.

Hinter dem **Lindwurm** befindet sich das Neue Rathaus im ehemaligen Palais Rosenberg. Es besticht durch seine klassizistische Fassade und das prunkvolle Stiegenhaus. Eine weitere Sehenswürdigkeit der Stadt ist das **Klagenfurter Landhaus** mit seinem Wappensaal, bestehend aus 665 Wappen der Landesstände. Es befindet sich zwischen Altem Platz und Heiligen Geist Platz. Das Landhaus prägt das Stadtbild durch seinen hufeisenförmigen Bau im Renaissance Stil. Zuletzt gilt es noch die Domkirche St. Peter und Paul zu erwähnen. Sie präsentiert sich heute als älteste Wandpfeilerkirche Österreichs mit Eckquadern, Doppelzwiebelhelmen und einer Laterne. Protestantische Stände bauten sie bereits 1580. In Zeiten der Gegenreformation übernahmen die Jesuiten das Gotteshaus. 1724 musste das Innere nach einem schweren Brand erneuert werden und das ist wohl gut gelungen. Die beiden Hochaltäre schuf kein Geringerer als Daniel Gran und das Altarbild der Ignatius-von-Loyola-Kapelle der ebenso berühmte Paul Troger. Die Stadtpfarrkirche am Pfarrplatz bietet die Möglichkeit einen Blick über die ganze Stadt zu wagen. 225 Stufen führen bis zur Spitze im Inneren und über eine Plattform können Schwindelfreie eine tolle Aussicht genießen.

Auch ein berühmtes Kind wurde 1880 in der Bahnhofsstraße geboren. Der **Dichter Robert Musil**. Heute birgt das Musil-Haus ein Literaturmuseum, ein Institut für Literaturforschung sowie das Kärntner Literaturarchiv der Uni Klagenfurt. Abseits der großen Straßen befindet sich der **Lendkanal**, eine alte Verbindung zwischen Stadtzentrum und Wörthersee. Diese Wasserstraße besteht seit 1558 und ist von Fuß- und Radwegen gesäumt. Heute wird er nur noch von kleinen Ausflugsbooten befahren.

Wir verlassen Klagenfurt auf der Friesacher Bundesstraße B317 in nördlicher Richtung, wechseln dann auf die Zollfeld Landesstraße L71 und begeben uns auf den Spuren der Kelten und Römer in Richtung Magdalensberg. Rechts der Straße liegt hinter einem Hügel der Wallfahrtsort Maria Saal, unverkennbar an den beiden Türmen der Kirche Maria Himmelfahrt. Rechterhand sehen Sie den historischen, sogenannten **Herzogstuhl** aus Stein. Auf diesem Stuhl fanden vor ca. 500 Jahren feierlich die Belehnungen nach Herzogseinsetzungszeremonien statt.

Die Straße windet sich jetzt einige Serpentinen hoch bis zum Parkplatz des **Archäologischen Parks** auf der rechten Seite.

(105) WOMO-Stellplatz: Magdalensberg, Arch. Park

GPS: N 46°43.488‘ E 14°25.734‘; Magdalensberg Landesstraße.
max. WOMOs: 3. **Ausstattung/Lage:** keine/ebener Kundenparkpl.
Zufahrt: laut Beschreibung, Schilder Arch. Park folgen.

Sie wollen auch wissen was Sie am Ende der Straße erwartet? Dann fahren Sie weiter. Achtung, die Straße ist ab jetzt nur noch einspurig und steil. Die letzten Meter bis zum Parkplatz sind auf einem Schotteruntergrund zu überwinden.

(106) WOMO-Stellplatz: Magdalensberg Kirche

GPS: N 46°43.716‘ E 14°25.746‘; Magdalensberg Landesstraße Ende.
max. WOMOs: 2-3. **Ausstattung/Lage:** Schotterparkplatz links neben Kirche, 1-2 Womo, Gasthaus, Spielplatz, Tiergehege.
Zufahrt: nach Arch. Park weiter fahren.

Sie sehen jetzt auf der Spitze des Magdalensberges die **Wallfahrtskirche der hl. Helena und Magdalena**. Wir werden hier oben mit einem wunderbaren Ausblick ins Klagenfurter Becken belohnt und erkennen auch gleich die Bergkette der Karawanken und im Nordosten die Nockberge. Im Süden blitzt ein Stück vom Wörthersee hinter den Hügeln hervor. Das Tor der kleinen Wallfahrtskirche ist auch abends noch weit geöffnet und im Halbdunkeln leuchtet ein Flügelaltar, eine St. Veiter Schnitzarbeit um 1500 hervor.

Hinter der Kirche liegt ein kleines Wildgehege, in dem Hirsche, Ziegen und Wollschweine in der Abendsonne grasend ein friedliches Bild ergeben. Das Abendglöckerl bimmelt uns in

eine himmlische Nachtruhe auf genau 1058m Seehöhe.

Am nächsten Morgen geht es im Schritttempo wieder hinunter zum Archäologischen Park. Auf ca. 3ha wurde hier ein Freilichtmuseum gestaltet. Zahlreiche Ausgrabungen aus spätkeltischen und frührömischen Zeiten zeugen von einem wichtigen Verwaltungszentrum. Reste von Badeanlagen, Verwaltungsgebäuden, Werkstätten und Wohnhäusern sind hier zu finden. Besonders gut erhalten sind Tongefässe, Werkzeuge, die Statue des **„Jünglings vom Magdalensberg“** und Funde aus der kaiserlichen Goldbarrengießerei. Wir verlassen die „Erste Hauptstadt Österreichs“ und haben heute noch vor, Burg Hochosterwitz zu stürmen. **Hochosterwitz** liegt ganz untypisch für Burganlagen mitten in der Ebene auf einem Felskegel, welcher der Burg auch ihren Namen gab. Der Name Astrawiza bedeutet nämlich „spitzer Felskegel“. Schon im zweiten Jahrhundert nach Christus befand sich hier ein römischer Beobachtungsposten. Wir parken das Womo direkt unter dem mächtigen Fels beim Aufzug.

(107) WOMO-Stellplatz: Hochosterwitz

GPS: N 46°45.289‘ E 14°27.231`; Hochosterwitz.
max. WOMOs: 2. **Ausstattung/Lage:** Mist, Gasthaus.
Zufahrt: Kundenparkplatz der Burg Hochosterwitz.

Ratternd setzt sich die Kabine in Bewegung und bringt uns rasch nach oben. In der **Burg** selber gibt es leider nicht allzu viel zu sehen. Nur wenige Räume sind für Besucher zugängig. Im 9.Jhdt gebaut, gehörte Hochosterwitz bis Mitte de 12. Jhdt. den Salzburger Erzbischöfen. 1478 ging sie als Lehen an die Herren von Osterwitz. Unter dem Khevenhüller-Geschlecht erhielt sie dann ihr wehrhaftes Aussehen. Im Inneren befindet sich eine Kunst- und Waffensammlung sowie eine Rüstkammer, die von den Truppen Napoleons ordentlich heimgesucht wurde. Wir wählen den Fußweg hinunter und durchwandern die 14 (!) Tore, die allesamt der Verteidigung und dem Schutz vor eindringenden Feinden dienten. Diese große Anzahl von Toren gilt als einzigartiges Unikum im Burgenbau. Das oberste Tor, das Kullmertor (1576) ist zum Beispiel mit Fallgitter, Zugbrü-

cke, Fallbaum und Pechlöchern ausgestattet. Und das Landschaftstor besaß ursprünglich eine heimtückische, drehbare Brücke. Standen die Feinde einmal darauf, wurde sie einfach in die Höhe gekippt und sie purzelten in den Graben.

Das unterste Tor heißt **Fähnrichtor** und ist wunderschön bemalt. In der Mitte prangt ein Gedenkstein der Margarethe Maultasch. Freiherr Georg Khevenhüller gab 1571 ein Gelübde ab, die Burg nie aus der Hand seiner Familie zu geben und so ist es bis zum heutigen Tage geblieben.

Da es erst früh am Nachmittag ist beschließen wir weiter zu fahren. Unser Weg führt uns nach Norden, vorbei am Stift St. Georgen am Längsee und weiter bis wir am Knappenberg ankommen. Hier wollen wir morgen das Bergwerk besuchen, aber es gibt keine geeigneten Übernachtungsmöglichkeiten. Daher fahren wir am Bergwerk vorbei und hinunter nach Hüttenberg. Dort finden wir genau das Richtige, einen geräumigen, ruhigen Platz bei der Arena.

(108) WOMO-Wanderparkplatz: Hüttenberg

GPS: N 46°55.968‘ E 14°33.075‘; Gorischitz Bundesstraße B92.
max. WOMOs: 3.
Ausstattung/Lage: ruhig und abgelegen / außer Orts.
Zufahrt: in Hüttenberg links auf die Gorischitz Bundesstraße B92, ca. 400m vorbei am Harrer Museum, dann links über die Brücke (Schild Parkplatz) beim ersten Parkplatz vorbei, etwas hinauf bis zum Schotterparkplatz oberhalb der Veranstaltungsarena (Stolleneingang 1926).
Sonstiges: Ausgangspunkt für Wanderung zu Bergwerk und Besuch Harrer Museum.

Für heute haben wir genug unternommen und morgen geht es weiter zum ehemaligen Bergwerk auf dem **Knappenberg**. Der Knappensteig führt nur wenige Meter dorfeinwärts in Richtung Harrer Museum den Berg hinauf (ausgeschildert, Gehzeit 45 Minuten).

Bereits zur Zeit der Kelten wurde in Hüttenberg Eisen abgebaut und unter den Römern wurde der Begriff „Norisches Eisen“ geprägt. Mehr als 2500 Jahre reicht die Tradition des Bergbaues zurück, die erst durch Schließung der Werke im Jahre 1978 abgebrochen wurde. Ein Stollen aus dem 16.Jhdt ist heute als Schaustollen eingerichtet. Er zeigt was es hieß unter Tage zu arbeiten um das kostbare Erz abzubauen bzw. welcher Techniken und Maschinen man sich dazu bediente. Ergänzend sollte man das Bergbaumuseum besuchen. 193 verschiedene Mineralien wurden in den letzen Jahren hier zu Tage gefördert und sind in einer beeindruckenden Ausstellung zu sehen. Hier präsentiert sich somit der drittgrößte Mineralienfundort der Welt. Öffnungszeiten: 1.April bis 31.Okt. 10-17/18 Uhr, 8€/Erw. (2007).

Wir wandern wieder hinunter nach Hüttenberg, um das **Harrer-Museum** aufzusuchen. Über das interessante Leben des weltberühmten Forschungsreisenden Heinrich Harrer, der 1912 in Hüttenberg das Licht der Welt erblickte kann man sich im nach ihm benannten Museum informieren. Geografische Details, tausende Bilder, Landkarten und Schriften sowie zahlreiche Objekte, die Harrer aus allen Teilen der Welt zusammengetragen hat, lassen den Besucher in andere Kulturen eintauchen. Schwerpunktmäßig befasst sich das Museum mit den sieben Jahren, die Harrer in Tibet verlebte und Freundschaft mit dem **Dalai Lama** schloss. Das Oberhaupt der Tibeter kam 1992 sogar nach Hüttenberg, um den buddhistischen Gebetsraum der Tibetausstellung eigenhändig zu weihen. Diesen denkwürdigen Tag durfte Heinrich Harrer noch erleben, er starb 92-jährig im Jahr 2006 und liegt am hiesigen Ortsfriedhof begraben. Gegenüber dem Museum wurde ein **Pilgerweg** in den Fels gehauen. Er ist frei zugängig.

Öffnungszeiten Harrer-Museum: 1. April bis 31. Okt. 10-17/18 Uhr, 8€ (2007).

Bevor wir **Hüttenberg** verlassen besuchen wir das **Puppenmuseum am Reiftanzplatz** (Zentrum Hüttenberg). Die Klagenfurterin Helga Riedel fertigt Puppen aus Flanellstoff an, denen sie in Geheimrezeptur einen authentischen Gesichtsausdruck verleiht. Viele bekannte Persönlichkeiten aus der Politik erkennen wir sofort. Die Künstlerin schafft auch individuelle Puppen auf Wunsch, zum Beispiel nach Vorlage eines Bildes oder Passfotos. In Schauvitrinen sind Sagen und Märchen aus der Gegend um den Hüttenberg nachgestellt und Geschichten der Hüttenberger Schriftstellerin Dolores Vieser bieten Frau Riedel die Basis für ihre Ausstellung. Öffnungszeiten: 1.Mai bis 10.Okt. täglich 13-17 Uhr, 2,5 € (2007).

Wir fahren die B92 in südlicher Richtung weiter und halten uns bei Guttaring rechts bis Althofen. Durch die Stadt geht es mühsam weiter weil Baustellen den Verkehr behindern. Wir fahren links ins Gurktal und bald sehen wir die beiden Türme des geistlichen Zentrums der Gegend, den **Gurker Dom** [Parkplatz N 46°52.459‘ E 14°17.529‘].

Obwohl die barocken Zwiebeltürme aus dem 17.Jhdt stammen, handelt es sich hier um ein romanisches Bauwerk, dessen Bauphase sich von 1140 bis

1220 hinzog. Viele Teile wurden erst nach mehreren verheerenden Bränden hinzugebaut und Renovierungen prägen das Aussehen der heutigen Domkirche Mariä Himmelfahrt. Gotische Fresken und Glasfenster zieren die äußere Vorhalle. Wir gelangen in den dreischiffigen Kirchenraum mit einem pompös überladenen Hochaltar im frühbarocken Stil. Links vom Hochaltar zeigt ein Tympanon eindrucksvoll den Samson, der dem Löwen das Maul aufreißt. Bunte Schnitzreliefs mit Szenen der **hl. Hemma** sind an beiden Seiten des Querschiffes dargestellt. Der Kreuzaltar mit der Pieta wurde 1741 aus kärntner Blei gegossen und stammt von Raphael Donner.

Das Herzstück des Doms befindet sich aber einen Stock tiefer. Hier finden wir romanischen Stil vom Feinsten. Hundert gut erhaltene Marmorsäulen stützen das Deckengewölbe und wirken wie Wächter am Sarkophag der hl. Hemma. Seit dem Jahre 1174 schlummert sie bereits in der Krypta. 1720 erhielt sie aber erst den roten Marmorsarg, der auf drei romanischen Marmorköpfen steht. Eine Skulpturengruppe von Antonio Cor-

radini bekrönt das Grabmal und stellt die Allegorien von Glaube, Liebe und Hoffnung dar. Beachten Sie bitte die besonders schön herausgearbeitete, verschleierte Skulptur des Glaubens! Die Abendmesse beginnt und wir zählen 8 Personen in der Kirche. Beim Ausgang entdecken wir rechts in der inneren Vorhalle das reich geschmückte Hemmareliquiar in Form eines Baumes. Wir drehen uns noch einmal um, denn das romanische Portal mit seinem abgetreppten Gewände und dem reichen Blatt- und Rankenschmuck gehört zu den schönsten, die wir je in Österreich gesehen haben. Öffnungszeiten: ganzjährig 9-17 Uhr Winter 10-16 Uhr.

Als Kontrastprogramm bieten wir Ihnen den **Zwergenpark vis-a-vis der Kirche** an. Hier dreht sich alles um die kleinen Männchen mit den Zipfelmützen. Von der „Geburt" eines Zwerges über demonstrierende Gewerkschaftszwerge – hier wird nichts verheimlicht. Der Eintrittspreis – 4,8 €/Erwachsene (2007) – steht unserer Meinung nach in keiner Relation zum Gebotenen, zumal die Liliputbahn extra verrechnet wird.

Etwas enttäuscht fahren wir weiter, denn es gibt keine Übernachtungsmöglichkeit weit und breit. Falls Sie auch spätabends auf der Suche nach einem Schlafplatz sind empfehlen wir ganz gegen unsere Grundsätze den weit und breit einzigen Campingplatz beim Goggausee anzusteuern. Das schont die Nerven und bewahrt vor Missstimmung im Womo. Wir finden aber bald Gefallen an dem gepflegten kleinen CP, denn der Rasen gleicht einem englischen Golfplatz.

(109) WOMO-Campingplatz-Tipp: Goggausee

GPS: N 46°47.687' E 14°08.605'; Goggausee Landesstraße. **offen:** ganzjährig. **Ausstattung/Lage:** einfache Ausstattung, Dusche, WC, preiswert.
Zufahrt: auf der L80 kurz vor der Ortschaft Niederwinklern rechts.

Es geht mit vollgefüllten Tanks in Richtung **Wörthersee**. Also blättern Sie am besten gleich weiter zur nächsten Tour in Kärnten.

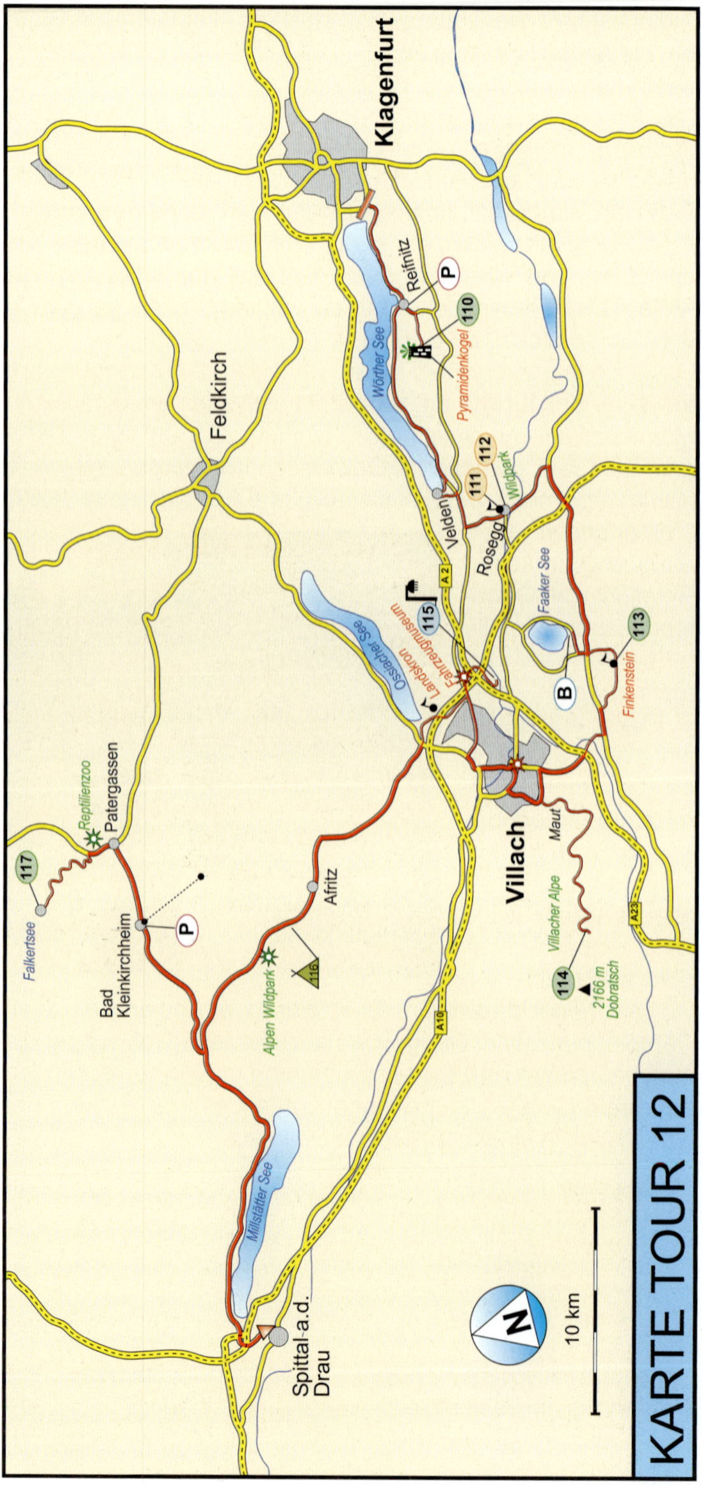

KARTE TOUR 12
Klagenfurt
Feldkirch
Reifnitz
P
110
Pyramidenkogel
Wörther See
Velden
111
112
Wildpark
Rosegg
A 2
115
Fahrzeugmuseum
Landskron
Ossiacher See
Faaker See
113
Finkenstein
B
Villach
Maut
Villacher Alpe
114
2166 m
Dobratsch
A23
A10
Afritz
116
Alpen Wildpark
Patergassen
Reptilienzoo
117
Falkertsee
Bad
Kleinkirchheim
P
Millstätter See
Spittal-a.d.
Drau
N
10 km

TOUR 12 (ca. 260 km / 5-6 Tage)

Wörthersee (Reifnitz) - Rosegg - Finkenstein - Faakersee - Villach - Afritz - Bad Kleinkirchheim - Falkert - Spittal an der Drau

Freie Übernachtung:	Pyramidenkogel, Rosegg Schloss und Wildpark, Burgarena Finkenstein, Villacher Alpenstraße, Silbersee, Falkert
Campingplätze:	Glinzer (Afritz)
Besichtigen:	Pyramidenkogel, Rosegg Schloss und Wildpark, Villacher Fahrzeugmuseum, Drauschifffahrt, Villach, Grizzlywelt, Reptilienzoo, Heidialm,
Baden:	Faaker See
Wandern:	Dobratsch, Bad Kleinkirchheim

Diese Tour schließt direkt an die Vorhergehende an.

Als Erstes wählen wir den nicht ganz so touristischen Ort Reifnitz, denn hier findet sich leichter eine Parkmöglichkeit als in Klagenfurt [Parkplatz Reifnitz (Nächtigungsverbot für Womo) N 46°8.743‘ E 14°17.529‘]. Direkt an der Bundesstraße liegt die Schiffsanlegestelle der **Wörtherseerundfahrten nach Klagenfurt** oder in **Richtung Velden**.

Noch einige Daten zum **Wörthersee.** Er ist 17km lang, ca. 1,5km breit und liegt zwischen Velden und Klagenfurt. Der See besitzt im Sommer warme 24-28° Wassertemperatur und hat absolute **Trinkwasserqualität.** Bei Sonnenschein schimmert er türkisblau wie ein Gletschersee, obwohl er nur von wenigen Gebirgsbächen gespeist wird. Auf einer vorgeschobenen Halb-

insel steht die Wallfahrtskirche Maria Wörth. Der Name „Wörth" bedeutet trefflicherweise „Insel" und tatsächlich umspülten die Wellen des Wörthersees bis 1770 die Felseninsel von allen Seiten. Bischof Otto von Freising, einer der großen Geschichtsschreiber im 12.Jhdt, gründete ein Kollegiatsstift auf Maria Wörth.

Wollen Sie den See in ganzer Länge von oben sehen, so fahren Sie mit uns hinauf zum **Pyramidenkogel**, 8km hinter Reifnitz. Der Aussichtsturm ist weithin zu sehen und liegt auf dem 850m hohen Berggipfel. Ein Aufzug führt auf die 54m hohe Aussichtsplattform hinauf und ein Panoramablick über Mittelkärnten, die Karawankenkette bis hin zu den schroffen Zacken der Julischen Alpen tut sich auf. Der Parkplatz unterhalb des Kogels bietet sich praktischerweise als Nächtigungsplatz an und wir lassen den Tag gemütlich ausklingen.

(110) WOMO-Wanderparkplatz: Pyramidenkogel

GPS: N 46°36.516' E 14°8.821'; Pyramidenkogel Landesstraße.
max. WOMOs: 2x2.
Ausstattung/Lage: zwei Parkplätze (wir wählen den Unteren), entlegen, Mistkübel / außerorts, unterhalb des Aussichtsturm.
Zufahrt: von Reifnitz den Schildern zum Pyramidenkogel folgen.

In der Nacht hat es wieder ordentlich geregnet, doch am Morgen ist das Gewitter wie weggewaschen. Jeden Tag wiederholt sich dieses kontrastreiche Szenario und wir sind zufrieden, solange es sich nicht umgekehrt verhält. Wir waren bereits am östlichen Ende des Wörthersees, daher wollen wir Ihnen den westlichen, mondäneren Teil nicht vorenthalten.

Es geht also in Richtung **Velden** und es wäre am besten, das Womo am Ortsrand abzustellen, um zu Fuß die noble Seepromenade zu genießen. [Velden Parkplatz P3 (Nachtparkverbot für Womo) N 46°36.516' E 14°2.857' Augsdorfer Straße] Verbotsschilder sprechen eine eindeutige Sprache.

Hier darf nicht im Womo genächtigt werden. Das würde uns bis auf wenige lärmgewohnte Italiener auch niemals einfallen. Direkt am Ufer liegt unübersehbar das oft besungene, in schönbrunnergelb getauchte **Schloss am Wörthersee**.

Es gehört wie die Burg Hochosterwitz dem Adelsgeschlecht der Khevenhüller. Das Wappen der Familie befindet sich auf dem Portalgiebel dieses zwischen 1590 und 1603 erbauten und nach einem Brand neu errichteten Lustschlosses. Palmen in Töpfen säumen den Weg und wir haben das Gefühl an einer italienischen Strandpromenade entlang zu gehen. Zumal Bootsverleiher und Straßenmaler um die Gunst der Touristen buhlen. Ein Kasino, zahlreiche Restaurants und Bars sorgen für eine noble Atmosphäre. Wer schnell ein kostenloses Bad am See nehmen möchte ist hier fehl am Platz.

Verbotsschilder gib es zu Haufen, dafür sorgen schon die Hotelbesitzer mit ihren hauseigenen Badestränden. Auch Wurstsemmeltouristen haben Pech, denn die Supermärkte wurden sicherheitshalber an den Stadtrand gedrängt. Wer den See beziehungsweise die anliegenden Orte ohne Auto „erfahren" möchte, kann dies im Zuge einer Radtour, einer Schifffahrt oder einer Kombination beider Möglichkeiten. Die Touristenströme entwickeln sich beängstigend und wir fahren so schnell wie möglich weiter in südlicher Richtung. Unser erklärtes Ziel von heute ist das **Schloss** und der **Wildpark von Rosegg**.

Schloss Rosegg

(111) WOMO-Stellplatz: Rosegg Schloss

GPS: N 46°35.517‘ E 14°01.500‘; Schlossallee. **max. WOMOs:** 2.
Ausstattung/Lage: Schotterparkplatz für Schlossbesucher mit Hecken umsäumt.
Zufahrt: Zufahrt von der Rosegger Landesstraße L52 nach links in die alte Allee, gut beschildert.

Wenn Sie weiterfahren wäre noch der offizielle Stellplatz gleich nach Einbiegen in die Schlossallee beim Gasthaus Rosegger zu erwähnen (Schulgasse 4; 5€/Womo, 4€/Person, 1€/Kurtaxe). Leider liegt er direkt beim Gasthaus. Aber es gibt ja gleich noch eine Alternative.

(112) WOMO-Stellplatz: Rosegg Wildpark

GPS: N 46°35.204‘ E 14°01.608‘; Wildparkweg. **max. WOMOs:** 2.
Ausstattung/Lage: Wiesengelände neben Tierpark.
Zufahrt: Zufahrt von der Rosegger Landesstraße L52, ca. 250m **nach** Einfahrt zu Schloss nach links, gut beschildert.

Hier finden wir einen beschaulichen Park mit Wildtieren, Schafen, Affen und Ziegen sowie eine Kolonie der seltenen Waldtrappvögel. Im Zentrum des **Wildparkes** liegen die Reste der ehemaligen Burg Rosegg. Öffnungszeiten: 1.April bis 2.November 9-17/18 Uhr, Eintritt 6,50 €.

Unbedingt sehenswert ist auch das **Schloss Rosegg** und das angrenzende **Gartenlabyrinth**, dem größten Österreichs. Das Schloss im italienischen Stil war ein Geschenk von Graf Orsini Rosenberg an seine Geliebte, Madame Lucrezia und ist ohne Führung mit Audioguide zu besichtigen. Wussten Sie, dass in diesem Schloss auch zwei Jahre lang ein schlitzohri-

ger Geldfälscher lebte? Seine aufregende Lebensgeschichte hören Sie exklusiv nur hinter diesen verwunschenen, von Rosen und Lavendel umwachsenen Mauern. Im oberen Stock befindet sich ein kleines Wachsfigurenkabinett. Der Weg hinaus führt über eine 200 Jahre alte, romantische Lindenallee. Öffnungszeiten: 1.Mai – 7.Okt 10-18 Uhr, bis auf Juli, August Montag Ruhetag, Eintritt 5,50 €. Von beiden letztgenannten Stellplätzen können Sie in Kürze Schloss und Wildpark sowie Labyrinth zu Fuß erreichen.

Wir tuckern weiter zum **Faaker See** über die Faakerseer Ufer Landesstraße L53 bis zum Seebad im Süden vom See (großer Parkplatz mit Womo-Nachtparkverbot [N 46°33.957' E 13°55.007']).

Der Faaker See im breiten Villacher Becken liegt so verlockend vor uns, dass wir beschließen eine kurze Zwischenrast einzulegen. Mit dem Gummiboot stechen wir in die blaugrüne 25° warme See (Eintritt Bad 9 € für 2 Erw. und 1 Kind). Rund um den See gibt es zahlreiche Radrouten oder für Wanderfreudige steht die herrliche Bergwelt des 2145m hohen Mittagskogels zur Verfügung. Sie benötigen einen Stellplatz? Dann bietet sich der Parkplatz der **Ruine Finkenstein** an. Also weiter auf der L53, dann links auf die L44 bis zum Kreisverkehr, die dritte Ausfahrt hinaus und es sind bereits die ersten Schilder zur Burgarena Finkenstein zu sehen. Die Straße schlängelt sich jetzt den Berg hinauf bis zum Parkplatz beim riesigen Zelt. Vor sich können Sie dann schon die Ruine sehen.

(113) WOMO-Stellplatz: Burgarena Finkenstein

GPS: N 46°32.669' E 13°54.349'; Altfinkenstein. **max. WOMOs:** 4-5.
Ausstattung/Lage: Schotterparkplatz mit Bäumen, Mistkübel.
Zufahrt: oben beschrieben.

Die Ruinenreste dienen heute als Kulisse für kulturelle Veranstaltungen aller Art. Die ältesten Teile der ausgedehnten Ruinengruppe gehen auf einen romanischen Bau aus dem 12.Jhdt zurück. Nachdem das Geschlecht der Finkensteiner um 1340 ausgestorben war ging das Anwesen an die Habsburger. Ab dem 17.Jhdt begann die Burg zu verfallen und seit 1980 gibt es die genannten Veranstaltungen. Sofern also nicht gerade ein Theaterstück oder sonstige Festivals über die Bühne gehen, finden Sie hier einen ruhigen Platz für die Nacht. Leider haben wir Pech, ein Kabarettist wird heute auftreten und wir fahren lieber weiter.

Also nach **Altfinkenstein** den Berg wieder hinunter, bei Gödersdorf nach rechts in Richtung Autobahn A2, die wir anschließend kreuzen (Warmbad Villach beschildert), bis zur Kärntner Bundesstraße B83, dann brauchen Sie nur noch den Schildern zur **Villacher Alpenstraße** folgen. 16,5km schlängelt sich die breite Straße hinauf, insgesamt 11 Parkplätze zählen wir unterwegs. Schon seit 1942 steht das **Gebiet unter Natur-**

schutz und tatsächlich findet man hier eine unberührte Almenlandschaft mit einer vielfältigen Alpenflora. Wer noch mehr davon sehen will besucht den **Villacher Alpengarten** auf 1483m Seehöhe (Parkplatz 6). Hier sind mehr als 900 Alpenblumen zu bewundern. Am höchsten Punkt (Parkplatz 11, Rosstratte 1732m Seehöhe) angelangt eröffnet sich ein bilderbuchartiges Bergpanorama. Wir wählen aber den weniger belebten Parkplatz 10 gleich einige Meter weiter unten.

(114) WOMO-Wanderparkplatz: Villacher Alpenstr. P10

GPS: N 46°35.633' E 13°42.780'; Villacher Alpenstraße.
max. WOMOs: 2-3.
Ausstattung/Lage: keine/absolut abgelegen.
Zufahrt: gegen Ende der Villacher Alpenstraße.
Sonstiges: bitte verhalten Sie sich besonders Womo vorbildhaft (kein Campingleben, Klappsessel, ... denn Sie befinden sich ab P5 in einen Wasserschongebiet.), Ausgangspunkt für Wanderungen.

Früher wurde auf dem **Dobratsch** Schi gefahren. Die Anlagen wurden zum Schutze der Landschaft und des Quellwassers abgebaut, denn die Villacher werden mit **Trinkwasser** dieser Region versorgt. Zahlreiches Kärntner Fleckvieh tummelt sich heute auf der Alm. Oben befinden sich auch ein Gasthaus und ein Spielplatz. Eine Panoramakarte zeigt die Gipfel der umliegenden Bergketten

bis Slowenien und Italien. Am Gipfel des Dobratsch prangt der Sender des Österreichischen Rundfunks. Das Ludwig Walter Haus auf 2143m ist in ca. 1,5 Stunden zu erreichen. Wer Glück hat so wie wir, findet da und dort noch echtes Arnika (Arnica montana). Imposante Sicht auf die Julischen Alpen und die Karawanken sowie auf das Bergsturzgebiet Schütt bietet sich beim Herabfahren von Parkplatz 4.

Wir fahren weiter quer durch Villach auf der B83 Kärntner Straße bis nach **Zauchen**. Oberhalb des Autobahnkreuzes der A2 mit A10 bzw. A11 befindet sich das **Villacher Fahrzeugmuseum** in der Ferdinand Wendenig Straße 9 [N 46°35.633' E13°42.780'].

Der Sammler und Gründer des **Villacher Fahrzeugmuseums** hat vor über 40 Jahren mit dem Oldtimersammeln begonnen. Hier bekommen Sie keine Exoten und Nobelkarossen zu sehen sondern Fahrzeuge, die auch für Normalverbraucher erschwinglich waren. Viele der heute restaurierten Ausstellungsstücke sind vom Schrottplatz gerettet worden. Entzückt finden wir wieder „unsere" Fahrzeuge der Kindheit. Wir schlendern durch die Halle und ständig rufen wir uns Kommentare zu wie „schau das Moped, die DS50 hatte mein Bruder" oder „da steht so ein Prinz, sogar in rot wie von meiner Oma!" Erinnern Sie sich noch an die große Palette der Motorroller? Sie werden die meisten Typen hier vorfinden.

Puch DS50

Also ein Museum für Erwachsene zum Erinnern und für Kinder zum Lernen von ehemaligen Technologien. Öffnungszeit: ganzjährig Winter 10-12 und 14-16 Uhr, Sommer 9-17 Uhr durchgehend 6,50 €/Erw. (2007).

Jetzt wollen wir aber mit dem Schiff fahren. Also wenn Sie am Parkplatz vor dem Fahrzeugmuseum stehen, gleich davor die Strimitzerstraße rechts hinein, dann weiter auf der Wernbergerstraße weiter und rechts auf die Dorfstraße, wieder links auf die Silberseestraße. Als Erstes kommen Sie am Badeparkplatz mit Campingverbot und Höhenbegrenzungsbalken (1,95m) vorbei, dann zum Parkplatz nach der **Schiffsanlegestelle**.

(115) WOMO-Badeplatz: Silbersee

GPS: N 46°36.383‘ E 13°54.485‘; Silberseestraße. **max. WOMOs:** 2.
Ausstattung/Lage: zu Fuß zur Schiffsanlegestelle, grenzt an Badesee an, Duschen mit freiem Zugang.
Zufahrt: laut Beschreibung, nach Schiffsanlegestelle und Silbersee.

Am Parkplatz angekommen sammeln wir hastig unsere Sachen, denn in Kürze legt das **Drau Flussschiff** am Steg an und wir wollen es natürlich nicht versäumen. Von Ende April bis Ende Oktober gibt es die Möglichkeit, mit dem Schiff auf der Drau von Villach bis Wernberg-Bad zu fahren. Wir fahren flussaufwärts und erreichen in etwa einer halben Stunde die Anlegestelle Villach Congress Center, wo wir aussteigen um die Stadt zu erkunden. Es gäbe dann noch die Möglichkeit einer gesamten Draurundfahrt (ca. 2 Stunden). In der Sommerhauptsaison fährt das Schiff viermal am Tag die Strecke ab.

Villach ist nach Klagenfurt die zweitgrößte Stadt Kärntens und reich durch Eingemeindungen zum Faaker- und Ossiachersee. Wir haben ja den Seeweg zum Congress Center gewählt, wie damals die Kelten und Römer. Sie haben ebenso die günstige Lage an der Drau erkannt und gaben der Stadt den heutigen Namen. Man muss schon bis in die Altstadt hineingehen, um schöne, alte Bürgerhäuser zu entdecken. Den Stadtrand kennzeichnen leerstehende Geschäfte und vergammelte Fassaden, die eindeutig schon bessere Zeiten gesehen haben. Die kolossale **Stadtpfarrkirche zum hl. Jakob** gehört aber eindeutig zu den Schmuckkästchen der Stadt. Sie stammt aus dem 12. Jhdt, wurde aber nach einem schweren Erdbeben im 14. Jhdt neu aufgebaut. Ein überlebensgroßes Bild vom **hl. Christophorus** prangt auf der Innenwand und die zahlreichen, bunten Glasfenster tauchen den barocken Hochaltar in ein leuchtendes, fast überirdisches Licht. In unmittelbarer Nähe befinden sich der spitztürmige Bau der Stadtpfarrkirche und das Stadtmuseum. Das Reliefgebäude im Schillerpark beherbergt eine 182m² große Landschaftsdarstellung von Kärnten und seiner Nachbargebiete. Noch etwas zum **Fasching**, seit über 200 Jahren hat er in Villach ganz besondere Tradition, wird alljährlich mit dem Ruf „Lei-Lei“ groß gefeiert und auch im österreichischen Fernsehen übertragen. Im Villacher Congress Center wird die Faschingssitzung eröffnet und maskierte Spaßvögel ziehen fröhlich durch die Straßen.

In Richtung Norden verlassen wir Villach nach St. Michael und Landskron. Auf der rechten Seite sehen Sie die **Ruine Landskron** und den auf halber Strecke der Mautstraße liegenden Affenberg, auf dem japanischen Makaken wohnen [kleiner

Parkplatz vor Mautstelle N 46°38.581' E 13°53.600' Schlossbergweg]. Anschließend kommen wir auf der B98 Millstätterstraße nach **Afritz**. Am Ende der Ortschaft befinden sich der See und **drei** Campingplätze.

(116) WOMO-Campingplatz-Tipp: Glinzer Afritzer See

GPS: N 46°44.149' E 13°46.262'; Seestraße. **offen:** ganzjährig.
Ausstattung/Lage: übliche Ausstattung, fischen möglich. Als Alternative steht noch direkt nebenan ein weiterer, günstigerer CP zur Verfügung. Preise Hauptsaison 2007: Stellpl 7€, Erw. 7€, Ki. 5€. Straße zu hören.
Zufahrt: B98 Millstätterstraße nach Afritz. CP direkt am See.

Am Vormittag darauf gehen wir noch eine Runde im warmen See schwimmen. Unser Kind fängt eine Rotfeder aus dem Afritzer See mit dem Schmetterlingsnetz. Natürlich schenken wir ihr gleich wieder die Freiheit und wir fahren mit Frischwasser aufgetankt, nur ein kleines Stück nach Feld am See. Nach Ortsende zeigt uns ein Wegweiser die Zufahrt nach links zum **Alpen Wildpark mit Grizzlywelt**

[N 46°46.933' E 13°44.030' Bernliegerweg].

Auf einem 11 Hektar großen Freigehege tummeln sich heimische Tiere in großzügig angelegten Gehegen. Die meisten Besucher halten sich aber im Streichelzoobereich auf. Junge Zicklein, Kaninchen, Hasen sowie Schafe warten förmlich darauf, abgestreichelt zu werden. Im Gebäude beim Eingangsbereich sind zwei Ausstellungen untergebracht. Im Erdgeschoss werden präparierte Fische gezeigt und im Dachgeschoss ist die Grizzlywelt. Hier sind ausgestopfte, exotische Wildtiere zu sehen. Von Bären, Elchen bis zu einen Liger ist alles vertreten. Öffnungszeiten: 1.Mai bis 31.Oktober 9-17/18 Uhr, 8,50 €/Erw. (2007).

Es geht weiter nach Radenthein. Von dort aus steigt die Kleinkirchheimer Bundesstraße B88 an bis **Bad Kleinkirchheim.** Schon bei der Ortseinfahrt werden wir mit einem generellen **Wohnmobilnachtparkverbot** für den gesamten Ort empfangen. Auf allen zusätzlichen Parkplätzen sind sicherheitshalber noch mehrere der unbeliebten Schilder zu finden. Wir parken das Womo bei der Kaiserburgtalstation [N 46°48.729' E 13°49.887'] und hupfen in die **Kaiserburgbahn** (Sommerbetrieb: 10-26.Juni jeweils So. und Di., 1. Juli bis 18.Sep. 2007 täglich, Berg- und Talfahrt 16,50 €/Erw.). Hier genießen wir eine Gipfelfahrt auf über 2000m Seehöhe. Die Bahn scheint nicht enden zu wollen bis wir oben mitten im Nationalpark Nockberge auf der Kaiserburg ankommen. Es gibt Wandermöglichkeiten in alle Richtungen, z.B. zum 2145m hohen Wöltaner Nock oder auf das Pfaffeneck.

Die Tour führt weiter bis zur Turracher Bundesstraße B95 in Patergassen. Dort biegen wir links ein und 200m nachher zeigt ein Schild **„Reptilienzoo"** nach rechts [N 46°51.792` E 13°49.887`].

Das Fahrzeug muss links beim Gasthaus abgestellt werden. Der Fokus liegt im **Reptilienzoo Nockalm** eindeutig auf Schlangen. Vorerst hätten wir gar nicht geglaubt, dass die Sammlung so umfangreich sein wird. Eine gesamte Etage im Haus beinhaltet 120 Terrarien. Highlights sind Mambas, Kobras, Klapperschlangen, Vipern, aber auch Einheimisches wie Kreuzottern oder Äskulapnattern. Öffnungszeiten: Mai – Okt. 9/10-18 Uhr, Winter nur auf Anfrage, 6,50 €/Erw. (2007).

Gleich ein Stück weiter auf der B95 zeigt uns der **Ziegenpeter** – Sie kennen doch sicherlich die Kultserie Heidi – den Weg nach links zum **Falkertsee**. Die zur Alm führende Straße steigt kontinuierlich an, sodass unser Womo teilweise nur noch den zweiten Gang fordert. 8km sind es bis zum Falkertsee auf

1850m Seehöhe in uriger Berglandschaft. Oben bietet sich eine liebliche Heidelandschaft und wir nehmen uns für den nächsten Tag schon einige Wanderungen vor.

(117) WOMO-Wanderparkplatz: Falkert

GPS: N 46°51.791' E 13°49.887'; Falkert .
max. WOMOs: 2-3.
Ausstattung/Lage: drei Asphaltparkplätze auf der rechten Straßenseite (links Hotels und Gaststätten), alle sind sehr schräg!
Zufahrt: Ende der Falkertsee Landesstraße.

Auf dem 25.000m² Areal begegnen wir **Heidi, dem Alm-Öhi und dem Ziegenpeter** auf Schritt und Tritt. Auch viele andere Personen aus den Heidifilmen sind lebensnah auf der blumenübersäten Alm aufgestellt. Lebendige Ziegen dürfen gestreichelt werden und bei der Rezeption erhalten kleine Anglerfreaks das nötige Zeug, um ihr Glück zu versuchen. Pro Fisch werden 5 Euro verlangt. Auch beim Buttern und Käsern darf man zusehen. Es regnet als ob der Himmel alle Schleusen geöffnet hätte und plötzlich fängt es auch noch an zu schneien. Die Temperatur fällt auf 3 Grad und das Mitte Juli! Beim Eingang prangt ein Schild „freier Eintritt wegen Schlechtwetter". Leider sehen wir von den Attraktionen nichts.

Schade, aber vielleicht haben Sie ja mehr Glück mit dem Wetter. Ihre Kinder freuen sich bestimmt. Öffnungszeiten: 15.Mai bis 26.Okt. täglich 10-17Uhr, 5 €/Erw. ohne Fischen.

Am Ufer des Millstäter Sees B98 entlang geht es nach **Spittal an der Drau** zur Tour 8.

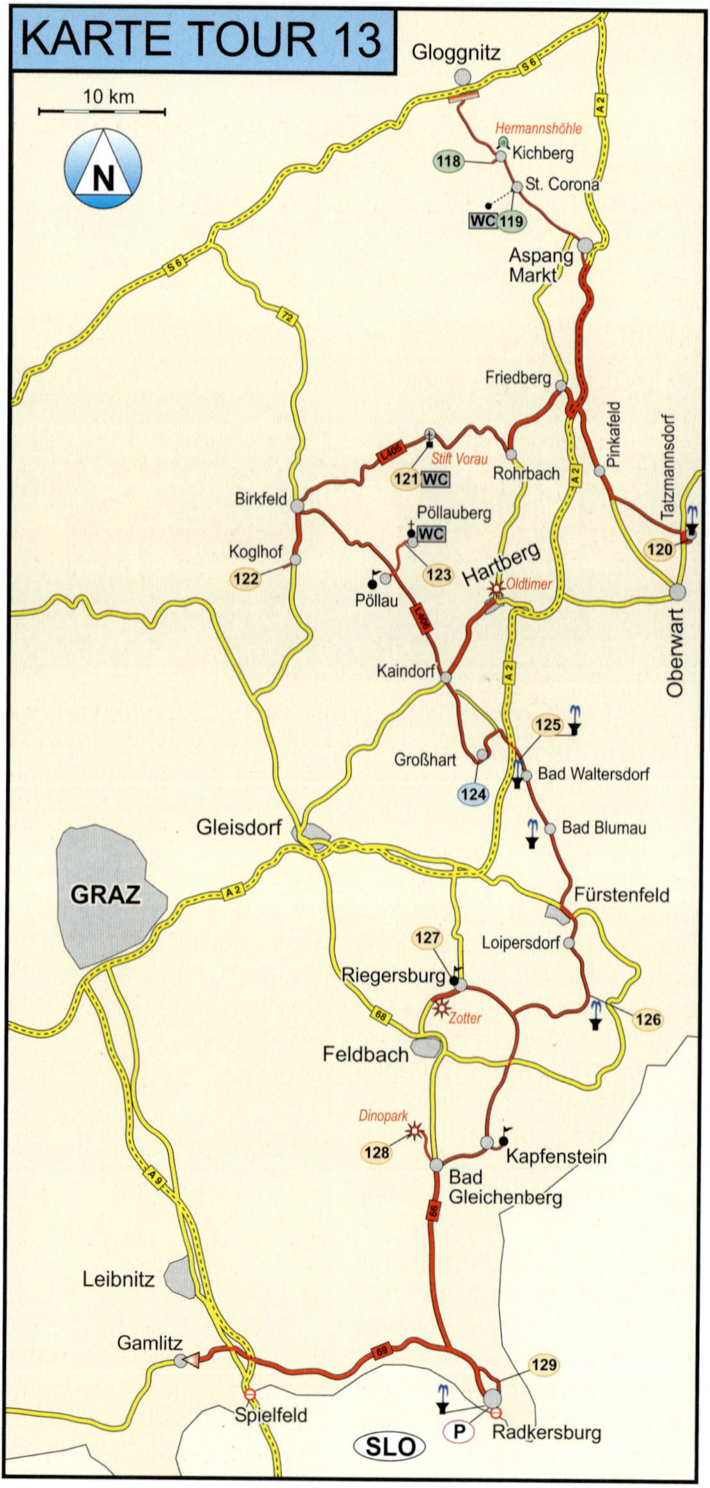
KARTE TOUR 13
10 km
N
Gloggnitz
S6
A2
Hermannshöhle
Kichberg
118
St. Corona
WC 119
Aspang Markt
72
Friedberg
Pinkafeld
Tatzmannsdorf
L405
Stift Vorau
121 WC
Rohrbach
Birkfeld
Pöllauberg
WC
Koglhof
122
123
Hartberg
Oldtimer
120
Pöllau
L406
Oberwart
Kaindorf
125
Großhart
Bad Waltersdorf
124
Gleisdorf
Bad Blumau
GRAZ
Fürstenfeld
127
Loipersdorf
Riegersburg
Zotter
68
126
Feldbach
Dinopark
128
Kapfenstein
Bad Gleichenberg
66
A9
Leibnitz
Gamlitz
69
129
Spielfeld
P
Radkersburg
SLO

TOUR 13 (ca. 400 km / 9-10 Tage)

Kirchberg am Wechsel - Tatzmannsdorf - Vorau - Birkfeld - Pöllau - Großhart - Loipersdorf - Riegersburg - Bad Gleichenberg - Radkersburg

Freie Übernachtung:	Kirchberg, St. Corona, Tatzmannsdorf, Koglhof, Pöllauberg, Großhart, Sebersdorf, Loipersdorf, Riegersburg, Bad Gleichenberg, Altneudörfl
Ver-/Entsorgung:	St. Corona
Besichtigen:	Stift Vorau, Sommerrodelbahn St. Corona u. Koglhof, Pöllau, Straußen Großhart, Riegersburg, Styrassic Park
Baden:	Bad Tatzmannsdorf, Therme Sebersdorf, Loipersdorf, Therme Radkersburg
Wandern:	St. Corona, Kapfenstein
Schi fahren:	Kirchberg, St. Corona

Diese Tour bringt Sie von Gloggnitz S6 (1.Teil) in den Süden. Den folgenden Platz „**Kirchberg am Wechsel**" haben wir durch Zufall entdeckt, als bei einem weiteren Besuch der Parkplatz in St. Corona überfüllt war. Sofort fanden wir aber an ihm Gefallen und darum haben wir dieses hübsche Fleckerl schon im Winter und im Sommer aufgesucht.

(118) WOMO-Wanderparkplatz: Kirchberg a. Wechsel

GPS: N 47°36.437' E 15°59.151'. **max. WOMOs:** 1-2.
Ausstattung/Lage: Teich, Schilift.
Zufahrt: im Zentrum von Kirchberg a.W. nach links (nur anfangs etwas eng) zum Schilift.

Im Winter können Sie im Prinzip direkt vom Womo mit den Schiern zum Schlepplift rutschen. Es ist ein kleines, nettes Gebiet mit nur zwei Schleppliften, die aber leider nur sehr eingeschränkt Betrieb haben. Nur während der Schulferien (Weihnachten, Energieferien) und an Wochenenden sofern der Schnee ausreicht. Die Tageskarte kostet moderate 13 Euro für einen Erwachsenen. Eine Abfahrt führt direkt bei einem Wildgehege vorbei. Somit ist für

tierisches Publikum bei der Abfahrt gesorgt. Direkt an den Parkplatz grenzt ein kleiner **Naturteich** an. Wir haben einheimische Kinder beim Schlittschuh Laufen beobachtet, schade war nur dass wir unsere zu Hause gelassen haben. Im Sommer eignet sich der Platz ideal als Ausgangspunkt für ausgedehnte Wanderungen, zum Beispiel zur **Kernstockwarte**. Sie können sie am gegenüberliegenden Hang vom Parkplatz aus sehen. Der Wanderweg führt entlang eines **Kalvarienberges**. Kapellen mit realistischen, figuralen Darstellungen säumen den Weg. Auf keinen Fall sollten Sie sich auch die **Hermannshöhle** entgehen lassen. Öffnungszeiten: Anfang Mai bis Ende September täglich, April und Oktober nur an Samstagen, Sonn- und Feiertagen. Führungen 9:30, 11:00, 13:30, 15:00 und 16:30 bei mindestens 5 Teilnehmern um 4 € pro Person.

Die Höhle wurde erstmals 1843 für den allgemeinen Besuch zugängig gemacht. 1968 wurde sie von einer Gruppe von Höhlenforschern erworben. Zahlreiche **Fledermäuse** nutzen sie als Überwinterungsplatz. Hier erleben Sie bei konstanten 7 Grad und auf sicheren Wegen die unterirdische Welt der Tropfsteine. Stalagmiten und Stalaktiten, in Jahrhunderten gewachsen, bezaubern durch bizarre Formen. 45 Minuten lang werden wir durch die Höhle geführt. Natürlich darf nach dem Besuch eine Plüsch-Fledermaus aus dem Souvenirgeschäft nicht fehlen.

Nur einige Minuten dauert die Fahrt über enge Serpentinen nach St. Corona. Im Sommer ist oben genügend Parkfläche vorhanden. Im Winter, speziell in den Schulferien oder an Wochenenden sollten Sie zeitig dran sein, bevor die Lifte öffnen. Die Zufahrt zum Liftparkplatz befindet sich direkt nach der Kuppe auf der rechten Seite. Während der Fahrt zum Parkplatz ist Ihnen sicherlich eine kleine Kirche am Straßenrand aufgefallen. Sie ist der hl. Corona gewidmet, die um 165 n.Chr. in Kilikien, einem Teil der heutigen Türkei während der Christenverfolgung hingerichtet wurde.

(119) WOMO-Wanderparkplatz: St. Corona a. Wechsel

GPS: N 47°35.174' E 16°0.459'. **max. WOMOs:** 1-2.
Ausstattung/Lage: WC während Liftbetrieb (Sommer u. Winter).
Zufahrt: auf der „Kuppe" in St. Corona als Liftparkplatz beschildert.
Sonstiges: Sommerrodelbahn.

Das **Schigebiet** bietet 2 Sessellifte und einen Schlepplift (Tageskarte 24,50€ - 2007). Bei Sonnenschein genießen wir die Fahrt auf sanften Familienabfahrten. Bei einem Einkehrschwung lassen wir den Panoramablick auf die Rax und den Schneeberg auf uns wirken.

Natürlich gibt es auch im **Sommer** einiges zu unternehmen, zum Beispiel die Fahrt mit dem Einsersessellift Kampstein hinauf zu einer weitläufigen Wanderregion bis auf eine Höhe von 1700m. Als Belohnung für das eifrige Marschieren geht es in rasanter Fahrt mit der **Sommerrodelbahn** ins Tal (Bergfahrt Sessellift 6,50 €/P. Talfahrt Rodelbahn 4 €/P. – geöffnet etwa Mai bis Ende September – 2007).

Für ein rasches Weiterkommen benutzen wir die A2 bis zur Ausfahrt Friedberg Pinggau.

Jetzt können Sie wählen. Einen kurzen Abstecher nach **Bad Tatzmannsdorf** mit **Thermen- und Freilichtmuseumsbesuch** machen oder gleich in Richtung **Vorau** weiterfahren. Wir beschreiben vorerst den Weg nach **Bad Tatzmannsdorf.** Also in Richtung Pinkafeld (Oberwart), dann folgen Sie den Wegweisern. Im Zentrum der Stadt finden wir einen Parkplatz mit Schranken. Hier verbringen wir die Nacht.

(120) WOMO-Stellplatz: Tatzmannsdorf

GPS: N 47°19.894' E 16°13.789'. **max. WOMOs:** 3-4.
Ausstattung/Lage: kostenpflichtiger Parkplatz im Stadtzentrum, 5€/ 24 Stunden direkt neben Freilichtmuseum Südburgenland, zu Fuß zur Therme in 10 Minuten . **Zufahrt:** laut Beschreibung.

Der **Kurort** Bad Tatzmannsdorf, dessen Heilquellen die Menschen bereits im 2 . Jahrtausend v. Chr. besuchten. Badehausbetrieb gab es erst ab dem 17.Jhdt. Die Heilquelle lindert Beschwerden im Gelenksbereich und hilft bei Durchblutungsstörungen. Wir gehen mit einer Abendkarte um 10,50 € in die

Burgenlandtherme (Tageskarte 17,50€ – Öffnungszeiten 9:00 bis 21/22 bzw. 23 Uhr - 2007).

Direkt an den Parkplatz grenzt das **Südburgenländische Freilichtmuseum** an. Am Kurparkgelände sind auf 3 Hektar original Holzhütten aus dem Mittelalter aufgebaut. Es ist ganzjährig begehbar und lädt zu einem Spaziergang durch ein burgenländisches Dorf zur Zeit Maria Theresias ein. Führungen finden nur mittwochs im Sommer um 16 Uhr bzw. im Winter um 15 Uhr statt. Ohne Führung ist nur ein geringer Erhaltungsbeitrag zu bezahlen.

Jetzt können Sie auf der B50 in Richtung Norden nach Bernstein fahren (Mit dem Womo nach Österreich 1.Teil) oder zurückfahren bis zum sehenswerten **Stift Vorau**.

Es liegt malerisch eingebettet im Joglland und ist das letzte bestehende Augustiner Chorherrenstift der Steiermark. Nur mehr 6 Mönche leben im Stift, vier weitere sind in den umliegenden Pfarren verteilt. 1163 gründete Markgraf Ottokar III. das Stift, weil er sich über die Geburt seines Sohnes so gefreut hatte.

Über die bereits 1309 urkundlich erwähnte Lindenallee und den Gang durch das Portal des Torturmes gelangen wir zum Stiftshof. Das Stift Vorau präsentiert sich als einheitliches Barockstift. Die **Stiftskirche** wurde im 17.Jhdt. in nur 2-jähriger Bauzeit errichtet. Nur 2,5kg Blattgold wurden für die reichhaltige Innenausstattung verwendet. Kaum zu glauben. Im Nordtrakt besuchen wir die Stiftsbibliothek. Der 27 m lange und zwei Stockwerke hohe Bibliothekssaal zählt zu den attraktivsten und schönsten Sehenswürdigkeiten in Österreich. Die drei großen Deckengemälde symbolisieren die drei großen Wissenszweige, die in der stiftischen Büchersammlung am meisten vertreten sind. Neben der barocken Standuhr sind der Himmels- und der Erdglobus von Vincenco Coronelli aus dem Jahr 1688 mit einem Durchmesser von 110 cm, besonders aber die beiden parabolisch gehöhlten Schallmuscheln, welche leises Flüstern auf der gegenüberliegenden Seite hörbar machen, eine echte Rarität. Wir testen die Schallübertragung natürlich sofort und es funktioniert wirklich! Zusätzlich ist eine Ausstellung über liturgische Gewänder zu sehen.

Führungen: Di.-Fr. um 10, 11, 14 und 15 Uhr und Sa. 10 und 11 Uhr - 4 Euro pro Person, in Kombination mit dem Freilichtmuseum 6 Euro - 2007.

(121) WOMO-Stellplatz: Stift Vorau

GPS: N 47°24.134‘ E 15°53.291‘. **max. WOMOs:** 2-3.
Ausstattung/Lage: WC bei Friedhof ca. 500m entfernt, großer Gästeparkplatz beim Stift.
Zufahrt: Stiftsparkplatz.

Das nächste Sehenswerte grenzt gleich an. Das **Freilichtmuseum Vorau** – Museumsdorf. Es wurde 1979 gegründet. Auf einer Fläche von 3200m² stehen 18 bäuerliche Gebäude mit originalem Inventar.

Unsere Runde führt vorbei an einem offenen Schupfen mit einer umfassenden Sammlung an Fahrnissen und Geräten für den Ackerbau und die Holzbringung. Es werden Werkzeuge und Erzeugnisse verschiedener Handwerksberufe wie Töpfer, Schuster, Zimmerer, Tischler, Weber und auch Kunstschmied präsentiert. Es folgen die Mühle, eine gewerbliche Mühle und die Bauernsäge. Landwirtschaftliche Erntegeräte, wie sie noch vor rund 30 Jahren in Verwendung waren, aber auch zwei alte Feuerwehr-Motorspritzen sind anschließend an die Säge ausgestellt. Weiter geht es über das Preßhaus und die Mühle mit angeschlossenem Stampfgebäude zur Hausschmiede. Dann gibt's noch Wetterhäuschen, eine hölzerne Krautgrube und vieles mehr.

Geöffnet ist von April - Oktober, Mo - So 10 - 17 Uhr, im Juli u. Aug., Mo - So 9 - 17 Uhr

Unsere Reise geht weiter über Birkfeld und dann zur **Sommerrodelbahn Koglhof** [Parkplatz N 47°19.305' E 15°41.575']. 1050m Fahrvergnügen stehen zur Verfügung und bis zu 40km/h soll man erreichen können. Und so brausen wir – leicht eingeschränkt durch einige Bremser vor uns – zwischen Tiergattern mit Häschen auf der Blechwanne hinunter. Öffnungszeiten: April Sa. So. Feiertag 10-17 Uhr / Mai-Juni und Okt. Mi-So 10 bzw. 12 - 17 Uhr, Juli-Sep. täglich 9:30-18:00 - Einzelfahrt 3 Euro, 6er Block 15 Euro. Da uns dieser Parkplatz zu nahe an der Straße ist begeben wir uns wieder auf die Suche und werden bald darauf fündig. Auf der Bundesstraße nur ein ganz kleines Stück weiter.

Gleich nach der OMV Tankstelle rechts - von oben sehen Sie schon das Ziel, den Sportplatz - also nach links (Spitzkehre - Womos mit langem Radstand können bei der nächsten Kreuzung umdrehen und dann hinabfahren), die schmale Straße führt dann etwas steil hinunter bis hinter das Clubhaus mit Wiesenparkplatz.

(122) WOMO-Stellplatz: Sportplatz Koglhof

GPS: N 47°18.842' E 15°41.506'. **max. WOMOs:** 1-2.
Ausstattung/Lage: bei Fußballplatz. **Zufahrt:** laut Beschreibung.

Nach so viel Ruhe suchen wir wieder etwas Kultur. Zurück nach **Birkfeld** auf die L448 Gschaider Landesstraße in Richtung Süden. Beim Kreisverkehr der L406 biegen wir nach rechts in das Zentrum Pöllau ein – am Stift vorbei – kurz links und gleich wieder rechts - und finden eine Parkplatz in der Julius Meinl Straße hinter der Mauer direkt am Rande des **Schloss-**

parks [N 47°18.141‘ E 15°49.811‘]. Eine andere Weiterfahrt würde für einige bei einem Bogen mit 3m Höhe enden.

Durch die gepflegte Parkanlage mit Steinblumenskulpturen erreichen wir direkt den Stadtkern. **Schloss Pöllau** steht im Zentrum des gleichnamigen Marktes, dessen Gründung auf 1163 zurückgeht und besticht durch seine barocke Ausstrahlung. Der imposante Bau des „Steirischen Petersdomes“ gehört zu den größten barocken Kirchenbauten des Landes, dessen Grundkonzeption römische Architekturelemente übernimmt. Innerhalb von 18 Jahren schuf der Künstler Mathias von Görz 9120m² Fresken, die barocke Szenen zeigen. Im Schloss sind verschiedene Ausstellungen zu sehen. Wir haben eine liebevoll gestaltete Puppenschau besucht. Die Ausstellungen wechseln aber von Zeit zu Zeit.

Nach Pöllau fahren wir wieder retour bis zum Kreisverkehr auf der Landesstraße L406 nach Pöllauberg.

Die Gemeinde **Pöllauberg** ist als Marienwallfahrtsort bekannt und wurde 2003 zum Blumendorf der Steiermark gekürt. Durch die exponierte Lage des Ortes wird die Gemeinde zurecht die „Aussichtsterrasse der Oststeiermark“ genannt, von wo aus jeder Wallfahrer und Besucher einen herrlichen Rundblick über das gesamte oststeirische Hügelland, bis zur slowenischen Grenze genießen kann.

Eine Parkplatz bietet sich gleich zu Beginn auf der rechten Seite der Ortschaft an. Sie brauchen erst gar nicht ins Zentrum zu fahren wo es sowieso ein bisserl eng ist.

(123) WOMO-Stellplatz: Pöllauberg

GPS: N 47°19.199' E 15°51.461', Bergweg.
max. WOMOs: 1-2.
Ausstattung/Lage: WC etwa 300m den Berg hinauf bei Kirche.
Zufahrt: laut Beschreibung vor Ort rechts.

Zu Fuß sind wir in wenigen Minuten bei der Volksschule auf der linken Straßenseite. Dort finden wir einen Wegweiser zu den liebevoll gestalteten Naturgärten mit verschiedenen Themenbereichen. Rosen, Weintrauben und verschiedene Kräuter gedeihen hier entlang des Rundwanderweges durch die sonnige Lage besonders. Hinter dem Friedhof führt ein Gehweg wieder retour zum Parkplatz. Die hochgotische Wallfahrtskirche aus dem 14. Jhdt im Zentrum ragt stolz in den blauen Himmel. Lassen Sie sich nicht das Kirchenportal und den barocken Hochaltar sowie die barocke Orgel aus dem 17. Jhdt entgehen.

In Kaindorf haben Sie jetzt die Möglichkeit ein ganz spezielles Zuckerl für **Oldtimerfans** aufzusuchen. Das **Oldtimer Museum Kröpfl** [N 47°17.126' E 15°58.733`, Othmar Rieger Straße]. Achtung: Geöffnet ist **nur** an Samstagen und Sonntagen von 9:30 bis 18:00! Zu finden ist das Museum (von der B54 kommend) in Hartberg bis zum Kreisverkehr (rechts B50), gerade darüber auf die Wechsel Bundesstraße B54. Nach dem Kreisverkehr

noch etwa einen halben Kilometer, dann rechts und gleich wieder rechts. Von der Hauptstraße aus kann das Reklameschild bereits gesehen werden. Die Sammlung des Autohauses umfasst ein enormes Angebot an echten Raritäten. Liebevoll restaurierte Nobelkarossen sowie Fahrzeuge aus der vorigen Jahrhundertwende lassen uns genauso erstaunen wie die Motorräder im zweiten Stockwerk.

Jetzt geht es aber zum Naturbadeteich in **Großhart** mit geeignetem Parkplatz.

(124) WOMO-Badeplatz: Großhart Naturteich

GPS: N 47°9.992' E 15°56.389'. **max. WOMOs:** 2-3.
Ausstattung/Lage: Gasthaus, Wiese im oberen Bereich etwas schräg, Auffahrkeile empfehlenswert, Freibad in der Nähe, Skateboardbahn.
Zufahrt: laut Beschreibung, Naturbadeteich beschildert.

Vom Parkplatz aus direkt hinter den Pappeln sehen wir bereits die Holzwarte. Wir folgen den Kneipp-weg-Tafeln. Menschengroße Holznummern und Wandertafeln zeigen stützpunktartig Etappen des Weges an. In Auffen angekommen erreichen wir die **Straußenfarm**. 1993 starteten die Besitzer des Lindenhofes ihr Vorhaben mit 3 Straußen. Mittlerweile laufen unzählige Riesenvögel auf der Farm herum und beäugeln uns sehr interessiert. Beim Besuch können auch Produkte erworben werden, wie natürlich Straußeneier, Schlüsselanhänger oder andere Souvenirs sowie eine Replik der berühmten Grace Kelly Handtasche aus Straußenleder.

Spätestens als wir die Speiseaushangkarte studieren überfällt uns der Hunger. Das Lokal ist alleine schon sehenswert. Viele Gegenstände drehen sich um den Riesenvogel. Wir lassen uns eine Jausenplatte mit Speck, Aufstrich und Salami – natürlich alles vom Strauß – munden und speisen zum Nachtisch noch eine Mehlspeise mit Straußeneierlikör. Jetzt sind wir genug gestärkt um die Warte nebenan zu erklimmen. Der Rundwanderweg führt dann noch an Schaf- und Ziegengehegen und einem Fitnessparcours vorbei. In Summe sind es 5km bis Sie wieder am Ausgangspunkt ankommen.

Gleich nachdem wir die Südautobahn gekreuzt haben ist der Parkplatz nach rechts zur **H2O Therme** beschildert. Für diejenigen, die direkt von der Autobahn A2 kommen ist es die Ausfahrt Sebersdorf-Bad Waltersdorf.

(125) WOMO-Stellplatz: Therme Sebersdorf

GPS: N 47°10.709' E 15°59.961' **max. WOMOs:** 3-4.
Ausstattung/Lage: WC bei Therme, leider laut (Autobahnnähe).
Zufahrt: laut Beschreibung, direkt nach Autobahnausfahrt.

Anfangs kehrt ein wenig Enttäuschung ein als wir wegen Überfüllung nicht gleich in die Therme dürfen. Nach dem Mittagessen ist es aber dann soweit. Das Warten hat sich ausgezahlt. Die neu errichtete Therme bietet außer Solaren, verschiedene Schwimmbecken, ein Wellenbecken, Palmenstrand und auch zwei Wasserrutschen. Natürlich sind wir nicht mehr zu bremsen und wir trippeln schon die Wendeltreppe hinauf zur ersten Rutsche. Ein wenig furchtsam brausen wir mit einem Affenzahn durch die dunkle, abgeschlossene Röhre bis die ersten Lichteffekte beginnen. Die Zweite ist besonders witzig. Es werden Einser- oder Zweierschwimmreifen ausgegeben auf denen es in wilder Fahrt dann die Rutsche runter geht. Ein Knüller! Öffnungszeiten: täglich 9-22/23 Uhr, Erwachsene z.B. Tageskarte 16 Euro oder 2 Stunden 9,50 Euro – 2007 (Sauna Aufpreis).

Nur ein Stück weiter auf der Route passieren wir die **Therme Blumau**. Die Hundertwassertherme Blumau gibt zwar optisch einiges her, doch ein Nachtparkverbot für Womos, das erst in den letzten Jahren aufgestellt wurde schreckt uns ab und wir fahren weiter nach Loipersdorf zur nächsten Therme, also in Richtung Fürstenfeld. Dann folgen wir dem Leitsystem auf die Loipersdorfer Bundesstraße L444 bis zum Busparkplatz auf der linken Seite. Dort stellen wir uns neben die Touristenbusse um eine ruhige Nacht zu verbringen.

(126) WOMO-Stellplatz: Therme Loipersdorf

GPS: N 46°59.176' E 16°6.649' **max. WOMOs:** 2-3.
Ausstattung/Lage: Straßennähe.
Zufahrt: laut Beschreibung, Busparkplatz.

Schnell packen wir unsere Schwimmsachen und spazieren 10 Minuten zur Therme. Wir nehmen uns ein Abendticket ab

17:00 um 12 Euro pro Person (Tageskarte 22 Euro – 2007). Im Eingangsbereich funkeln uns in einem Shop preisgünstige Bernsteine an. Natürlich schlagen wir zu. In der Therme wird Ihnen sicherlich nicht fad. Eine 101m lange **Multimediarutsche**, die berühmte **Black Hole** müssen Sie einfach probieren. Ähnlich den echten Schwarzen Löchern im All zieht uns die Rutsche wie magnetisch an. Das Thermalbecken darf erst ab 16 Jahre benutzt werden, darum verzupfen wir uns mit unserem Kind in den Erlebnisbereich zum Muschelsammeln am künstlichen Sandstrand. Schon bald sind die ersten Exemplare aus Florida gefunden und dürfen sogar mit nach Hause genommen werden. Öffnungszeit: täglich 8:30-21:00 Uhr.

Wir haben herrlich geschlafen und besuchen nur ein Stück weiter die **Riegersburg** in der gleichnamigen Ortschaft. Fahren Sie durch die Ortschaft bis nach Ortsende auf der linken Seite der Talstation der Parkplatz angeschrieben ist.

(127) WOMO-Stellplatz: Talstation Riegersburg

GPS: N 47°0,4224' E 15°56.008'; Gleichenberger Bundesstr.
max. WOMOs: 2-3.
Ausstattung/Lage: außerhalb der Ortschaft. **Zufahrt:** laut Beschreibung, bei Schrägaufzug.

Die 1122 erstmals erwähnte „Stärkste Festung der Christenheit“ wurde auf einem 482m hohen Vulkankegel erbaut. Bequem gelangt man mit dem Schrägaufzug an der Nordseite des Berges hinauf.

Vom Ort aus kann man die Burg über den Torwanderweg erreichen. In der Burg befindet sich ein **Burgmuseum**, das legendären Frauen wie der Freifrau von Galler und der Blumenhexe gewidmet ist. Im Kellergeschoss wird es schaurig. Hier befasst sich eine Ausstellung mit dem düsteren Kapitel der **Hexenverfolgung**. Der letzte Hexenprozess hat in der Steiermark vor rund 250 Jahren stattgefunden. Also keineswegs im finsteren Mittelalter, wohin die Geschehnisse normalerweise zurückgeführt werden, sondern in der Neuzeit, in der Naturwissenschaften einen gewaltigen Aufschwung genommen haben. Hexenglaube war stark verbreitet (Feldbacher Hexenprozess 1673 – 1675), weil man dachte er wäre Schuld am schlechten Wetter, Hagel und Sturm. Anklagepunkte im Feldbacher Hexenprozess waren zum Beispiel der Bund mit dem Teufel, Luftflug (!), Hostienschändung und Schadenzauber. 95 Personen waren involviert, mindestens 20 mussten sterben. Unter dem tief religiösen Kaiser Leopold I. (Regierungszeit 1657-1703) erreichte die Hexenverfolgung ihren Höhepunkt. Seit Beginn des 13. Jhdt. endete jeder Hexenprozess mit dem Scheiterhaufen. Die meisten Verbrennungen fanden in der südöstlichen Steiermark (heute Slowenien) und im Murtal statt. Ein ebenso düsteres Kapitel, dem Ketzertum ist ebenfalls ein Teil der Ausstellung gewidmet. Ketzer waren als Andersgläubige gefürchteter als die Heiden und litten unter blutiger Verfolgung und Zwangsrückführung zum alten Glauben durch Gründung der Bettelorden (Minoriten, Franziskaner und Kapuziner). Wir lesen weiter von Abraham a Santa Clara, dem geistlichen Befürworter des Hexenwahns. In zahlreichen Schriften widmete er sich kritiklos den Hexenpro-

zessen und dank seiner Aufzeichnungen wissen wir heute sehr viel von dieser düsteren Zeit in der Steiermark.

Die **Zisternenanlage** im Hof mit der **Brunnenlaube** wurde um das Jahr 1640 von einem Grazer Hufschmied errichtet. Wo befindet sich wohl das ca. 5cm große Hufeisen? Wer es entdeckt dem verheißt es Glück.

Den Bauern ging es im 19. Jhdt. besonders schlecht, denn sie mussten für die Leihgabe von Grund und Boden unentgeltliche Arbeit, den sogenannten Robot leisten. Dies betraf 85 bis 90 Prozent der Bevölkerung. Öffnungszeiten: April und Oktober 10-17 Uhr, Mai bis September 9-17 Uhr (Eintritt 9,5 €/Person, Kombiticket mit Styrassic Park möglich).

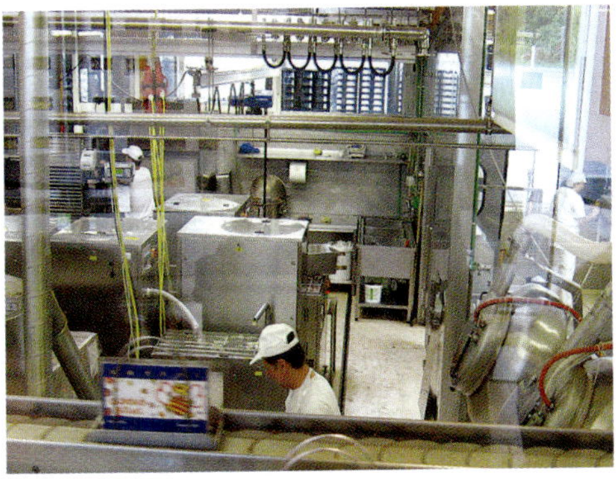

Wie wäre es jetzt noch mit einem Abstecher in Richtung Feldbach? Etwa 1km nach Riegersburg werden Sie die **Schokoladenfabrik Zotter** entdecken [N 46°59.526‘ E 15°538‘]. Wir beeilen uns zur letzten Führung. Nach kurzer Begrüßung hören wir einen **Vortrag über die Schokoladenerzeugung**, erhaschen einen Blick in den Produktionsraum und erfahren alles von der braunen Kakaobohne, um die sich hier alles dreht. Im wahrsten Sinne des Wortes, denn eine Art Schokoladen-Sushi-Run fährt im Kreis und wir dürfen alle nur möglichen und unmöglichen Sorten verkosten. Schnell haben wir uns den Magen verpickt und eine ebenfalls im Eintrittspreis inbegriffene Trinkschokolade gibt uns den Rest. Nachdem wir stöhnend die Sellerie-Schokolade gekostet und mindestens drei Gläser Wasser nachgespült haben geben wir auf. Einige Tafeln aus dem Shop müssen aber unbedingt noch mit auf die Reise.

Noch vor der **Stadt Kapfenstein** führt eine Straße nach rechts zum Schloss mit Restaurant hinauf. Oben ist ein kleiner Parkplatz direkt beim **Schloss**. Es thront wie die Riegersburg auf einem erloschenen Vulkankegel und wurde 1065 erstmals urkundlich erwähnt. Viele Jahrhunderte lang zählte die Festung zu jenen Wehrburgen im oststeirischen Raum, die das christliche Abendland vor den Anstürmen der Hunnen, Türken und Kuruzzen schützte. Zunächst war Kapfenstein im Besitz der

Caphensteiner, danach gehörte es den Walseern, Weisseneggern, Lengheimern und der Familie Piebetz. 1898 schließlich kam das Gut in den Besitz der Familie Winkler-Hermaden, die auch heute noch der Eigentümer ist.

Im Restaurant werden Schmankerln aus der Region angeboten (jeden So. sowie Dez. bis Feb. geschlossen). Das Hotel werden Sie wohl kaum benötigen. Wir spazieren auf befestigten Wegen bis zur **Herz-Jesu-Kapelle** auf dem Kapfenberger Kogel. Mit 471m ist er einer der höchsten Erhebungen der Region. Hier wird auch der ausgezeichnete Kapfensteiner Wein kultiviert.

Styrassic Park Stellplatz

Direkt nach Kapfenstein kommen Sie nach **Bad Gleichenberg**. Dort fahren wir wie schon öfter zum Parkplatz vom **Styrassic Park**.

(128) WOMO-Stellplatz: Styrassic Park

GPS: N 46°53.439' E 15°53.138'; Dinoplatz 1. **max. WOMOs:** 3-4.
Ausstattung/Lage: außerhalb der Ortschaft. **Zufahrt:** Von der Kapfensteiner Bundesstraße L219 auf die Gleichenberger Bundesstraße B66, dann der Beschilderung zum Dinopark folgen.

Am **Styrassic Parkplatz** starten wir abends noch los um

einen Verdauungsspaziergang ins nahe gelegene **Bad Gleichenberg** zu machen. Der Ort wird dominiert von seiner **Heilquelle**. Schon die Römer genossen die heißen Quellen und ihre Siedlung im Ort gilt als die Älteste in der Steiermark. Im 19.Jhdt. wurden die nach den Römern in Vergessenheit geratenen Heilquellen neu erfasst und im Jahre 1836 entstand die noch heute gründerzeitlich anmutende Kuranlage. Ein Vermächtnis jener Zeit ist der 20ha große Kurpark mit exotischen Bäumen und Sträuchern. Nachdem wir wieder beim Wohnmobil angekommen sind lauschen wir noch den Rufen eines Fasans und legen uns schlafen. Am Morgen darauf geht es sofort in den **Saurierpark**. In einem Waldstück versteckt sind 70 lebensgroße Saurier. Auch noch nicht Ausgestorbenes tummelt sich höchst lebendig im Park. Ziegen, Esel, Ponys, Hühner und die possierlichen Kaninchen im Hasendorf. Eine groß angekündigte Sauriershow entpuppt sich als langweiliges Herumwatscheln eines Menschen im Saurier-Kostüm, von einem Hugo-Boss Trainigsanzug tragenden Dompteur mit Peitsche gebändigt. Naja, ... Ebenso enttäuschend entwickelt sich die folgende Zirkusdarbietung in einem Schuppen beim Spielplatz. Der Clown bläst Luftballons und formt Figuren daraus, um sie anschließend an die Kinder zu verkaufen! Geschäftstüchtig wird in aufdringlicher Weise versucht, allerlei Naschzeug und Trinken unter die Leute zu bringen. Der Saurierbändiger hat sich vom Trainingsanzug getrennt und ein passenderes Kostüm übergestreift. Seine gekonnten Darbietungen entschädigen uns für den anfänglichen Unmut wieder einigermaßen. Unser Resümee lautet für diesen Park: Für 25 Euro (2007) zu dritt bekommt man einfach zu wenig geboten!

Unsere Fahrt geht weiter über Deutsch Haseldorf, Pölten nach **Radkersburg**. Vor der Einfahrt in die Stadt entdecken wir einen Friedhofsplatz auf der linken Seite mit hohen Bäumen.

Diesen werden wir nach dem Thermenbesuch zum Nächtigen benutzen.

(129) WOMO-Stellplatz: Friedhof Altneudörfl

GPS: N 46°42.134' E 15°59.935'; Friedhofsweg 1.
max. WOMOs: 1-2. **Ausstattung/Lage:** außerhalb der Ortschaft.
Zufahrt: von L204 ca. 200m (noch vor Bahngeleise).

Winterlandschaft Altneudörfl

Ein Leitsystem führt uns dann weiter ins Zentrum und bis zur Therme. Direkt bei der Therme gibt es keinen nächtigungstauglichen Parkplatz. Also stellen wir das Womo nur für den Thermenbesuch und zur **Stadtbesichtigung** auf den großflächigen Parkplatz [N 46°41.221' E 15°48.996']. Ein Gehweg führt dann direkt in die Altstadt und zur Therme sind es auch nur 10 Gehminuten.

Der bestens erhaltene Renaissance-Befestigungsgürtel der Stadt mit Stadtgraben, sechs Basteien und Türmen stammt aus dem 16.Jhdt und diente zum Schutz gegen die Türken. Er wurde von Dominico dell' Allio entworfen. Seit ihrer Gründung 1182 war Radkersburg eine blühende Handelsstadt. Holz, Eisen und Salz wurden gegen landwirtschaftliche Produkte wie Wein und Honig aus dem Süden getauscht. Der einstige Wohlstand lässt sich noch an den schönen Palais und Bürgerhäusern erkennen. Im Haus Hauptplatz Nr. 30 sind noch profane Fresken aus dem früheren 15. Jhdt. erhalten. Die Kriegs- und Jagdszenen weisen auf die frühere Nutzung des Gebäudes als Kaserne hin. Ein Hauch von Dornröschenschlaf liegt über der Altstadt. Die kleine Grenzstadt am Ende der Klöcher Weinstraße wurde nach dem Ersten Weltkrieg in einen österreichischen und einen slowenischen Teil getrennt. Erst nach Errichtung eines Thermalbades und der 1975 Ergänzung des Ortsnamens durch die Beifügung **„Bad"** kam die wirtschaftliche Entwicklung in Gang. Weitere Sehenswürdigkeiten sind die gotische Stadtpfarrkirche, das Heimatmuseum und das alte Rathaus mit Stadtturm, dem Wahrzeichen von Radkersburg am Hauptplatz. In der **Therme** erwarten uns ein **Wildwasserstrudel**, eine Aromakammer und Thermalbecken mit 33-35 Grad Wassertemperatur. Die Quellen sind kalzium- und hydrogenkarbonathältig. Im Thermalrestaurant lassen wir uns Schnitzel und Germknödel gut schmecken. Öffnungszeiten: täglich 9-21:30, Freitag zusätzlich bis 23 Uhr, Tageskarte 17,50 €, Abendkarte ab 15:30 – 10,30 € (2007).

Diese Tour führt dann weiter nach Westen (B69) in Richtung der Autobahn A9 und weiter bis Gamlitz.

Pfarrkirche St. Peter und Paul in Gamlitz
sowie Stellplatz (siehe Österreich 1. Teil - der Osten, Band 59).

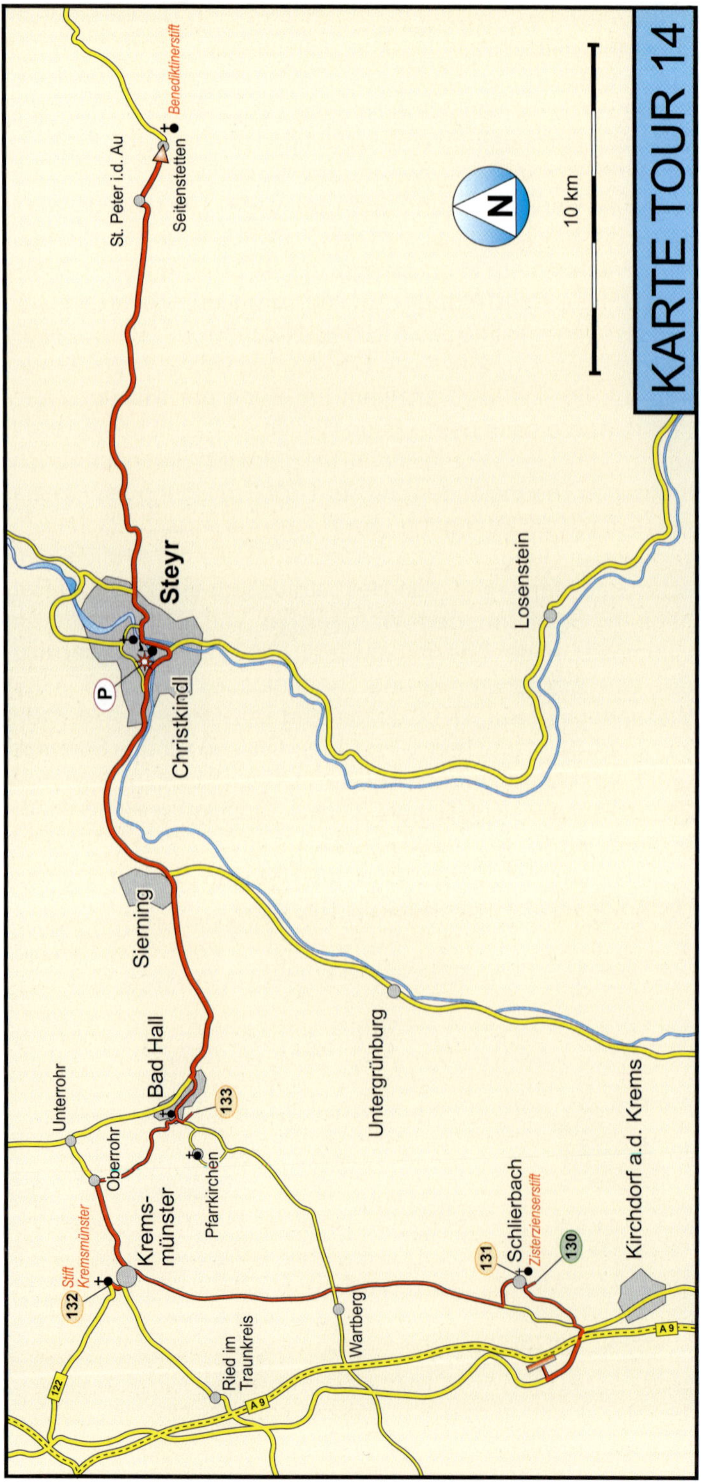
KARTE TOUR 14
10 km
N
St. Peter i.d. Au
Seitenstetten
Benediktinerstift
Steyr
P
Christkindl
Losenstein
Sierning
Untergrünburg
Bad Hall
133
Unterrohr
Oberrohr
Krems-
münster
Pfarrkirchen
Stift
Kremsmünster
132
Ried im
Traunkreis
Wartberg
Schlierbach
Zisterzienserstift
131
130
Kirchdorf a.d. Krems
A 9
122

TOUR 14 (ca. 75 km / 3 Tage)

Schlierbach - Kremsmünster - Bad Hall - Steyr - Seitenstetten

Freie Übernachtung:	Schlierbach (2x), Kremsmünster, Bad Hall, Seitenstetten
Besichtigen:	Stift Schlierbach mit Käserei, Stift Kremsmünster, Kurpark Bad Hall, Kirche Pfarrkirchen, Steyr, Seitenstetten
Baden:	Bad Hall

Die folgende Tour startet von der Autobahnabfahrt A9 – Inzersdorf im Kremstal – und führt über die Schlierbacher Bundesstraße nach **Schlierbach**.

Vor dem Zentrum führt eine schmale Straße nach rechts den Berg hinauf und ist mit einem grünen Wegweiser – SPES Akademie – gekennzeichnet. Dann halten wir uns rechts und fahren am SPES Hotel vorbei bis die Straße im Wald beim Wanderparkplatz endet.

(130) WOMO-Wanderparkplatz: Schlierbach

GPS: N 47°55.895‘ E 14°7.437‘; Güterweg Schacha.
max. WOMOs: 2-3. **Ausstattung/Lage:** keine / im Wald.
Zufahrt: laut Beschreibung, nach Hotel SPES.
Sonstiges: Vom Parkplatz aus führt ein Weg zur Jausenstation.

Eine zweite Nächtigungsmöglichkeit ist direkt am **Parkplatz beim Stift**. Also, bis ins Zentrum hinauf. Auf der rechten Seite ist nun das Stift zu sehen und gleich davor die Zufahrt zum **PKW Parkplatz** (nur für PKW beschildert).

Die Kehre scheint anfangs enger als sie wirklich ist. Oben sind links und rechts Parkflächen und am Ende des Parkplatzes führt eine Schotterstraße weiter zum Friedhof. Diesen Bereich wählen wir aus.

(131) WOMO-Stellplatz: Stift Schlierbach

GPS: N 47°56.341‘ E 14°7.679‘;. **max. WOMOs:** 2-3.
Ausstattung/Lage: keine / im Ort.
Zufahrt: laut Beschreibung, Stiftsparkplatz.

Am nächsten Tag besuchen wir mit der ersten Führung gleich das **Zisterzienserstift**. Öffnungszeiten: ganzjährig nur mit Führung, Mo. – Sa. 10-14 Uhr, So. und Feiertag 10:30 und 14:00 Uhr (Nov. bis Palmsonntag ist Sa. nachmittags sowie So. und an Feiertagen geschlossen!) – 7€/Person.

Die **Stiftskäserei**, gegründet 1924 durch Bruder Leonhard Kitzler, der ein gebürtiger Waldviertler war, ist ein Schwerpunkt der Stiftsführung. Im Erdgeschoss wurden damals die Produktionsräume eingerichtet und bald darauf erwiesen sich die Kellergewölbe als ideale Reifungskeller. Bereits 1931 wurden fünf verschiedene Käsesorten erzeugt. 1956 nach einem Verwertungsvertrag mit dem Schärdinger O.Ö. Molkereiverband stiegen die Kapazitäten und es erfolgten weitere Bauetappen im Jahre 1978 und 1982. Durch neue Sorten stieg die

Produktion 1991 auf ein Ausmaß von 700t oberflächengereiften Weichkäse mit Rotkultur. 1994/95 wurde die Schaukäserei errichtet, die heute von etwa 20.000 Besuchern jährlich aufgesucht wird. Heute liefern mehr als 80 Biolandwirte ihre Milch in die Klosterkäserei. Derzeit sind etwa 27 Personen im Käsereibetrieb beschäftigt. Im **Genusszentrum** erwartet uns - mit Blick über das Kremstal - nach der Führung eine Käseverkostung. Köstlich! Wir bevorraten uns dann noch mit verschiedenen Sorten aus dem Laden.

Nun aber zum Stift, dessen Gründung in Form der Burg von Schlierbach auf das Jahr 1355 zurückzuführen ist. In den folgenden Jahrzehnten folgte die Umwandlung in ein Kloster. Wegen Nachwuchsmangel wurde es in der **Reformationszeit** aufgelöst. **64 Jahre lang verwahrloste** das Gebäude bis es 1620 neu bewirtschaftet wurde. Später kamen Klosterbrüder vom Stift Rein in der Steiermark. Von nun an leistete das Kloster einen wesentlichen Beitrag zur Rekatholisierung Oberösterreichs.

Im Laufe der Führung erfahren wir, dass heute noch 21 Mönche in den Räumlichkeiten beherbergt werden. Der **Tagesablauf** entspricht getreu den **Aufforderungen Benedikts**:

05:55 Uhr: Morgenhore und Eucharistiefeier
11:45 Uhr: Mitttagshore
18:00 Uhr: Abendhore, Abendessen, Lesung, Nachthore.

Wir passieren noch den Teil des **Stiftsgymnasiums,** das 1925 gegründet wurde sowie den **barocken Bernardisaal** und den Kreuzgang mit der wahrscheinlich ältesten **Marien-Statue** von Schlierbach (1320). Vor der Statue aus Nussholz werden die verstorbenen Patres aufgebahrt.

Über eine steinerne Treppe erreichen wir die Stiftsgruft. Sie erinnert uns an italienische Bestattungen, denn die Toten werden in Nischen eingemauert und bei Platzmangel wieder exhumiert. Die Knochenreste werden dann in einer Nische aufgeschlichtet.

Schauen Sie sich die **Bibliothek** mal im Detail an. Vorerst glauben wir von schwerem Marmor umgeben zu sein. Doch die Säulen und Geländer sind aus kunstvoll bemaltem Holz. Die Bücher verschiedenster Fachrichtungen stammen unter anderem aus der Stiftung des **Heilers Bitterkraut.** Der Name passt, oder? Im unteren Geschoss des Genusszentrums gibt es auch noch einiges über die Glaswerkstätte zu erfahren.

Zuletzt erwähnen wir noch die **Wallfahrtskirche**. Das Thema aller **Freskendarstellungen** ist die Verherrlichung Marias und ist Maria und dem hl. Jakobus geweiht. Sie hat einen kreuzförmigen Grundriss. Eine weitere Besonderheit ist, dass die kleinen Gemälde mit vorgesetzten Glasscheiben geschützt sind. Die barocken Elemente wurden in einer derartigen Üppigkeit verwendet, dass wir kaum alle Details wahrnehmen können, um nicht zu sagen, dass sie ein wenig überfüllt wirkt.

Also, das Stift Schlierbach und seine Käserei beurteilen wir auf jeden Fall mit: „**Besonders sehenswert!**“

Und es geht weiter zum nächsten Stift. Über die Schlierbacher Landesstraße L554 kommen wir nach **Kremsmünster** und das imposante **Benediktinerstift Kremsmünster** taucht aus

Mathematischer Turm Kremsmünster

dem Hügelland vor uns auf. Wir sind beeindruckt von seiner hohen Fassade und den beiden Kuppeltürmen. Dahinter sehen Sie rechts den Mathematischen Turm. Wir folgen den Schildern zum **Besucherparkplatz** des Stiftes Kremsmünster.

(132) WOMO-Stellplatz: Stift Kremsmünster

GPS: N 48°3.209' E 14°7.566'; Fuxjägerstraße. **max. WOMOs:** 4-5.
Ausstattung/Lage: großer Parkplatz in vier Ebenen, Mülltrennung.
Zufahrt: laut obiger Beschreibung, Stiftsparkplatz, leider ist die Straße sowie die Eisenbahn zu hören.

Es herrscht reger Besuch im und ums Stift, denn es ist gerade Tag der offenen Tür. Leider gibt es deshalb ausnahmsweise keine Führung, aber es sind alle Räume frei zu besichtigen.

Doch bevor wir uns das Stift ansehen erzählen wir Ihnen noch eine wenig über die **Geschichte von Kremsmünster**. Eine Legende berichtet von der Entstehung des Stiftes Mitte des 8. Jahrhunderts. Der **Bayernherzog Tassilo III.** hatte einen Sohn namens Gunther, der bei einem Jagdunfall in den umliegenden Wäldern ums Leben kam. Der trauernde Vater höchstpersönlich hielt die Totenwache. Plötzlich soll ein weißer Hirsch mit flammendem Kreuz erschienen sein, den Tassilo als himmli-

sches Zeichen deutete. Dass diese Sage der Wahrheit entspricht gilt eher als unwahrscheinlich. Als wahrscheinlicher gilt, das Tassilo eine Kirche bauen ließ, die am 9.November 777 eingeweiht wurde und später entwickelte sich daraus das Benediktinerstift.

Die gotische Grabstelle unter der Orgel der Guntherkapelle erinnert noch an die Gründungslegende. Seine heutige Gestalt erhielt das Kloster durch barocke Um- und Neubauten unter Carlo Carlone und Jakob Prandtauer.

Nach Vollendung der **Sternwarte** waren die Bautätigkeiten 1759 zu Ende. Heute arbeiten etwa 55 Patres in der Gemeinschaft und in 26 dem Stift inkorporierten Pfarren. Das Stift gilt

traditionell als **Ort der Bildung und der Wissenschaft**. Auch Adalbert Stifter besuchte einst das renommierte Stiftsgymnasium, das seit 1547 bis zum heutigen Tage besteht. Wir spazieren durch das Brückentor. Über dem Portal prangen die drei Statuen der Stifter von Kremsmünster.

Die Doppeltürme des Stifts lassen auf eine Kirche schließen, doch im Kern handelt es sich um eine **romanisch-gotische Basilika**, die ab 1680 von Carlone barockisiert wurde. 12 Altäre mit prachtvollen Gemälden sind von 24 Marmorengeln flankiert, von denen 16 besonders wertvoll sind. Sie wurden 1682-86 von Michael Zürn d. J. geschaffen.

Im **Kaisersaal,** benannt nach den Portraits der Kaiser des Hl. Römischen Reiches Deutscher Nation, befindet sich der Prunksaal mit aufwendigen Fresken und Stuckaturen.

Fest verschlossen vor Besuchern schlummert leider auch der **originale Tassilokelch** in diesen Räumen in der Schatzkammer. Er diente 768 als Hochzeitskelch bei der Vermählung von Tassilo mit der langobardischen Königstochter Luitbirg. Auch bei sonstigen Bündnisfeierlichkeiten wurde er verwendet. Er besteht aus vergoldetem Kupfer, sein Materialwert ist relativ gering, als Besonderheit an ihm jedoch gelten sein Alter und seine Einzigartigkeit.

Er ist das älteste Goldschmiedekunstwerk im bayrisch-österreichischen Raum. Enttäuschung macht sich breit als sich unser Verdacht bestätigt. Der Kelch vor uns ist eine Replik! Das kostbare Original wird zwar zu kirchlichen Messfeiern und als Wahlurne (!) zum Gebrauchsgegenstand degradiert, aber für Besucher gibt es ihn nicht einmal zu sehen!

Die **Gemäldesammlungen** sind auf zwei Stockwerke verteilt. Die **Bibliothek** beinhaltet

165.000 Bände. Eine Sammlung verschiedener Kunstgegenstände und eine kleine Waffensammlung sind ebenfalls im Kaisersaal untergebracht.

Wir wandern wieder zurück zum äußeren Stiftshof und besuchen den **barocken Fischkalter**. Im Wasser schwimmen träge Karpfen und Störe sowie eine Forelle in beängstigender Größe. Die 5 Becken sind von den wasserspeienden Statuen Samson, David, Neptun und Triton eingefasst. Säulen und Arkadengänge verleihen dem Ganzen einen eleganten Stil. Carlo Carlone schuf dieses Bauwerk. Prandtauer war es zu klein. Er vergrößerte 1690 den Fischkalter.

Im **Mathematischen Turm** rechts neben dem Gymnasium drängen die Besucher zur Plattform an der Turmspitze hinauf, um eine schöne Aussicht zu genießen.

Oberhalb befindet sich die modern wirkende **Sternwarte**. Sie wurde aber bereits 1749 erbaut. Im Gebäude ist weiters eine naturhistorische Sammlung untergebracht, darunter auch ein berührendes Präparat von einem Kalb mit zwei Köpfen.

Öffnungszeiten: Kunstsammlungen 1.1.-30.4. und 1.11.-31.12. 11:00, 14:00, 15:30 Uhr täglich, 1.5.-31.12. zusätzlich 10:00, 16:00 täglich Eintritt 6,5€, Naturwissenschaftliche Sammlung 1.11.-30.4. gesperrt, Eintritt 7,50€ (2007).

Beim Hinausgehen gilt es noch einen wunderschönen Ginkobaum in gelbem Herbstkleid zu bewundern und wir verlassen Kremsmünster in Richtung Bad Hall auf der B122.

Vor **Bad Hall** können Sie bereits den Golfclub auf der rechten Seite sehen, dann steigt die Straße leicht an bis (noch vor dem Stadtzentrum) auf der linken Straßenseite ein grünes Schild zum Parkbad nach rechts zeigt. Nach etwa einem weiteren halben Kilometer kommen wir beim **Parkbad** an. Rechts liegt der Besucherparkplatz in mehreren Ebenen mit Baumbestand. Das Bad selbst wird gerade komplett umgebaut (2007).

Kurpark Bad Hall

(133) WOMO-Stellplatz: Parkbad Bad Hall

GPS: N 48°1.863‘ E 14°12.207‘; Schwimmbadstraße.
max. WOMOs: 2-3.**Ausstattung/Lage:** Schotter, Wiesenuntergrund, am Ortsrand in ruhiger Lage.
Zufahrt: Zufahrt laut obiger Beschreibung zum Parkbad.

Als Nachmittagsspaziergang bietet sich der direkt am Parkplatz angrenzende Kurpark an. Schon **Adalbert Stifter** und **Franz Grillparzer**

Fresken Pfarrkirchen

schwärmten vom weitläufigen Park mit exotischen Hölzern und Biotopen. Im oberen Bereich sind neuzeitliche Skulpturen und Plastiken platziert. Damit den Kleinen nicht langweilig wird wurden mehrere Spielgeräte aufgestellt. Hier bleiben wir bis die späte Herbstsonne hinter den gelb gefärbten Tulpen- und Ahornbäumen verschwindet.

Nach einer erholsamen Nacht machen wir uns früh morgens zu Fuß auf den Weg nach **Pfarrkirchen**. In nur etwa 15 Minuten haben wir die Kirche des Dorfes erreicht. Sie soll besonders sehenswert sein, doch uns kommen beim ersten Anblick von außen Zweifel. Als wir aber ins Innere gelangen stimmen wir der weitläufigen Meinung zu. Die **Kirche** ist mit feinstem **Stuckwerk und Fresken der Rokokoepoche** ausgestattet.

Schloss Lamberg

Weiter geht's, auf der Voralpen Bundesstraße B122 nach **Steyr.** Wir finden beim **Schloss Lamberg** ausreichend Parkmöglichkeiten.

„Die Gegend in und um Steyr ist über alle Begriffe schön ... .“; meinte Franz Schubert. Wie recht er doch hatte. Diese Stadt am Zusammenfluss von **Enns** und **Steyr** hat als Industriestandort eine strenge Trennlinie gezogen und bewahrt seine Altstadt wie einen Schatz. Waren es früher kleine Schmie-

Altstadt Steyr

dewerkstätten und später die Waffenfabrik von Josef Werndl, so sorgen heute die Steyr-Daimler-Puch Werke, das BMW Werk und eine Kugellagerfabrik für wirtschaftliche Dynamik in der drittgrößten Stadt Oberösterreichs. 1884 hatte Steyr bereits als **erste Stadt Europas elektrische Straßenlaternen**.

Museum Industrielle Arbeitswelt

Diese und viele andere bewegende Geschichten rund um die Industrialisierung in Steyr sind im Museum **Industrielle**

Museum Industrielle Arbeitswelt

Arbeitswelt am Wehrgraben zu sehen und zu hören.

Mit Videos, Fotos, Textanimationen, Rauminstallationen und einer Reihe künstlerischer Interventionen wird die brisante Thematik der Globalisierung präsentiert. Wer sich technische Ausstellungsobjekte wie Geräte oder Maschinen erwartet, der ist hier falsch. Wir finden am meisten Gefallen an dem modern umgebauten Industriegebäude. Geöffnet ist März bis Mitte Dezember täglich außer Montag von 9-17 Uhr, 5€/Person (2007).

Anschließend brauchen Sie nur über die Brücke der Steyr zu gehen und schon hat Sie die mittelalterliche **Altstadt** in ihren Bann gezogen. Wir besuchen erst einmal **Schloss Lamberg** und befinden uns in einem barocken Prunkbau, geschaffen vom Linzer Baumeister Johann Michael Prunner. Einst stand an dieser Stelle die „Styraburch", eine vermutete Wehrburg der Ottokare. Heute dient das Schloss als Verwaltungsgebäude und wir speisen in der **Schlosstaverne** bevor wir unseren Stadtrundgang fortsetzen.

Hinter dem Schloss hätten wir fast unseren Augen nicht getraut. Alpensteinböcke wandern auf schwindelerregend hohen Gesimsen herum und betrachten uns genauso erstaunt wie wir es tun. Wir wandern wieder hinunter und gehen die Enge Gasse durch zum Stadtplatz. Sie macht ihrem Namen alle Ehre und ist nur den Fußgängern vorbehalten.

Am **Stadtplatz** finden Sie ein harmonisches Nebeneinander der Bausstile von Gotik, Renaissance und Barock. Der Anblick des Bummerlhauses mit seinem steilen Giebeldach versetzt uns sofort ins Mittelalter und auch das Sternhaus (Hauptplatz

12) mutet mit seinen gotischen Erkern mittelalterlich an.

Der Innerberger-Stadl am Grünmarkt wiederum beeindruckt mit Renaissancestil vom Feinsten. Heute ist er Sitz des Stadtmuseums. In der Vorweihnachtszeit präsentiert es das kostbarste Ausstellungsstück, das „Steyrer Kripperl", ein Marionettentheater mit über 400 Figuren, die Szenen aus dem Handwerker- und Bürgerleben früherer Zeiten darstellend.

Die **Stadtpfarrkirche** stammt aus dem 15.Jhdt. von Hans Puchsbaum, der auch den Wiener Stephansdom plante. Unweit von Steyr finden Sie die barocke Wallfahrtskirche Christkindl, die als Weihnachtspostamt ein Begriff geworden ist.

Jetzt benötigen wir aber wieder einmal einen ruhigen Stellplatz. Wir verlassen Steyr in Richtung Osten und suchen den bekannten **Stiftsparkplatz in Seitenstetten** auf [N 48°1.997' E 14°39.274']. Siehe Band 59 Österreich 1.Teil.

Ausrüstung

Fahrrad

Die Mitnahme des „Drahtesels“ können wir im gebirgsreichen Westen Österreichs nicht unbedingt empfehlen, außer Sie gehören zur sportlichen Gruppe der Mountainbiker. Es gibt vielerorts schöne Radwege, viele Seen im Salzkammergut lassen sich gut mit dem Rad umfahren. Wir überlassen die Entscheidung ob Rad oder nicht mitnehmen ganz einfach Ihren sportlichen Ambitionen.

Surfbrett / Boote

Ein kleines Gummiboot passt immer ins Womo, die zahlreichen Seen laden zum Paddeln und Plantschen ein. Österreich hat eine über 60 Jahre alte Paddeltradition. Möglichkeiten ein Kajak oder Faltboot zu besteigen gibt es auf dem Inn, der Salzach, der Drau oder dem Lechfluß um nur einige zu nennen. Surfer finden z.B. am Attersee in Oberösterreich (hier weht der Rosenwind, ein kräftiger Ostwind), am Wörthersee in Kärnten oder am Bodensee in Vorarlberg ideale Bedingungen. Verbrennungsmotorbetriebene Boote sind aber grundsätzlich auf allen österreichischen Seen - natürlich mit einigen Sondergenehmigungen - verboten.

Angelausrüstung

Es wir in jedem Bundesland eine eigene amtliche Fischereikarte benötigt. Zusätzlich wird die Erlaubnis des Gewässerbesitzers bzw. Pächters benötigt. Auf „wildes“ Fischen stehen hohe Strafen.

Wanderausrüstung

Ein absolutes Muss! Also vergessen Sie auf keinen Fall den Rucksack, gute Bergschuhe und wandertaugliche, regensichere Kleidung. Plötzliche Wetterumschwünge, speziell im Gebirge sind oft nicht vorhersehbar. Schneefälle oberhalb von 2000m Seehöhe sind auch im Sommer keine Seltenheit und erfordern winterliche Kleidung.

Schiausrüstung

Einige Touren führen direkt an Schigebieten vorbei und sind genauer beschrieben. Sehr empfehlenswert weil auch gleich vor Ort übernachtet werden kann sind z.B. die Seetaler Alpen (Steiermark), der Katschberg an der Grenze Salzburg/Kärnten oder für alle, die ganz hoch hinaus wollen, das Kitzsteinhorn (Salzburg) oder das Stubachtal (Salzburg). Hier herrscht ganzjähriger Schibetrieb.

Essen und Trinken – eine Hommage an die österreichische Küche

Ihnen Österreich kulinarisch schmackhaft zu machen? Das wäre so als würde man dem Papst die Bibel erklären versuchen. Wie verschiedenartig sich die Kultur unseres Landes in Bezug auf Geschichte und Brauchtum präsentiert spiegelt sich auch in den heimischen Küchen wider und es wird regional sehr unterschiedlich der Kochlöffel geschwungen.
Eines aber gilt fürs ganze Land. Ganz gleich ob in einem kleinen Dorfwirtshaus oder auf einer Alm hoch in den Bergen, man isst einfach überall sehr gut. Es muss ja nicht gleich ein 5 Sterne Restaurant sein.
Viele Wirte bieten Montag bis Freitag preiswerte Menüs an, die sich jeder leisten kann. Um Ihnen ein bisschen Überblick zu verschaffen haben wir in die heimischen Kochtöpfe geschaut, kosten Sie sich einfach durch!

Wir fangen mit **Oberösterreich** an. Hier sind die Liebhaber der Knödel in allen Variationen zu Hause. Im Land ob´der Enns serviert man oft Speckknödel, Einmachknödel, Leberknödel oder deftige Grammelknödel neben dem saftig – sauren Surbraten oder dem Geselchten.
Und zum Nachtisch, wie wäre es da mit einem typisch oberösterreichischen Käse? Der „Schlierbacher" z.B. aus dem gleichnamigen Zisterzienserstift oder der würzige „Mondseer" aus dem Salzkammergut sind eine Kostprobe wert.
Der Einfluss der böhmischen Küche macht sich besonders bei der Nachspeise bemerkbar. Liwanzen, duftende Dalken und Zwetschkenpofesen werden in den Bäckereien angeboten uns sind es wert mit der nächsten Schlankheitskur noch zu warten. Und natürlich darf die Linzer Torte keinesfalls versäumt werden, dieser Traum aus nussigem Mürbteig mit dem typischen Gitter oben drauf und dazwischen mit Ribislmarmelade bestrichen.
Wussten Sie dass auch eine der berühmtesten Mehlspeisen der Republik aus Oberösterreich stammt? Der Kaiserschmarren ist es! Er wurde extra für Kaiser Franz Josef kreiert und so erhielt der einstige Schmarren der Holzfäller eine verbesserte, royale Rezeptur und schmeckt einfach himmlisch. Auf kaiserlichen Pfaden führt die kulinarische Reise weiter nach Bad Ischl – hier unweit der Kaiservilla bäckt seit 1905 der „Zauner" und sorgt für süße Köstlichkeiten wie den berühmten Zaunerstollen oder die Ischler Oblaten.
Getrunken wird in Oberösterreich gerne der Most, eine alkoholische Besonderheit aus vergorenem Saft von Äpfeln und Birnen.
Biertrinker kommen ebenfalls auf ihre Kosten. Zahlreiche kleine Privatbrauereien brauen ihre Biere und man schmeckt die gute Qualität des Mühlviertler Hopfens. Neben der Möglichkeit von Führungen mit Bierverkostung gibt es meistens regionales Bier in den Supermärkten oder beim Greißler vor Ort zu kaufen.

In **Salzburg** fangen wir gleich mit der Mehlspeise an. Kein Weg führt vorbei an den „Salzburger Nockerln". Das zuckerschneebedeckte Gebirge in Form von drei goldbraunen, gebackenen Nockerln gilt fast schon als kulturelle Beilage zu Mozart und Jedermann.
Käseliebhaber finden in der Schaukäserei in Schleedorf (zwischen Mattsee und Seekirchen) ein wahres Eldorado an köstlichen Käsesorten zum Direkt Verkosten. Gern isst man in Salzburg auch Schinkenfleckerl, Pinzgauer Kasnocken oder Lammstelzen.
Unser südlichstes Bundesland **Kärnten** verbindet die Einflüsse italienischer und slowenischer Ess- und Trinkkulturen. „Dober Mocnik", das Unterkärntner Schmalzmus weist slowenischen Ursprung auf. Die Kärntner lieben Nudeln in allen möglichen Arten der Zubereitung wie Kas-, Fleisch- und süße Kletzennudeln. Doch Halt! Die Kärntner Kasnudeln sind eigentlich keine Nudeln im klassischen Sinn sondern Tascherln aus Teig, gefüllt mit einer Topfen- Rahmmischung. Darüber wird zerlassene Butter geleert und Semmelbrösel darüber gestreut.
Ebenso nicht der schlanken Linie förderlich sind die Kärntner Nudeln mit Speckgrammalan oder der Ritscher, ein Bohnen- Gersteneintopf mit Zwiebeln, der auch in Teilen der Steiermark gegessen wird und jüdischen Ursprungs ist.

In der **Steiermark** gehört ein üppig belegtes Bauernbrot beim Mostheurigen genauso zu den regionalen Köstlichkeiten wie ein leichter Bohnensalat mit Kernöldressing. Typische Vertreter der steirischen Küche sind Steirisches Wurzelfleisch, Klachlsuppe, Blunzengröstl, Steirischer Sterz oder Steirisches Bruckfleisch. In der Südsteiermark wächst auch gleich der passende Wein dazu, der Schilcher. Es handelt sich hier um einen trocke-

nen Rose'wein, der nur in dieser Gegend kultiviert wird.
Die Steirer sind bei der Mehlspeise unangefochtene Krapfenkönige. Unglaubliche 100 Arten finden sich in den steirischen Kochbüchern. In der Schokoladenfabrik Zotter in Riegersburg gibt es neben einer Verkostung in der Fabrik mindestens ebenso viele Arten an verschiedenen Schokoladensorten zu kaufen. Wie der Schilcher gehören auch die Kürbiskerne untrennbar zu Steiermark. Sie werden zu allen möglichen Speisen wie Aufstriche, Guglhupf oder Brot gemengt und hauptsächlich zu hochwertigem Salatöl mit charakteristisch nussigem Geschmack gepresst.

Die **Tiroler** Küche gilt als bäuerlich, sie verwöhnt mit herzhaften Speckknödeln, Pressknödeln und verschiedenen „Gröschtln", Schlutz- und Schlipfkrapfen. Hinter dieser eigentümlichen Bezeichnung verstecken sich (die Tiroler mögen mir verzeihen) Verwandte der italienischen Ravioli. Nordtiroler Schinkenspeck gibt es überall in bester Qualität zu kaufen, ebenso den würzigen Bergkäse. Zur Herbstzeit dominieren köstliche Wild- und Schwammerlgerichte die Speisekarten der Gasthäuser.

Die für uns Ostösterreicher fast exotisch anmutende Sprache der **Vorarlberger** ist genauso einzigartig wie die Küche im „Ländle". Bestes Beispiel dafür wären die Kässpätzle oder Käsknöpfle, natürlich mit echtem Vorarlberger Bergkäse und gerösteten Zwiebeln obendrauf. Bregenzerwälder Ziegenkäse gehört ebenfalls zu den Gaumenfreuden im Land hinter dem Arlberg. Hochprozentiges zur Verdauung der deftigen Spätzle wird gerne zum Nachtisch getrunken. Der Obstler oder wie er in Nordtirol Pregler genannt wird, besteht aus gebrannten Äpfeln und Birnen. Fast alles Obst kommt als feines Destillat auf den Tisch, besonders der edle Vogelbeerbrand oder Enzian, Quitte und der würzige Zirbenschnaps.

Fauna / Tierwelt

In den Wäldern sind Hirsche, Rehe, Wildschweine, Füchse und Hasen zu Hause. Auf den zahlreichen Seen tummeln sich Stockenten, Blesshühner aber auch Möwen und viele elegante Höckerschwäne. Wandert man in der Dämmerung, huschen Fledermäuse und Eulen vorbei und der Ruf des Käuzchens ertönt.
Flüsse und Seen werden von Forelle, Barsch, Karpfen, Aal, Wels und Hecht bevölkert. Bachstelzen und der seltene Eisvogel kommen im Uferbereich von Flüssen vor. In den flachen, ruhigen Seen leben Rotfedern, Hechte, Welse und Karpfen. In Flüssen und Seen, die irgendwann ins Meer münden trifft man den wanderfreudigen Aal an (Ossiacher See, Afritzer See). In kalten, klaren Bergbächen tummeln sich Forellen besonders gern. In lichten Laubwäldern nisten Buchfinken, Amseln, Kohlmeisen und verschiedene Spechtarten besonders gern. Wer Glück hat erspäht im Dickicht vielleicht auch einen Feuersalamander. In den höheren Regionen ist z.B. der Nationalpark Hohe Tauern Zufluchtsort vieler selten gewordener Tiere wie dem Steinbock oder dem drolligen Alpenmurmeltier im Glocknergebiet. In Lebensräumen wie den Nördlichen Kalkalpen trifft man mit etwas Glück auf geschickt von Stein zu Stein springende Gämsen. Schwarze Alpensalamander haben es nicht so eilig, sie lieben feuchte Ufergebiete in 2000m Seehöhe. Einige dieser seltenen Überlebenskünstler haben wir unterhalb vom Lünersee in Vorarlberg entdeckt. Schneehasen verstecken sich sofort wenn der Steinadler aufsteigt und seine Kreise zieht. Die Schneehasen wechseln ihr Fell der Jahreszeit entsprechend und sind mit ihrem weißen Kleid im Schnee kaum zu erkennen. Im Sommer färbt es sich wieder braun. Wie der Schneehase färbt sich auch das Gefieder vom Schneehuhn im Jahreslauf.
Ein faszinierendes Tier der Bergwelt stellt die Alpendohle dar, sie ist leicht

an ihren grellorangenen Beinen und dem gelben Schnabel zu erkennen. Ihr Gefieder ist kohlschwarz. Sie findet sich in Scharen pünktlich bei den Bergbahnen ein, um von den Touristen Essensreste zu ergattern. Ihre Schläue reicht so weit, dass sie sich sogar die Ankunftszeiten der Bergbahnen merken kann (Pasterzenbahn am Großglockner).

Flora / Pflanzenwelt

Für jeden Hobby-Botaniker ein Erlebnis bieten Sumpf- und Moorgebiete, in denen zahlreiche Knabenkraut-Orchideen, Wollgräser, Trollblumen, Sibirische Schwertlilie, Schachbrettblume, fleischfressende Fettkrautarten u. a. Raritäten beheimatet sind. Für alle gilt ein Pflück- und Sammelverbot. Fettwiesen und Weiden locken mit Margariten, Glockenblumen, Himmelschlüsseln, Gräsern, Lichtnelken, Klee, Skabiosen, Löwenzahn und Storchschnabel. Wandern Sie auf Entdeckungsreise, ein kleiner Wiesenblumenstrauß darf gepflückt werden. Auch auf den ärmsten Böden, an Schutt- und Kiesplätzen findet man so manche Schönheit, wie z.B. die weiße Lichtnelke oder Farbkleckse von blauen Kornblumen gemischt mit Klatschmohn und Kamillen. Raps- und Sonnenblumenfelder ziehen im Frühling ein prächtiges Farbenkleid über. Der Wald blüht sogar im Winter, wenn die Schneerosen ihr Köpflein unter dem Buchenlaub vom Vorjahr emporheben. Süd- und ostalpine Endemiten aus der Eiszeit wie Wulfenprimel oder Frauenschuh sind vereinzelt noch in der Raggaschlucht in Südkärnten zu finden. Oberhalb von 2000m trotzen Alpenrose (bei uns „Almrausch“ genannt), Soldanelle, Steinbrecharten, Silberwurz, Latschenkiefer, Gletscher-Hahnenfuß, Edelweiß und Enzian den widrigen Bedingungen. Die Baumgrenze liegt bei ca. 2200m. Auf 3000m Höhe wagen nur noch Moose und Flechten zu gedeihen. An nördlichen Berghängen wachsen besonders Fichten (Zapfen hängen nach unten) und Tannen (Zapfen stehen aufrecht am Ast). Im Nadel- und Laubmischwald kann so manches schmackhafte Schwammerl den Speisezettel bereichern. Je nach Jahreszeit erfreuen Eierschwammerl (Pfifferlinge), Champignons, Steinpilze, Parasol, Bärentatze des Schwammerlsuchers Herz. 6kg dürfen gepflückt werden, falls keine Tafel auf generelles Sammelverbot hinweist. Wer will, kann sich auch Himbeeren, Erdbeeren, Heidel- und Preiselbeeren schmecken lassen. Im Herbst leuchten an Südhängen die goldgelben Nadeln der Lärche, dem einzigen „laubabwerfenden“ Nadelbaum Europas. Die 6 bestehenden Nationalparks in Österreich tragen wesentlich dazu bei, diese Vielfalt an Tieren und Pflanzen in einem funktionierenden Ökosystem nachhaltig zu bewahren.

In die 3 westösterreichischen Nationalparks haben wir auf unseren Touren hineingeschnuppert:

1. Der Nationalpark Kalkalpen

Er erstreckt sich in Oberösterreich in der Region Pyhrn-Eisenwurzen bis ins Hochalpine.

2. Der Nationalpark Hohe Tauern

Hier haben wir im Glocknergebiet die Murmeltiere besucht und sind im Maltatal die Kölnbreinsperre abgewandert. Auch die atemberaubende Bahn auf das Reißeck in Kärnten liegt im Nationalparkgebiet.

3. Der Nationalpark Nockberge

Sein Name leitet sich vom Begriff „Nocken“ ab. Tatsächlich erinnern die unverwechselbaren kristallinen Gebirgslandschaften an flaumige Nockerl. Auch viele Gipfel tragen am Ende diesen Namen. Mannigfaltige Tier- und Pflanzenwelt zeichnet diese Region zwischen dem Liesertal und der Turracher Höhe aus. Hier findet sich auch der größte Fichten- Lärchen- und Zirbenwaldbestand der Ostalpen. Am Falkertsee auf der Heidi-Alm z.B. sind Sie schon am Tor zum Nationalpark Nockberge angelangt und spätestens hier bei Heidi und Co. bleibt kein Kind mehr freiwillig im Womo sitzen.

Feiertage

01.Jänner Neujahr
06. Jänner Hl. Drei Könige
Ostersonntag und Ostermontag*
01. Mai Nationalfeiertag
Pfingstsonntag und Pfingstmontag*
Fronleichnam*
15. August Maria Himmelfahrt
26. Oktober Nationalfeiertag
01. November Allerheiligen
08. Dezember Maria Empfängnis
25. Dezember Christtag
26. Dezember Stefanitag
* variable Feiertage

Freies Nächtigen (Tirol!)

Wir praktizieren das einmalige Nächtigen in Österreich seit Jahren problemlos. Anfangs mit unserem „Nuffel" (Wohnwagen). Später folgte Womo „Ducki" und derzeit reisen wir mit dem „Heidiato". Wenn Sie sich an die üblichen Spielregeln halten, werden auch Sie kaum Unannehmlichkeiten haben. Darunter verstehen wir Rücksichtnahme auf Privatbesitz, Sauberkeit, Vermeidung von Lärm sowie Beachtung von Verboten jeglicher Art. Oft genügt schon ein freundliches Wort mit den Einheimischen und Sie sind ein willkommener Gast. Wir sehen es als Selbstverständlichkeit an, nicht vor einem Hotel, einer Pension oder vor einem Campingplatz zu übernachten.
In Tirol (sowie in Wien) ist freies Nächtigen im Womo auf Parkplätzen verboten! Hier sind Sie gezwungen einen Campingplatz anzusteuern. Wir haben nur zwei positive Ausnahmen gefunden. Den offiziellen Womo-Stellplatz in Schwaz und den kostenfreien Stellplatz bei der Rofanseilbahn am Achenseee. Die Campingplätze liegen aber oft direkt an stark frequentierten Straßen oder gar an der Autobahn. Findet sich endlich einer so ist er zumindest in der Hauptsaison heillos überfüllt und man wird weitergeschickt.
Das Fehlen von Stellplätzen für Wohnmobile trägt nicht dazu bei, Ihnen **Tirol** schmackhaft zu machen. Die Touristenströme werden freundlich lächelnd hingenommen, aber man hat berechtigterweise das Gefühl als Wohnmobilfahrer in Tirol nicht als zahlender Kunde wahrgenommen zu werden.
Von einem Campingplatzbesitzer erfuhren wir, dass die gemütlichen, kleinen Plätze in Tirol von den großen, teureren Erlebniscamps immer mehr verdrängt werden und das ist wirklich schade.
Urlaubsfrust stellt sich unweigerlich ein. Vielleicht haben Sie bemerkt, dass wir darum ab Innsbruck bis zur Silvretta keinen Zwischenstopp mehr gehalten haben. Bei der Rückfahrt sind wir ab Innsbruck über den Brenner nach Südtirol ausgewichen, um nach Kärnten zu gelangen. Um Ärger zu vermeiden, steuern Sie Tirol am besten in der Nebensaison im zeitigen Frühjahr oder September/Oktober an.

Geografie, Landesnatur, Bevölkerung

Österreich liegt im Herzen der Alpen, die Ostalpen bedecken 2/3 des Landes. Wir unterscheiden 3 Gebirgsketten:
Die **Nördlichen Kalkalpen**. Dazu gehören die Massive von Karwendel, Kaisergebirge, Tennengebirge, Dachstein, des Ennstals, der Eisenerzer Alpen, Rax und Schneeberg.
Die **Zentralalpen**. Sie bilden eine Kette mit den höchsten Gipfeln des Landes, dazu gehören die Ötztaler Alpen mit der Wildspitze (3768m), die

Hohen Tauern mit dem höchsten Berg Österreichs, dem Großglockner (3798m) und dem Großvenediger (3666m).
Die **Südlichen Kalkalpen**. Sie umfassen die Nordseiten der Karnischen Alpen und der Karawanken, den Grenzgebirgen zu Italien und Slowenien.
Nach Nordosten schließt sich das **Alpenvorland** an, nördlich der Donau das Mühl-, Wald- und Weinviertel, östlich der Alpen die Ebene des Wiener Beckens.
Hauptflüsse sind Donau, Inn, Salzach, Traun, Enns, Mur und Drau.
Die **5 größten Städte** des Landes sind Wien, Graz, Linz, Salzburg und Innsbruck.
Rund 98% der überwiegend katholischen Bevölkerung ist deutschsprachig, daneben gibt es Tschechen, Kroaten, Ungarn, Slowenen, Türken, Inder und viele andere Minderheiten.
Insgesamt leben über 8 Millionen Menschen im Land auf einer Fläche von 84 000 km2.
Nur 580 km lang wäre ein Faden, gespannt vom westlichsten bis zum östlichsten Zipfel des Landes.

Geschichte der Republik Österreich:

Die wechselvolle, ganze Bibliotheken füllende Geschichte Österreichs ausführlich auf ein paar Seiten eines Womo-Führers zu minimieren, das wäre reine Vermessenheit und ein Ding der Unmöglichkeit. Es handelt sich hier lediglich um einen zaghaften Versuch, sich einigermaßen Überblick zu verschaffen.
Der römisch-deutsche **Kaiser Otto I**. hatte 955 die temperamentvollen Ungarn auf dem Lechfelde bei Augsburg besiegt. Damit die Ungarn keinen Unfrieden mehr stiften konnten, legte Otto eine neue Mark an und gab ihr auch gleich seinen Namen, **OTTONISCHE MARK**. Sie war sozusagen die Wiege von Österreich und befand sich im Gebiet zwischen dem Fluss Enns im Westen und des Traisen-Fluss im Osten.
Österreich wurde ab 996 „**Ostarrichi**" genannt. Der Nachfolger von Otto I., Sie werden es erraten haben, war **Otto II**. Der schickte einen Babenberger aus, die Ottonische Mark zu verwalten. Von nun an lenkten durch 270 Jahre die **Babenberger** die Geschicke unseres Heimatlandes, davon 180 Jahre als Markgrafen. Durch Kampf wuchs das Gebiet stetig nach Osten zu den Flüssen March und Leitha. Die Babenberger heirateten möglichst schlau und knüpften dadurch vorteilhafte Verbindungen mit großen deutschen Geschlechtern sowie mit Polen, Böhmen und Ungarn. Bald waren sie das mächtigste Geschlecht im Land. Klostergründungen waren ebenfalls ein beliebtes Werkzeug zur Machtvergrößerung. Dieser Tatsache verdanken wir unseren reichen Schatz an gut erhaltenen Stiften und Klöstern (Klösterreich).
Markgraf Leopold III. legte schließlich den Grundstein für die heutige Größe Österreichs. Für sein Land, das durch Heuschreckenschwärme (!) und Pest arg gelitten hatte, sorgte er wie ein Vater. Er wurde später heiliggesprochen und würde sich wohl freuen, dass er als Landespatron von Niederösterreich, Oberösterreich und Wien bis zum heutigen Tage verehrt wird.
1192 kam die Mark an der Mur, das heutige Bundesland **Steiermark** dazu. **Kärnten** entstand aus einem Herzogtum etwas später. Das heutige **Tirol** wurde vom Grafen Meinhard II. von Görz begründet und Meran war die Hauptstadt, seit dem 15. Jhdt. findet sich Innsbruck in den Geschichtsbüchern. **Oberösterreich** war im 6. Jhdt fast menschenleer und wurde von den Bayern besiedelt. Die Babenberger waren dem Land westlich der Enns sehr gewogen, 1212 erhielt die Stadt Enns bereits das Stadtrecht. Die heutige Hauptstadt Linz war seit der Zeit Przemysl Ottokar Mittelpunkt der Verwaltung. In den Urkunden finden wir den Namen „Österreich ob der

Enns".
Um 1250 waren die Grenzen des heutigen Salzburg erreicht. Die geistlichen Fürsten des Landes bestimmten immer mehr die Geschicke von **Salzburg** und waren dank Erzbischof Eberhard II. Begründer Salzburgs. **Vorarlberg**, unser kleinstes und westlichstes Bundesland entstand aus einer dreigeteilten Grafschaft. Das Wappen des Landes geht auf den Grafen von Montfort zurück. **Burgenland** wurde durch Siedler aus Bayern und Österreich vom 11.-13. Jhdt geformt. Bedeutende Adelsgeschlechter errichteten Herrschaftsburgen, daher der Name Burgenland.
Zuletzt zu **Wien**, Bundesland und Hauptstadt von Österreich. Vindomina hieß Wien zur Keltenzeit, unter den Römern als Kastell **Vindobona** bekannt, regierte Kaiser Marc Aurel das römische Weltreich von Wien aus und starb auch hier. Um 881 als Wenia benannt, gelangte Wien im 12. Jhdt zu wirtschaftlicher Bedeutung und wurde zur Residenz der Herzöge von Österreich. 1221 erhielt Wien das Stadtrecht.
1246 waren die **Babenberger** ausgestorben. Der Böhmenkönig **Ottokar II. Przemysl** errang die Herrschaft in Österreich, wurde aber später von **Rudolf I. von Habsburg** in der legendären Schlacht bei Dürnkrut geschlagen. Die über 600 Jahre dauernde Regentschaft der **Habsburger** begann. Durch geschickte Heiratspolitik stiegen die Habsburger zur Großmacht auf und etablierten sich in Burgund und Spanien. Österreich wird ein Vielvölkerstaat. Die soziale Kluft zwischen unvorstellbar armen Bauern und verschwenderisch auf deren Kosten lebender Adel und Klerus, war riesengroß. Erst im späten Mittelalter entstand eine bürgerliche Mittelschicht.
Im Zuge von katholisch-protestantischen Gegensätzen kam es 1618 zum Dreißigjährigen Krieg in Böhmen. 1683 kamen die Türken wieder und plündernd ins Land, die Rückeroberung Ungarns dauerte bis 1699. Mit **Kaiserin Maria Theresia** begann erstmals eine erste Epoche der Reformen. Im österreichischen Erbfolgekrieg 1740-1748 kann sie sich gegen Bayern, Frankreich und Spanien behaupten. Ihr verdanken wir übrigens auch die Einführung der allgemeinen Schulpflicht. Wesentlich radikaler in der Durchsetzung von Veränderungen aber war Maria **Theresias Sohn, Joseph II**. Er hob die Leibeigenschaft auf und legte mit dem „Toleranzpatent" einen Grundstein zur Religionsfreiheit in Österreich. Die Reduzierung von Prunk und Luxus innerhalb der katholischen Kirche wurde eingeführt, viele katholische Feiertage teilweise oder ganz abgeschafft. Unmut erregte Joseph II. durch Einführung von so genannten Klappsärgen. Die Leiche wurde nur in einen Sack eingenäht und in eine nach unten aufklappbare Holzkiste gelegt. Damit waren teure Särge, die verfaulten quasi überflüssig. Ein Recyclingmodell der ersten Stunde... .
Unter Joseph II. entstand auch das Allgemeine Krankenhaus mit dem Narrenturm (hieß wirklich so).
Es war die Zeit des so genannten „**Aufgeklärten Absolutismus**". Der Herrscher galt als erster Diener des Staates. Im Zuge verschiedener Auseinandersetzungen mit Frankreich verlor Österreich Belgien, die Lombardei und ganz Oberitalien, erhielt aber Venetien, das äußere Istrien und Dalmatien.
1806 und 1809 drang **Kaiser Napoleon** bis Wien vor und besetzte die Stadt.
1813 trat Österreich neben Russland, Preußen und England in den Krieg gegen Frankreich ein und Napoleon war besiegt. 1815 erfolgte die Neuordnung Europas unter den Siegermächten in Wien, unter „**Wiener Kongress**" besser bekannt. Österreich wird Präsidialmacht des Deutschen Bundes.
Die einfache, biedere Lebensweise der Epoche zw. 1815-1848 verlieh der Biedermeierzeit ihren Namen. Malerei, Dichtung und Theater erlebten eine Hochblüte. 1848/49 kam es auch in Österreich zur Revolution. Staatskanz-

ler Metternich wurde gestürzt und Kaiser **Franz Joseph I**. bestieg den Thron. Europa kam auch nach der Revolution nicht zur Ruhe. 1859 kam es zum Krieg Österreich gegen Italien und Frankreich. Die Österreichischen Truppen verloren die entscheidende Schlacht bei Solferino und mussten die Lombardei abtreten. 1866 erfolgte die nächste Niederlage in der Schlacht gegen die Preußen bei Königgrätz. Die verschiedenen Nationen im Vielvölkerstaat Österreich drängten teilweise auf Eigenständigkeit und Kaiser Franz Joseph gelang es nicht, zu einer Lösung des Problems zu kommen. Besonders die Ungarn drängten auf Selbständigkeit mit eigener Verfassung. 1867 kam es zum Ausgleich, die Doppelmonarchie Österreich-Ungarn entstand.
Seit Beginn des 20. Jahrhunderts waren die Großmächte Europas in zwei Staatenbündnisse geteilt, dem Dreibund (Deutsches Reich, Österreich-Ungarn, Italien) und der Entente (Frankreich, Großbritannien, Russland). Die beiden Bündnisse standen sich misstrauisch, ja feindselig gegenüber. Es begann unheilvoll in Europa zu brodeln (Marokkokrisen, Kolonialstreitigkeiten, Balkankrise und Unruhen in Bosnien).
Am 28. Juli 1914 erklärt die Monarchie Serbien den Krieg. Anlass war die Ermordung des österreichischen Thronfolgers **Franz Ferdinand** und seiner Frau Sophie in Sarajevo. Es entwickelte sich daraus der 1. Weltkrieg mit ca. 9 Millionen Toten. Er endete 1918.

Die **Republik Österreich** wird im **Oktober 1918** ausgerufen. Der endgültige Friedensschluss 1919 in Saint-Germain besiegelt die Zerschlagung der Habsburgermonarchie. Im Februar 1919 fanden die ersten Wahlen statt, bei denen erstmals auch die Frauen stimmberechtigt waren. 1920 folgte der Beitritt zum Völkerbund. Nur langsam erholte sich die Wirtschaft nach dem verheerenden Krieg. Hungersnot und Geldentwertung machten der jungen Regierung zu schaffen.1933 löste sich der Nationalrat auf und wurde nicht mehr einberufen.
1934 eskalierte die politische Lage. Zwei Monate nachdem **Bundeskanzler Dollfuß** eine neue Verfassung verkündet hatte, wurde er erschossen. Das traurige Ende der Demokratie folgte. Österreich verschwand für einige Jahre von der Landkarte Europas.
Am 12. März 1938 ließ **Adolf Hitler** deutsche Truppen in Österreich einmarschieren. Er versprach dem Volk ein Ende der Arbeitslosigkeit und vieles mehr. Wie kein Anderer zuvor war er begabt, die Massen zu mobilisieren und zu begeistern. Österreich wurde an Deutschland angeschlossen. Der 2. Weltkrieg begann schließlich mit dem Einmarsch Hitlers in Polen. Etwa 60 Millionen Menschen fielen dem Krieg zum Opfer. Davon 6 Millionen europäische Juden in den Konzentrationslagern. 1945 endete der Krieg mit der Kapitulation Hitler-Deutschlands.
1945 wurde **zum zweiten Mal die Republik Österreich** ausgerufen. Das Land blieb aber besetzt und wurde von den Siegermächten Frankreich, USA, Großbritannien und Russland in 4 Besatzungszonen eingeteilt. 1955 schlossen die 4 Großmächte den Staatsvertrag mit Österreich ab, er brachte dem Land Unabhängigkeit und verpflichtete uns bis heute zur **Neutralität.** Ein unbeschreiblicher Jubel brach aus, als **Bundeskanzler Leopold Figl** nach langwierigen Verhandlungen am Balkon von Schloss Belvedere erschien und dem Volk zurief: „**Österreich ist frei!**"
Die Österreichische Volkspartei und die Sozialistische Partei regierten in den folgenden Jahrzehnten abwechselnd und 1986 auch miteinander. 1995 erfolgte der Beitritt zur EU nach vorheriger Volksabstimmung. Derzeit (2005) regiert in Österreich eine Koalition von Volkspartei und Freiheitlicher Partei.

(Früh-) Kulturgeschichte Österreichs in chronologischer Reihenfolge: Siehe Band 59, Mit dem Wohnmobil anch Österreich Teil 1, der Osten.

Klima

Generell herrscht Binnenlandklima. Die klimatischen Verhältnisse der Ebenen bieten kaum Überraschungen. Im Weinviertel zeigt sich der Sommer meist regenarm, warm und windig, der Winter relativ mild und schneearm. Wenige Kilometer nördlicher im Waldviertel wird's etwas rauer. Temperaturschwankungen von 10° C und mehr sind keine Seltenheit. Kältepole gibt es auch in Salzburg, wo es im Sommer besonders ausgiebig regnen kann (Salzburger Schnürlregen).
Im Gebirge können plötzlich aufziehende Gewitter, Schneestürme, Nebel, Hagel und Lawinen für böse Überraschungen sorgen. Wandert man bei herrlichem Sonnenschein frühmorgens los, kann das Wetter sich mittags schon wieder von seiner unfreundlichsten Seite zeigen. Eine Wanderung ins Gebirge erfordert daher neben Kondition unbedingt die passende Kleidung. Markierte Wege nicht zu verlassen versteht sich wohl von selbst.

Maut - Vignette

Die Vignette ist in Trafiken und Tankstellen, speziell im Grenzbereich, zu beziehen .

Für Fahrzeuge bis 3,5 t.
Mehrspurige Kraftfahrzeuge bis zu einem höchstzulässigen Gesamtgewicht von 3,5 t, wobei das Gesamtgewicht eines allfälligen Anhängers zu dem des Zugfahrzeuges nicht addiert wird.
10-Tages-Vignette 7,60 €
2-Monats-Vignette 21,80 €
Jahres-Vignette 72,60 €

Für Fahrzeuge über 3,5 t.
Die fahrleistungsabhängige Maut auf Österreichs Autobahnen und Schnellstraßen gilt für alle Fahrzeuge über 3,5 t höchstzulässigem Gesamtgewicht (Lkw, Busse und schwere Wohnmobile). Die Mauteinhebung erfolgt mittels Mikrowellentechnologie, vollelektronisch und ohne Beeinträchtigung des Verkehrsflusses. Es wird die so genannte „GO-Box" benötigt, welche an über 200 Verkaufsstellen erhältlich ist.
Fahrzeuge mit 2 Achsen bezahlen 0,130 €/km,
Fahrzeuge mit 3 Achsen 0,182 €/km und
Fahrzeuge über 3 Achsen 0,273 €/km.
Genaueres dazu unter http://asfinag.at

Notruf und Panne

Feierwehr **122**
Polizei **133**
Rettung **144**
Hoffentlich tritt niemals der Fall ein, dass Sie einen Unfall haben oder Ihr Womo streikt. Aber speziell dann ist rasche Hilfe als Schadensbegrenzung besonders wertvoll. Sollten Sie einen Schutzbrief haben lesen Sie am besten darinnen nach wie weiter verfahren werden soll. Das kann hohe Abschleppkosten ersparen. Grundsätzlich gibt es in Österreich zwei Automobilclubs. Ich habe bei beiden nachgefragt und folgende Informationen bekommen.
ÖAMTC
Pannenrufnummer **120**
Nichtösterreicher mit Schutzbrief (z.B. ADAC) wählen folgende Pannenrufnummer **0043/125 120 00**
Grundsätzlich können Fahrzeuge bis 3,5t, 7m Länge, 3m Höhe und 2,5m Breite abgeschleppt werden.

ARBÖ
Pannenrutruf **123**
Bei Wohnmobilen wird standardmäßig ein Partnerunternehmen beauftragt.

Reisezeit (Übersicht Seite 7)

Grundsätzlich gibt es keine allgemein gültige Aussage. Wir können dazu nur eine Empfehlung abgeben. Sie ist natürlich von Ihrer geplanten Urlaubstour und den gewünschten Freizeitaktivitäten abhängig. Westösterreich mit seinen unzähligen Wandermöglichkeiten hat ab Ostern und September/Oktober für alle Bergfexe ganz besonderen Reiz. Viele Burgen, Stifte und Schlösser haben über die Wintermonate nicht geöffnet und schließen ihre Tore bereits Ende Oktober bis April oder Mai.
Sicherlich hat auch der Sommer seinen Reiz. Die Blumenwiesen leuchten in den schönsten Farben und zahlreiche Seen mit Trinkwasserqualität laden zum Baden und Planschen ein. Mit überfüllten Stränden muss aber allemal gerechnet werden. Auch in Tourismusstädten wie Lienz, Innsbruck, Salzburg oder Bregenz drängen Juli/August tausende Besucher in den Gassen und bei den klassischen Sehenswürdigkeiten. Wir waren als begeisterte Schifahrer aber auch im Winter und in der stimmungsvollen Weihnachtszeit unterwegs.

Souvenirs

Vergraben Sie sich bitte nicht in muffige Einkaufstempel. In ganz Westösterreich werden Sie Gelegenheit haben in schmucken Altstadtvierteln nach typisch österreichischen Mitbringsel für Ihre Lieben daheim Ausschau zu halten oder auch Urlaubserinnerungen fürs eigene Heim oder den Garten nach Hause mit zu nehmen. Immer ein guter Einkaufstipp sind die regionalen Bauernmärkte oder der „ab Hof Verkauf“ direkt beim Bauern. Hier haben Sie z.B. in der Steiermark Gelegenheit das beste, noch warme Kürbiskernöl frisch von der Presse weg zu kaufen und zu verschenken. Auf stimmungsvollen Adventmärkten werden im ganzen Land schöne Holzschnitzarbeiten, Holzspielzeug, Strickwaren, Trachten, Edelbrände, Honig und vieles mehr angeboten.
Falls Sie nicht zu den Einfallslosen gehören wollen, die mit Mozartkugeln mutwillig die Symphatie der Verwandtschaft verspielen (Mozartkugeln gibt es in jedem Supermarkt in ganz Österreich zu kaufen), dann haben wir hier einige Empfehlungen parat.
Wie wäre es mit einem kuscheligen Lammfell vom Bauernmarkt oder einer Murmeltiersalbe für die rheumageplagte Oma? Wir sind in unserem Alkoven schon längst mit Fellen ausgestattet wie zur Zeit der Kelten und haben nie wieder Kreuzschmerzen bekommen.

Straßenverkehrsordnung

In Österreich herrscht **Gurtpflicht**.
Die Blutalkoholgrenze beträgt **0,5 Promille**. Telefonieren während der Fahrt ist nur mit **Freisprecheinrichtung** erlaubt. Kinder benötigen einen geeigneten Kindersitz.
Erlaubte Höchstgeschwindigkeiten für PKW bzw. Womos bis 3,5t:
Ortsgebiet 50km/h, Bundes- bzw. Schnellstraße 100km/h und auf Autobahnen 130km/h. Für PKW mit Anhänger bis 750kg ist auf Autobahnen die Höchstgeschwindigkeit auf 100km/h begrenzt. Auf Landstraßen ist die Geschwindigkeit für PKW mit Anhänger zusätzlich auf 80km/h begrenzt.
Ab November 2005 müssten auch mehrspurige Kraftfahrzeuge ganzjährig mit Licht fahren!
Diese Regelung wurde mit 1. Jänner 2008 wieder außer Kraft gesetzt.

WUPS - der WOMO-Urlaubs-Parner-Service

Regelmäßig zur Vorurlaubszeit liest man sie in Zeitungen und einschlägigen Zeitschriften, die Suchannoncen der Wohnmobilfamilien, die sich nicht allein auf weite Tour wagen wollen:

Portugal, 4 Wo. Jul./Aug. Wir 42/43/12 männl./Hund, mit Wohnmobil suchen Begleitfamilie/n mit Kindern 9-13 J. u. eig. Wohnmobil, Tel.....

Ob sie wohl Erfolg haben? Wir wünschen es ihnen! Was aber sind die Beweggründe für die "Partnersuche auf (Ferien-) Zeit"?

Sie können sich selbst die Gründe zusammensuchen, denn Sie hatten ja auch schon mal diese Idee. Da ist die lange Fahrt mit ihren Tücken, bei der man sich bei Problemen helfen kann. Übernachtungen in einsamer Umgebung - mit einem Partner wäre einem da viel wohler. Gemeinsame Unternehmungen machen viel mehr Spaß; den Grill wirft man abwechselnd an (und nimmt nur einen mit), Einkäufe und Wasserholen, gemeinsam oder im Wechsel, aber nur mit einem Auto; abends, da hat man den passenden Gesprächspartner und ganz wichtig: die Kinder haben Spielgefährten im passenden Alter.

Die Liste der Vorteile gemeinsamen Reisens ließe sich noch erheblich verlängern - und so waren wir auch gar nicht verwundert, dass wir geradezu mit der Nase darauf gestoßen wurden:

„WOMO-Verlag, unternehmt da mal etwas!"

Wir haben uns zusammengesetzt und beraten, entwickelt, verworfen und verbessert. Was wir schließlich ausgebrütet haben, lässt sich am einfachsten mit folgendem Sätzchen umschreiben:
Durch WUPS soll jedem Interessenten ohne den geringsten finanziellen Aufwand eine passende Urlaubspartnerfamilie vermittelt bekommen. Das passende Medium dafür ist das Internet!

Wie nimmt man teil?

In unserem Internetforum unter: http://wups.womo.de können Sie sich kostenlos mit allen wichtigen Daten wie Urlaubsziel, Reisezeit, eigenem Alter (und dem evtl. mitreisender Kinder), eMail-Adresse sowie Lieblingsaktivitäten eintragen (oder von Freunden mit Internetanschluss eintragen lassen).
Es liegt nun an jedem einzelnen, den passenden Partner aus den angegebenen Daten, ergänzenden eMails oder Kurznachrichten zu ermitteln. Jedem Teilnehmer ist es selbst überlassen, wie viele Daten er angeben möchte oder nicht (bei uns ist jeder sein eigener Datenschützer). Selbst ohne Angabe von Telefonnummer oder eMail-Adresse ist eine Kontaktaufnahme per Kurznachricht möglich, die kein anderer lesen kann!
Wir wünschen schon jetzt doppelten Spaß im gemeinsamen WOMO-Urlaub!

Zum Schluss: In eigener Sache - oder der Sache aller!?

Urlaub mit dem Wohnmobil ist etwas ganz besonderes. Man kann die Freiheit genießen, ist ungebunden, dennoch immer zu Hause, lebt mitten in der Natur - wo man für sein Verhalten völlig selbst verantwortlich ist!
Seit mehr als 20 Jahren geben wir Ihnen mit unseren Reiseführern eine Anleitung für diese Art Urlaub mit auf den Weg. Außer den umfangreich recherchierten Touren haben wir viele Tipps allgemeiner Art zusammengestellt, unter ihnen auch solche, die einem WOMO-Urlauber eigentlich selbstverständlich sein sollten. Weil wir als Wohnmobiler die Natur in ihrer ganzen Schönheit und Vielfalt hautnah erleben dürfen, haben wir auch besondere Pflichten ihr gegenüber, die wir nicht auf andere abwälzen können.

Jährlich erhalten wir viele Zuschriften, Grüße von Lesern, die mit unseren Reiseführern einen schönen Urlaub verbracht haben und sich herzlich bei uns bedanken. Wir erhalten Hinweise über Veränderungen an den beschriebenen Touren, die von uns bei der Aktualisierung der Reiseführer Berücksichtigung finden.
Aber: Wir erhalten auch Zuschriften über das Verhalten von Wohnmobilurlaubern, die sich egoistisch, rücksichts- und verantwortungslos der Natur und ihren Mitmenschen - nachfolgenden Urlaubern und Einheimischen - gegenüber verhalten.
In diesen Briefen geht es um die Themen Müllbeseitigung, Abwasser- und Toilettenentsorgung. Es soll immer noch Wohnmobilurlauber geben, die ihre Campingtoilette nicht benutzen, dafür lieber den nächsten Busch mit Häufchen und Toilettenpapier "schmücken", die den Abwassertank nicht als Tank benutzen, sondern das Abwasser unter das WOMO trielen lassen, die ihren Müll neben dem Wohnmobil liegenlassen und davondüsen, alles frei nach dem Motto: "Nach mir die Sintflut!"

Liebe Leser!
Wir möchten Sie im Namen der gesamten WOMO-Familie bitten: Helfen Sie aktiv mit, diese Schweinereien zu unterbinden! Jeder Wohnmobilurlauber trägt eine große Verantwortung, und sein Verhalten muss dieser Verantwortung gerecht werden. Bestimmt hat mancher, dem Sie auf Ihrer Tour begegnen und der sich unwürdig verhält, das gleiche Büchlein in der Hand wie Sie. Er weiß zumindest jetzt, worum es geht. Sprechen Sie ihn an und weisen Sie ihn auf sein Fehlverhalten hin. Der nächste freut sich, wenn er den Stellplatz sauber vorfindet, denn auch er hat sich seinen Urlaub verdient!
Vor allem aber: Wir erhöhen damit die Chance, dass uns unsere über alles geliebte Wohnmobil-Freiheit noch lange erhalten bleibt.

Helfen Sie mit, den Ruf der Sippe zu retten!
Verhindern Sie, dass einzelne ihn noch weiter in den Schmutz ziehen!
Wir danken Ihnen im Namen aller WOMO-Freunde ?

Ihr WOMO-Verlag

Stichwortverzeichnis

Der WOMO®-Pfannenknecht

ist die saubere Alternative zum Holzkohlengrill.

* Kein tropfendes Fett,
* Holz statt Holzkohle,
* vielfältige Benutzung –
* vom Kartoffelpuffer bis zur Gemüsepfanne.

Massive Kunstschmiedearbeit, campinggerecht zerlegbar, Qualitäts-Eisenpfanne von Rösle, bequeme Handhabung im Freien, einfachste Reinigung.

Nur 49,90 € – und nur bei WOMO!

Der WOMO®-Aufkleber

WOMO® fan
www.womo.de

* passt mit 45 cm Breite auch auf Ihr Wohnmobil.
* ist das weit sichtbare Symbol für alle WOMO-Freunde.

Nur 2,90 € – und nur bei WOMO!

Der WOMO®-Knackerschreck

* ist die universelle und **sofort sichtbare Einbruchssperre**.
* Wird einfach in die beiden Türarmlehnen eingehängt, zusammengeschoben und abgeschlossen. (tagsüber unter Einbeziehung des Lenkrades, nachts direkt, somit ist Notstart möglich).
* Passend für Ducato, Peugeot, MB Sprinter sowie VW (LT & T4).
* Krallen aus 10 mm starkem Edelstahl, d. h. nahezu unverwüstlich.

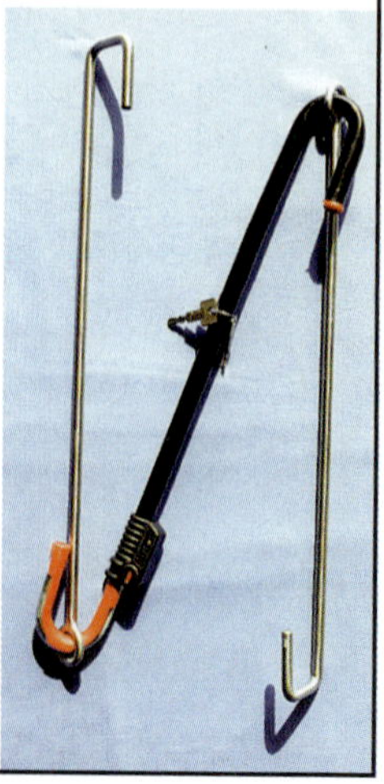

Nur 44,90 € – und nur bei WOMO!

Info-Blatt für das WOMO-Buch: Österreich (W)'08

(ausgefüllt erhalte ich 10% Info-Honorar auf Buchbestellungen direkt beim Verlag)

Lokalität: Seite: Datum:

(Stellplatz, Campingplatz, Wandertour, Gaststätte, usw.)

unverändert gesperrt/geschlossen folgende Änderungen:

Lokalität: Seite: Datum:

(Stellplatz, Campingplatz, Wandertour, Gaststätte, usw.)

unverändert gesperrt/geschlossen folgende Änderungen:

Lokalität: Seite: Datum:

(Stellplatz, Campingplatz, Wandertour, Gaststätte, usw.)

unverändert gesperrt/geschlossen folgende Änderungen:

Lokalität: Seite: Datum:

(Stellplatz, Campingplatz, Wandertour, Gaststätte, usw.)

unverändert gesperrt/geschlossen folgende Änderungen:

Lokalität: Seite: Datum:

(Stellplatz, Campingplatz, Wandertour, Gaststätte, usw.)

unverändert gesperrt/geschlossen folgende Änderungen:

Lokalität: Seite: Datum:

(Stellplatz, Campingplatz, Wandertour, Gaststätte, usw.)

unverändert gesperrt/geschlossen folgende Änderungen:

Meine Adresse und Tel.-Nummer:

(nur komplett ausgefüllte Infoblätter können berücksichtigt werden)

Info-Blatt für das WOMO-Buch: Österreich (W)'08

(ausgefüllt erhalte ich 10% Info-Honorar auf Bestellungen direkt beim Verlag)

Lokalität: Seite: Datum:

(Stellplatz, Campingplatz, Wandertour, Gaststätte, usw.)

unverändert gesperrt/geschlossen folgende Änderungen:

Lokalität: Seite: Datum:

(Stellplatz, Campingplatz, Wandertour, Gaststätte, usw.)

unverändert gesperrt/geschlossen folgende Änderungen:

Lokalität: Seite: Datum:

(Stellplatz, Campingplatz, Wandertour, Gaststätte, usw.)

unverändert gesperrt/geschlossen folgende Änderungen:

Lokalität: Seite: Datum:

(Stellplatz, Campingplatz, Wandertour, Gaststätte, usw.)

unverändert gesperrt/geschlossen folgende Änderungen:

Lokalität: Seite: Datum:

(Stellplatz, Campingplatz, Wandertour, Gaststätte, usw.)

unverändert gesperrt/geschlossen folgende Änderungen:

Lokalität: Seite: Datum:

(Stellplatz, Campingplatz, Wandertour, Gaststätte, usw.)

unverändert gesperrt/geschlossen folgende Änderungen:

Meine sonstigen Tipps und Verbesserungswünsche:

Wir bestellen zur sofortigen Lieferung (Alle Preise in € [D]. Preisänderungen vorbehalten):

Allgemeine WOMO-Literatur:

- ❑ Allgemeines Wohnmobil Handbuch .... 19,90 €
- ❑ Allgemeines Wohnmobil Kochbuch .... 12,90 €
- ❑ Multimedia im Wohnmobil .... 9,90 €
- ❑ Heitere Wohnmobil Geschichten .... 5,90 €
- ❑ Die gordische Lüge – der WOMO-Roman .... 9,90 €

WOMO-Zubehör:

- ❑ WOMO-Pfannenknecht mit Eisenpfanne .... 49,90 €
- ❑ WOMO-Knackerschreck mit Edelstahlkrallen ...... 44,90 €
  Marke des Basisfahrzeugs: ____________ Baujahr: ____
- ❑ WOMO-Aufkleber "WOMO-fan" .... 2,90 €

WOMO-Reiseführer: Mit dem Wohnmobil durch/nach/auf/in....

- ❑ Baltikum (Est-/Lettland/Litauen) 17,90 €
- ❑ Belgien & Luxemburg .... 17,90 €
- ❑ Bretagne .... 17,90 €
- ❑ Dänemark .... 17,90 €
- ❑ Elsaß .... 17,90 €
- ❑ England .... 17,90 €
- ❑ Finnland .... 17,90 €
- ❑ Franz. Atlantikküste (Nordhälfte) .. 17,90 €
- ❑ Franz. Atlantikküste (Südhälfte) .... 17,90 €
- ❑ Griechenland .... 17,90 €
- ❑ Irland .... 17,90 €
- ❑ Island .... 17,90 €
- ❑ Korsika .... 17,90 €
- ❑ Kreta .... 17,90 €
- ❑ Kroatien (Dalmatien) .... 17,90 €
- ❑ Languedoc/Roussillon .... 17,90 €
- ❑ Loiretal/Paris .... 17,90 €
- ❑ Marokko .... 17,90 €
- ❑ Normandie .... 17,90 €
- ❑ Norwegen (Nord) .... 17,90 €
- ❑ Norwegen (Süd) .... 17,90 €
- ❑ Österreich (Ost) .... 17,90 €
- ❑ Österreich (West) .... 17,90 €
- ❑ Peloponnes .... 17,90 €
- ❑ Pfalz .... 17,90 €
- ❑ Piemont/Ligurien .... 17,90 €
- ❑ Polen (Norden/Masuren) .... 17,90 €
- ❑ Portugal .... 17,90 €
- ❑ Provence & Côte d'Azur (Osthälfte) . 17,90 €
- ❑ Provence & Côte d'Azur (Westhälfte) 17,90 €
- ❑ Pyrenäen .... 17,90 €
- ❑ Sardinien .... 17,90 €
- ❑ Schottland .... 17,90 €
- ❑ Schwarzwald .... 17,90 €
- ❑ Schweiz (Zentral & Ost) .... 17,90 €
- ❑ Schweiz (West) .... 17,90 €
- ❑ Schweden (Nord) .... 17,90 €
- ❑ Schweden (Süd) .... 17,90 €
- ❑ Sizilien .... 17,90 €
- ❑ Slowenien .... 17,90 €
- ❑ Spanien (Nord/Atlantik) .... 17,90 €
- ❑ Spanien (Ost/Katalonien) .... 17,90 €
- ❑ Spanien (Südost/Murcia) .... 17,90 €
- ❑ Spanien (Süd/Andalusien) .... 17,90 €
- ❑ Süd-Italien (Osthälfte) .... 17,90 €
- ❑ Süd-Italien (Westhälfte) .... 17,90 €
- ❑ Süd-Tirol .... 17,90 €
- ❑ Toskana & Umbrien (Osthälfte) .... 17,90 €
- ❑ Toskana & Umbrien (Westhälfte) .. 17,90 €
- ❑ Trentino/Gardasee .... 17,90 €
- ❑ Türkei (West) .... 17,90 €
- ❑ Ungarn .... 17,90 €

WOMO *WOMO* *WOMO* *WOMO*

Absender:

Datum Unterschrift

Ö(W)'08

WOMO®-VERLAG

Versandabteilung

Wiesenweg 4-6

98634 Mittelsdorf/Rhön

DIE REISE- UND ERLEBNISFÜHRER

- Bequeme Touren durchs ganze Urlaubsland.
- Viele Plätzchen für freie Übernachtungen mit GPS.
- Genaue Hinweise auf viele Trinkwasserstellen.
- Die schönsten Badeplätze, die nicht jeder kennt.
- Bergtouren und Spaziergänge für groß und klein.
- Die besten Anreiserouten, Fähren, usw.
- 300 Tipps und Tricks – für Ausrüstung, Reisevorbereitung und Urlaub.
- Ausgefeilte Profipackliste.
- Spezialkarten mit supergenauen Einträge der freien Stellplätze, Trinkwasserstellen und Entsorgung.

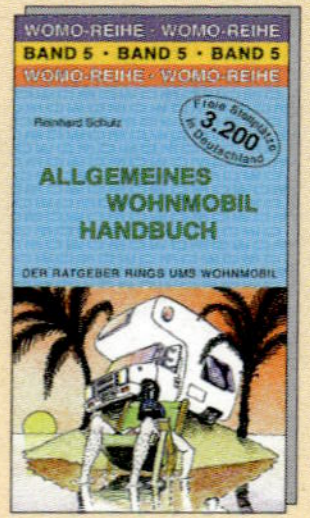

DAS KOCHBUCH

- Einrichtung der WOMO-Küche.
- Lebensmittel-Grundausstattung.
- Konserven selbst gemacht.
- Backen in der Bratpfanne – Kuchen, Pizza, Brote.
- Viele, viele WOMO-Rezepte für zwei Gasflammen – einfach, schnell und lecker!
- Einkochen im Urlaub.
- Spezialrezepte für den Dampftopf.
- Der WOMO-Pfannenknecht.

DAS HANDBUCH

- Beratung bei Kauf und Miete.
- Gas-, Wasser-, Elektroinstallation.
- Einrichten des Wohnmobils.
- Tipps & Tricks fürs Wochenende.
- 3200 freie deutsche Stellplätze.
- 700 deutsche Entsorgungsstationen.
- Urlaubsvorbereitung, Profipackliste.
- Stellplatz-Infos für ganz Europa.
- Wohnmobil und Wintersport.
- Der WOMO-Urlaubspartner-Service.
- Gastankstellen in ganz Europa.

Unsere Bücher erhalten Sie in jeder Buchhandlung oder auf Rechnung direkt vom Verlag. Hier gibt's auch die aktuellen Infos über unsere ständigen Neuerscheinungen. (Versandkosten 1,20 €, ab 20 € portofrei / Ausland 4 €, Preisänderungen vorbehalten).

24 Std.-Bestell-Telefon: 036946-20691*Fax: 036946-20692
Internet: www.womo.de * eMail: verlag@womo.de**

WOMO *WOMO* *WOMO* *WOMO* *WOMO*